北京第二外国语学院马克思主义学院学科发展专项基金资助

专利权扩张刑事保护研究

李天志　著

中国人民公安大学出版社

·北　京·

图书在版编目（CIP）数据

专利权扩张刑事保护研究/李天志著．--北京：
中国人民公安大学出版社，2024.9.--ISBN 978-7
-5653-4874-7

Ⅰ．D924.334
中国国家版本馆 CIP 数据核字第 20240X82Y6 号

专利权扩张刑事保护研究

李天志　著

责任编辑：刘长青
责任印制：周振东

出版发行：中国人民公安大学出版社
地　　址：北京市西城区木樨地南里
邮政编码：100038
经　　销：新华书店
印　　刷：北京市科星印刷有限责任公司

版　　次：2024 年 9 月第 1 版
印　　次：2024 年 9 月第 1 次
印　　张：11.125
开　　本：880 毫米×1230 毫米　1/32
字　　数：269 千字

书　　号：ISBN 978-7-5653-4874-7
定　　价：48.00 元

网　　址：www.cppsup.com.cn　www.porclub.com.cn
电子邮箱：zbs@cppsup.com　zbs@cppsu.edu.cn

营销中心电话：010-83903991
读者服务部电话（门市）：010-83903257
警官读者俱乐部电话（网购、邮购）：010-83901775
法律图书分社电话：010-83905745

序

当今，随着科技的飞速发展和经济全球化的不断深入，专利权作为知识产权的重要组成部分，其重要性日益凸显。在专利权的扩张下，专利侵权的问题也日渐增多，权利人对专利权的刑事保护寄予了更高的期待。从全球范围看，涉及专利权的刑事保护制度设置有专利侵权罪、假冒专利罪、伪造专利记录罪、滥用专利局名义罪等诸多罪名，但我国目前仅对假冒专利罪实施刑事惩治。在此背景下，我国关于专利权刑事制度的著述数量并不多，李天志博士的此部《专利权扩张刑事保护研究》是国内近年来少有的专门探讨专利权刑事保护的专著，尤其以专利权扩大的发展趋势来探查其对相关刑事制度的影响，无疑是一个颇为新颖的研究视角。

本书共分五章。作者首先通过第一章"专利权与刑事保护概述"对侵犯专利权行为及犯罪的界定加以论述，这是专利权刑事保护的基础。侵犯专利权行为的界定需要明确哪些行为构成了对专利权的侵犯，而侵犯专利权犯罪的界定则需要明确哪些侵犯专利权的行为达到了犯罪的程度。专利权的内涵影响着刑事保护的范围，不同的专利权客体、期限和内容均会影响刑事保护的具体实施。

作者在第二章"刑事保护对象：扩张化的专利权"中，通过对国际条约和英、美、德、日、韩相关国内法进行详尽的历史沿革考察和比较后发现，专利权的客体、期限和内容都呈现出扩张化的趋势。这种扩张化不仅在国际法中有所体现，在国内法中也得到了反映。例如，专利权客体的拓展化涉及植物发明和疾病诊断治疗方法，专利权期限的延长化涉及药品专利权和外观设计专利权期限的延长，专利权内容的扩充化则体现于专利间接侵权制度等。

专利权客体、期限和内容的扩大对犯罪化的直接推动机制体现于专利立法中，这些变化使更多行为有可能被纳入侵犯专利权的范围，进而被认定为犯罪。在国际法律实践中，国际法和国内法中的侵犯专利权犯罪圈不断扩大，使犯罪化在法律实践中得到了充分反映。这些内容在本书第三章"专利权扩张化直接推动侵犯专利权行为的犯罪化"中得到充分阐述。

人类文明进步促进了轻刑化趋势，本书继而在第四章讨论了"专利权扩张化间接推动侵犯专利权犯罪的轻刑化"，轻刑化思想的演变与发展也反映了社会对刑罚态度的变化。专利权扩张化与轻刑化之间的关系表明，随着专利权的扩张，刑罚资源的有限性和行为经济学规律使得侵犯专利权犯罪的刑罚趋向轻刑化。同样，轻刑化也在侵犯专利权犯罪的法律实践中有所体现。

最后，本书落脚于"专利权扩张下我国专利权刑事保护制度的完善"，这需要充分考虑犯罪化与轻刑化的关系。我国刑法实践中的犯罪化与制度变革表明，随着专利权的扩张，侵犯专利权行为的犯罪化趋势越来越明显。我国侵犯专利权行为犯罪化的当前表现需要我们关注，如非法实施专利罪的增设和自诉制度的明确。同时，建议对侵犯专利权犯罪采用限额罚金制，以适应轻刑化的趋势。

专利权的刑事保护是一个不断发展和完善的过程。随着专利权内涵的深化和外延的拓展，刑事保护制度也需要不断适应新的变化，以更好地服务于创新驱动发展战略，保护发明创造者的合法权益。我们在保护专利权的同时，也要考虑刑罚的适当性和社会的接受度，以实现对专利权的有效保护和对犯罪行为的合理制裁。因此，我认为《专利权扩张刑事保护研究》是一部全面审视专利权刑事保护领域最新动态的著作，它不仅反映了专利权保护制度的发展趋势，还为如何构建更加完善的法律框架提供了深刻见解。

　　李天志博士睿智聪颖，才情出众，为人诚实正直、谦逊通达，在飞速变化的时代保持了难得的真纯与平和，这既需要天资灵悟，更需要恒久努力。我有幸从他本科辅修法学到硕士、博士研究生，一直担任他的导师，我们亦师亦友已近 20 年！借为本书作序，我在此衷心祝福并深深相信李天志博士必将行稳致远、厚积薄发、一往无前，成为知识产权、专利保护领域一颗耀眼新星，实现天赐之志！

邢爱芬*

2024 年 8 月 19 日于北京

---

　　* 邢爱芬，女，中国人民大学法学博士，北京师范大学法学院国际法教授，博士研究生导师。北京国际法学会理事，北京交叉科学学会法治建设与保障专委会委员。美国宾夕法尼亚大学法学院富布莱特高级访问学者，美国西北大学法学院高级访问学者，英国伯明翰大学"中国—欧盟高等教育合作项目"高级访问学者。主要研究领域为国际公法、国际人权法、国际关系等。

目 录

导　语

当今全球已迈入知识经济时代，各国纷纷致力于推动尖端科学和实用技术的研发，以期在日益激烈的国际贸易竞争中脱颖而出。正因如此，专利权的保护在国际贸易中扮演着越发重要的角色，成为各国促进社会经济发展的重要工具之一。当年"科学技术是第一生产力"的论断依旧振聋发聩，如今"创新是第一动力""实施创新驱动发展战略""实现高水平科技自立自强"的思想则高屋建瓴、一脉相承、与时俱进。中国作为世界上最大的发展中国家，早已意识到创新对国家经济发展的重要性，积极推进知识产权保护体系的建设，持续增强对创新的支持力度，不断鼓励企业加大科技研发的投入。

2021年年底，国务院发布了《"十四五"国家知识产权保护和运用规划》，表明严格保护知识产权既是"十三五"时期取得的历史性成就，更是"十四五"时期的基本原则和主要目标。加强保护知识产权的重要工作就包括强化知识产权刑事保护，加大刑事打击力度，完善常态化打防工作格局，进一步优化全程打击策略，全链条惩治侵权假冒犯罪。近年来，我国在知识产权刑事保护方面的力度不断增强，这彰显了我国在知识产权保护方面取得的显著成就，也体现了我国作为一个负责任大国在法治领域的担当作为。一方面，各地法院新收和审结的侵犯知识产权犯罪案件数量基本呈逐年上升态势，反映了我国知识产权刑事保护制度的不断完善，并且正在得到切实的实施。另一方面，刑罚在惩治侵权、假冒犯罪行为中的震慑和预防功能日益凸显，为知识产权的保护提供了有力的法律手段。在司法机关的不懈努力下，我国始终坚持罪刑法定和严格保护原则，对侵犯知识产权的犯罪行为如假冒注册商标、侵犯著作权和商业秘密等，采取零容忍态度，依法严厉惩治。这不仅彰显了法治中国建设的深入推进，也进一步提升了知识产权保护在国家和民族发展中的战略地位。

与此同时，美国等发达国家长期以来一直在国际经贸领域坚持推行知识产权强保护政策，经常以知识产权保护不力为借口为其他国家设置贸易壁垒。特别是美国在《2017 年特别 301 报告》中将我国列入疑似知识产权保护不力的重点观察名单（Priority Watch List），引发了贸易争端。2017 年 8 月 14 日，美国正式展开对中国的"301 调查"，并根据调查结果，在 2018 年 3 月 23 日宣布对中国进口商品大规模征收关税，导致中美贸易冲突的爆发。尽管中美双方在 2018 年 5 月 19 日发表联合声明结束了贸易战，但美国却在 4 月 27 日再次将中国列入《2018 年特别 301 报告》的重点观察名单，给持续以知识产权保护不力为借口再次引发贸易争端埋下了伏笔。

我国的专利保护制度于 1984 年正式建立，距今已四十载，加强专利权的保护始终是此期间的主要议题。不论是国内战略动力，还是国际环境压力，都对我国加强专利权保护提出了迫切要求，强化专利权的刑事保护已如弦上之箭。我们应进一步完善知识产权刑事保护制度，通过加大惩罚力度、提高违法成本、强化执法措施等方式，有效维护创新主体的合法权益，维护公平竞争的市场秩序，构建安全放心的消费环境，如此才能确保知识产权制度的有效运行，并推动我国科技的不断进步与经济的持续健康发展。

然而，在我国知识产权刑事保护逐步增强的大背景下，专利权刑事保护却存在一些相对薄弱的地方，主要体现于法律规定、司法实践和学术研究三个方面。就法律规定而言，我国目前对专利权的刑事保护总体上比较狭窄。《刑法》对侵犯专利权的规定仅表述于第216条："假冒他人专利，情节严重的，处三年以下有期徒刑或者拘役，并处或者单处罚金。"与其他类型的知识产权相比，不仅对侵犯专利权的罚则较为宽松，而且并不包括非法实施他人专利（常称为专利侵权）的行为。显然，假冒他人专利行为和非法实施他人专利行为被区别对待了：对于假冒他人专利的行为，我国专利法和刑法不仅为权利人提供了民事救济途径，还设定了相应的行政处罚和刑事制裁措施，形成"全链条"的惩戒之势；而对于更为常见且高发的非法实施他人专利的行为，目前只有专利法提供的民事救济和极为有限的行政强制手段，即"责令立即停止侵权行为"，缺失了来自刑事方面的干预和约束。由于民事赔偿制度主要遵循填平原则，无法对非法实施他人专利的行为产生有效的威慑与遏制，这就难免导致专利权保护不力。在司法实践方面，绝大部分侵害专利权的案件往往在民事诉讼中加以解决，专利权刑事保护案件数量相对较少。虽然在一些地区，法院对侵犯专利权的犯罪行为进行了认真审理和严厉打击，但整体而言还存在较大差距。此外，在学术研究方面，一些学者认为专利权刑事保护较弱的原因在于专利权的保护难度较大，不仅涉及专业技术问题，还对司法人员的专业水平和证据获取能力提出了更高要求。另外，由于专利权可能会被宣告无效，存在影响刑事判决权威性的潜在风险，从而不少专家对于专利权能否最终获得公平公正的刑事保护持谨慎态度。

随着世界范围内经济一体化和科技革新的持续推进，各国对知识产权的关注和保护力度不断增加，专利领域本身的变化趋势也越发显著——专利权呈现出扩张趋势，包括专利权客体的拓展、专利权期限的延长以及专利权内容的扩充等方面。这些变化一则导致全球专利申请量的显著增加，专利侵权案件数量激增；二则使专利权的边界变得越发模糊，软件专利和商业方法专利等的保护范围常常备受争议；三则使侵犯专利权的行为深入高新技术领域，取证和证明的难度也随之增加。这些都给专利权刑事保护带来了全新的挑战，需要加强监管和应对措施，以提升法律规范和司法实践对专利权刑事保护的有效性和适用性。

基于以上考虑，对于专利权是否应获得全面的刑事保障以及如何具体实现该种保障，不能仅仅基于当前的需求或其他国家的做法就轻而易举地做出结论，而是必须顾及各种复杂的因素。

首先，虽然许多欧洲国家以及日、韩等亚洲发达国家在国内法中设立了较全面的专利权刑事保护条款，从而收获了可观的技术创新和经济进步，但也应注意到诸如美国等主张专利强保护的国家却对专利权设置了较少的刑事条款，这似乎说明全方位的刑事保护并不必然是最佳选择。随着我们加入 WTO 以及国际经贸文化交流的日益频繁，我国的专利保护制度建设必须与国际接轨，不应自行其是。因此，我们需要深入研究其他国家，特别是那些具有国际影响力的代表性国家的法律实践，如"专利五局"［包括欧洲专利局（EPO）、美国专利商标局（USPTO）、日本特许厅（JPO）、韩国特许厅（KIPO）和中国国家知识产权局（CNIPA）］的所属国或所在地的法律制度实践，并进行较为全面、综合的考量。

其次，专利权的内涵一直在不断变化和发展，这种变化导致了专利权与其他权利（如生命健康权）在刑事保护方面存在显著差异。专利权是刑事保护的对象之一，一旦专利权的内涵发生变化，如专利权的客体拓展、期限延长以及内容扩大等，将会导致过去合法的行为变成侵权行为，或者过去不构成犯罪的行为变为犯罪行为，进而使更多行为受到刑事规制的约束。举例来说，在我国专利制度建立伊始，由于发明专利权的期限为自申请日起十五年，在第十六年假冒他人专利并不构成犯罪。但是，在1992年《专利法》将发明专利权的期限延长至自申请日起二十年之后，上述行为便构成了犯罪。这表明，专利权的刑事保护不仅仅涉及刑事法律体系本身，还与专利权的客体、期限和内容等相关制度有密切联系。基于刑法本身的谦抑性，我们在构建专利权刑事保护体系时必须考虑到专利权内涵发展变化所带来的影响。

最后，任何制度的建立都不是一蹴而就的，而是一个逐步积累的过程。同样，发达国家目前所拥有的较为完备的专利制度及相关保障机制，也是在漫长的历史演进中不断修改和完善的结果。若想以更全面的视角来研究和借鉴各国的专利权刑事保护制度，不仅需要研究各国当前正在实施的法律规范，还要深入挖掘这些规范的历史演变过程，以及有关国际条约可能对这些国内法律规范所产生的影响，以便描绘出更为完整的画面。此外，诸如日本等国也经历过知识产权保护薄弱、假冒和盗版等侵权问题泛滥的时期，也曾面临过如何加强专利权刑事保护以打击侵权行为、促进科技创新的问题与挑战。通过对此类国家的法律演进进行纵向历史考察，可以为我国提供更多有益的借鉴和启发。

因此，欲深入研究我国专利权刑事保护制度未来的改革和发展方向，不能仅仅将眼光停留于刑事制度层面，还需充分兼顾专利权相关制度的整体发展情况。在具体法律规范的比较研究中，不仅需要跨国比较代表性国家当前实施的相关法律，还应纵观相关国内法在历史上的发展变迁，并思考国际法可能施加的影响。

此外，虽然研究"专利权""专利法""专利制度"的文献数量相当丰富，研究"刑事保护""刑法保护"的学术成果也不遑多让，但将这两者结合起来探讨"专利权刑事保护""专利权刑法保护"的文献资料却十分有限，更少见以专利权扩张趋势作为切入点或思维进路对刑事保护开展的相关研究，说明这一领域仍有待深入探索。综合上述考虑，笔者决定选取"专利权扩张刑事保护研究"作为主要研究课题，并希望通过本书的些许研究成果，为推动我国专利权保护事业的发展贡献一份微薄之力。

第一章　专利权与刑事保护概述

第一节　专利权的外延、定义和内涵

一、专利权的外延

专利权是知识产权的一种重要类型，这一观念早已被学术界和社会大众所普遍接受。然而，由于人们长期以来将"知识产权"与"知识财产"混为一谈，导致对于"知识产权"及其下位的"专利权"的概念辨析不清，因此在深入研究和探讨专利权的过程中难免出现表述上的歧义和理解上的偏差。正如康德在《纯粹理性批判》中所言："思想无内容则空，直观无概念则盲。"概念的明确至关重要。只有对知识产权有了清晰的认识，才能明晰专利权的外延和内涵，有助于我们更好地理解和运用专利权。

（一）"知识产权"的由来与译法

"知识产权"一词多被认为源自法语，由法国人卡普佐夫（Carpzov）于17世纪中期提出。比利时法学家皮卡第（Picardie）发展了这一概念，他认为知识产权属于一种特殊的权利范畴，不同于对物的所有权，"所有权原则上是永恒的，随着物的产生与毁灭而发生与终止；但知识产权却有时间限制。一定对象的产权在每一瞬息时间内只能属于一个（或一定范围的人——共有财产），使用知识产品的权利则不限人数，因为它可以无限地再生"。①

知识产权所对应的法文是"Propriété Intellectuelle"（PI），被引入英文后则被译为"Intellectual Property"，也就是当今大众所熟知的"IP 经济"中的"IP"。20 世纪 70 年代初，中国开始接触世界知识产权组织（WIPO），先行参与其中者便将"IP"翻译成"知识产权"。② 然而，倘若从字面意义上看，法文中的"Propriété"实际上意味着"财产"或"所有权"，③ 而英文中的"Property"也是指"财产"或"财产权"。④ 因此，不论是基于法文还是英文，在翻译为中文时，并不局限于"知识产权"，还有"知识财产权"、"知识所有权"或"知识财产"等多种表达方式。其中，最大的分歧在于，将"Propriété/Property"译为"权利（财产权或所有权）"还是"财产"，而这两种译法所代表的含义存在重大差异。

一般而言，普通大众倾向于认为"财产权""所有权"是一种抽象且无形的权利，"财产"则是具体而有形的实物。以大众触手可及的网络词典为例，汉辞网（http：//www. hydcd. com/）

---

① 中国科学技术情报所专利馆编：《国外专利法介绍》，知识出版社 1980 年版，第 12 页。

② 裘安曼：《从 IP 的中文翻译说开去》，载《知识产权》2010 年第 5 期，第 65~70 页。

③ 黄新成：《法汉大词典》，上海译文出版社 2002 年版，第 2828 页。

④ 何高大：《英汉双向法律词典》，上海交通大学出版社 2002 年版，第 454 页。

将"财产"解释为"属于国家、集体或个人所有的物质财富"，①而"财产权"则被解释为"以物质财富为对象，直接跟经济利益相联系的民事权利，如所有权、继承权等。简称产权"。② 因此，即便是对法律不甚了解的普通大众，也能够清晰地看到这两个词汇所代表的概念有何不同。

当涉及"财产权"、"所有权"和"财产"等概念的界定时，学界中当然也存在多种不同的看法。对于"财产权"这样的权利含义，它指的是那些能够与权利人的人格、身份相分离而具有财产价值的权利，如物权、债权、知识产权等；③ 或者是指具有经济利益的权利，可再分为债权、物权及无体财产权（智慧财产权：著作权、商标权、专利权）。④"所有权"则是指"于法令限制之范围内，对物为全面支配的权利"，⑤ 或者是指所有人依法对自己的财产享有的占有、使用、收益和处分的权利，是一种法定的财产权。⑥ 值得一提的是，还有观点认为，所有权的客体仅限于有体物、特定物和独立物，不包括智力成果等知识产权的客体。⑦ 因此，"所有权"是一种特定的物权，在"财产权"的广

---

① "财产的意思"，载汉辞网，http：//www.hydcd.com/cd/htm_a/2747.htm（最后访问时间：2017-12-20）。

② "财产权的意思"，载汉辞网，http：//www.hydcd.com/cd/htm_a/2749.htm（最后访问时间：2017-12-20）。

③ 梁慧星：《民法总论》（第4版），法律出版社2011年版，第72页。

④ 王泽鉴：《民法总则》（增订版），中国政法大学出版社2001年版，第85页。

⑤ 王泽鉴：《民法物权：通则·所有权》，中国政法大学出版社2001年版，第149页。

⑥ 王利明：《民法——21世纪法学系列教材》，中国人民大学出版社2010年版，第172页。

⑦ 王利明：《民法——21世纪法学系列教材》，中国人民大学出版社2010年版，第173页。

义范畴之中。这种关系在我国《民法通则》中也有所体现，其第五章第一节即涉及"财产所有权和与财产所有权有关的财产权"这一命名，可见所有权被视为财产权范畴的一部分。就"财产"的含义而言，詹姆斯·麦迪逊认为，"财产更广泛，也更适当的含义应包括一个人认为有价值的、有权享有的一切东西；且自己可支配其全部收益"。① 在大陆法系中，"财产"包括一切物（动产、不动产）和一切财产性权利。而在英美法系中，"财产"则通常指作为权利客体的物（包括有体物与无体物），或指关于物之法律关系，即占有、使用、利用特定物之权利，又称为权利束。② 相较而言，"财产"的概念比"财产权"更为宽泛，其不仅涉及物本身，还涉及对物的权利。

由此可见，若从理论上考察"财产权"、"所有权"和"财产"的含义，它们之间的差异也毋庸赘言。

那么，应当如何翻译"Propriété"和"Property"呢？笔者倾向于将其翻译为"财产"，理由有三。

第一，如上文述及，"财产"一词涵盖了"物"和"权利"两个方面。若仅将其翻译为"财产权"或"所有权"，就会忽略"物"（有体物或无体物）的那部分含义，从而使整个概念范围被大幅缩减。

第二，便于区分"Property"和"Property right"。如果将"Property"直接译为"财产权"或"所有权"，那么在翻译"Property right"时就甚为棘手：要么仍旧译为"财产权"，那么"right"的含义就明显被忽略了；要么译为"财产权权利"，但这样的译文则显得古怪而赘余。相反，如果将"Property"译为

---

① 赵万一：《民法的伦理分析》，法律出版社 2003 年版，第 215 页。

② 参见梁慧星：《民法总论》（第 4 版），法律出版社 2011 年版，第 158 页。

"财产", 就能够避免这些问题。如此, "Property right" 也可以被合乎逻辑地译为 "财产权" 或 "产权"。这也更加符合工具书中的翻译。[①] 作为例证, TRIPS (《与贸易有关的知识产权协定》) 的全称为 "Agreement on Trade-Related Aspects of Intellectual Property Rights", 虽然名称中包含 "Property right", 但其正文中有多处条款将 "Intellectual property" 和 "Intellectual property right" 分别使用, 说明 TRIPS 中存在对 "Property" 和 "Property right" 的区分, 这种差异应该在中文译文当中体现出来。同样, TPP (《跨太平洋伙伴关系协定》) 第 18 章的名称为 "Intellectual property", 其第 18.1 条也对该词作了定义, 但在第 18.2、18.3 条等条款中又使用了 "Intellectual property right"。另外, NAFTA (《北美自由贸易协定》) 第六部分也存在类似措辞方式。[②] 因此, 将 "Property" 译为 "财产", 可以实现原文与译文之间的对应, 使表达更加准确。

第三, 更加符合社会大众的普遍认知。知识产权不仅是法学研究的对象, 也是社会经济发展不可或缺的组成部分。换言之, 知识产权不仅存在于法律文本中, 也贯穿于普通大众的日常生活和工作中。对于一般大众而言, 英文中的 "Property" 通常指的是财产, 甚至在著名的《柯林斯高阶英汉双解词典》的 "Property" 词条中也没有 "财产权" 这一译法, 可见这种翻译的罕

---

① 何高大主编:《英汉双向法律词典》, 上海交通大学出版社 2002 年版, 第 454 页。

② "North American Free Trade Agreement", <https://www.nafta-sec-alena.org/Home/Legal-Texts/North-American-Free-Trade-Agreement? mvid=1&secid=b6e715c1-ec07-4c96-b18e-d762b2ebe511> accessed 20 December 2017.

见性。①

基于以上理由，笔者认为将"Property"翻译为"财产"更加准确合理。这种译法在使用汉字的国家和地区中并不稀奇。例如，我国台湾地区将其专利机构称为"智慧财产局"[Taiwan Intellectual Property Office（TIPO）]，就是将"Property"翻译成"财产"。另外，日本将 NAFTA 第6部分的"Intellectual property"和"Intellectual property right"分别翻译为"知的财产"和"知的财产権"，② 这种翻译方式同样出现在 2016 年 TPP 协议文本的日译文中。③ 这些例子表明，将"Property"翻译成"财产"在很大程度上是符合中文或汉字的语境和规范的。

若我们将"Property"翻译为"财产"，那么根据相同的逻辑，应当将"Intellectual property"译为"知识财产"，而"知识产权"实际上应当与"Intellectual property right"相对应。在学术领域中，准确地翻译这些术语非常重要，因为它们直接关系到相关法律和规定的准确理解与实施。

（二）知识产权的界定

从前文对"知识产权"一词由来和翻译的探讨可以较为清晰地了解到，知识产权应被视为一种权利（Right），而非既包含权利对象（物）又包含权利本身的财产（Property）。事实上，

---

① 《柯林斯高阶英汉双解词典》，姚乃强等审译，商务印书馆 2008 年版，第 1269 页。

② "北米自由貿易協定 5"，<http：//www. jpo. go. jp/shiryou/s_ sonota/fips/nafta/nafta/chap5. htm#anchor6bu> accessed 20 December 2017。

③ "TPP 協定（訳文）"，<http://www. cas. go. jp/jp/tpp/naiyou/tpp_text_yakubun. html>accessed 20 December 2017。

皮卡第就曾将知识产权称为"使用知识产权的权利"。① 这表明知识产权的本质在于赋予人们利用特定知识的特权或权益，而不是简单地将知识视为一种物品或财产。

将知识产权作为一种权利加以理解，在学术界也存在不同的观点。一种观点将其定义为针对智力成果享有的权利。例如，知识产权被描述为人们可以就其智力创造的成果所依法享有的专有权利。② 另一种观点则将知识产权扩展为针对智力成果和标记享有的权利。例如，知识产权可以是智力成果的创造人依法享有的权利和生产经营活动中标记所有人依法享有的权利的总称。③ 然而，也有学者认为前两种观点在本质上并无区别，只是前一个更偏向概括性，而后一个则将商业标志单独提及。还认为前一种定义的抽象性较强，从逻辑学的角度略胜一筹；而后一种定义则是从常识和经验出发，更有利于人们的理解。④

笔者认为上述观点均存在可商榷之处。

首先，对生产经营标记享有的权利不同于对智力成果享有的权利，这并非概括性强弱差异的问题。以商标权为例，该权利的客体商标是一种具有识别性的标识，用于将一种商品与另一种商品加以区分。商标真正反映的不是其外在的符号形式，而是其所代表的产品或服务的质量和信誉。因此，商标的价值并不取决于商标本身作为一种标志的独创性程度。比如，我国允许商标使用

---

① ［苏联］E. A. 鲍加特赫等：《资本主义国家和发展中国家的专利法》，载中国科学技术情报所专利馆编：《国外专利法介绍（一）》，知识出版社1980年版，第12页。

② 郑成思：《知识产权法教程》，法律出版社1993年版，第1页。

③ 刘春田：《知识产权法教程》，中国人民大学出版社1995年版，第1页。

④ 曲三强：《现代知识产权法》，北京大学出版社2009年版，第3~4页。

非县级以上行政区划（可以是乡、镇或非行政区划）的地名，如"南街村"，因此将其归类为智力成果显然不尽合理。相比之下，发明创造和文学艺术作品等智力成果的价值在于其本身为社会带来的技术进步和精神愉悦。因此，不论如何概括，都不能将生产经营标记简单归类为智力成果。

其次，权利的所有者未必是智力成果或商业标记的创造者。例如，《专利法》中规定有职务发明，《著作权法》中规定有职务作品，许多商标标记往往由专业设计师创作。

此外，"专有权利"一词的使用需谨慎。"专有权利"并不属于常见的法律用语。在物权法中有所有权、用益物权（占有、使用、收益的权利）、担保物权（抵押权、质权）等，却未见"专有权利"这一措辞。而且，"专有"的含义不甚明确，如债权人针对债务人实现的质权也是"专有"的。因此，"专有权利"一词难以体现对于智力成果和商业标记的所享有的权利性质。

基于以上理由，笔者认为"知识产权"（Intellectual property right）可被定义为：民事主体对智力成果和商业标记依法享有的占有、使用、收益和处分的权利。

二、专利权的定义

（一）专利的定义和分类

英文"Patent"一词的来源可以追溯到拉丁语"Patere"，原意为"打开"（to lay open），意味着"供公众查阅"。[①] 尽管专利

[①] 有观点认为专利（patent）源自拉丁文"Litterae patentes"，这是不准确的。实际上，"patent"由盎格鲁-法语"lettre patent"（也见于中世纪拉丁文 litteræ patentes）缩写而来，但更早是源于拉丁语"patere"。

（Patent）这一术语早已为大众所耳熟能详，但对其含义仍存在多种解释上的争议。在这方面，有三种解释比较常见。

其一，专利是国家依法在一定时期内授予发明创造者或其权利继受者独占使用发明创造的权利，[①] 即专利权的简称。

其二，专利是指受专利法保护的发明创造，即专利技术。

其三，专利是国家主管机关颁发的授予专利权的证明文件，即专利证书。[②]

然而就笔者看来，上述三种解释均存在不尽合理之处。

第一种解释直接将专利与专利权相混淆，对"专利"一词本身的含义避而不谈。若依照该解释，"专利法"就应该等同于"专利权法"，那么《专利法》中还有众多关于专利的申请和审查等行政程序条款，因此时专利权尚未确立，而这些条款与专利权的行使和保护并无必然关联，又该如何安放呢？此外，我国《专利法》区分使用了"专利"和"专利权"，如第二章标题是"授予专利权的条件"，第三章标题是"专利的申请"。假如"专利"等同于"专利权"，我国《专利法》为何要不严谨地同时使用呢？这显然不合乎逻辑。

第二种解释虽相对最为合理，但也不甚严谨。我国《专利法》第13条规定："发明专利申请公布后，申请人可以要求实施其发明的单位或者个人支付适当的费用。"可见，受专利法保护的发明创造可能是专利申请。未经国家专利主管机关依法审批确定为专利的发明创造，即使具有专利性或符合专利条件，也不是专利。[③] 因此，这种解释扩大了专利的覆盖面，将尚不属专利的

---

① 李顺德：《知识产权法律基础》，知识产权出版社2005年版，第94页。

② 吕淑琴编著：《知识产权法律小辞典》，上海辞书出版社2006年版，第84页。

③ 吴汉东：《知识产权法学》，北京大学出版社2000年版，第174页。

专利申请涵盖其中。

第三种解释则将"专利"与"专利文件"混为一谈，不能准确表达专利的含义。依此说法，"专利法"等同于"专利文件法"，这会使专利法这一部门法的范围被不合理地缩小。而且，我国《专利法》分别使用了"专利"和"专利文件"，如第16条第1款规定的"发明人或者设计人有权在专利文件中写明自己是发明人或者设计人"，与该种解释是矛盾的。

综上，笔者基于第二种解释加以修正后，对专利作出如下定义：专利是指经专利主管机关依照法定程序审查批准的发明创造。

应当注意，从广义上讲，发明创造是人类改造自然的文明成果，涵盖了发明创造者提供的所有以往未出现过的事物，包括物品、方法、设计，甚至文学艺术创作。但是，专利制度是产业文明发展的产物，在专利语义下，狭义的发明创造应当指经过创造性劳动提出的适于产业应用的新技术方案和设计方案。根据专利制度的一般规则，如果发明创造落入专利法允许授予专利权的范围，不违背伦理道德要求，并且具备授予专利权的实质性要件，经申请和审查程序后才被批准为专利。因此，发明创造不等同于专利，专利可视为发明创造的子集。

在不同的历史时期或主权领域内，发明创造被批准为专利的条件各有差异。不过，从专利制度的发展历程来看，可依不同标准对发明创造进行如下分类：

1. 发明与设计

以发明创造的内容为标准进行划分，可以将发明创造分为发明和设计两大类。其中的发明又可进一步细分为产品发明和方法发明。产品发明是指对产品或其改进提出的新的技术方案，方法发明是指对方法或其改进提出的新的技术方案。设计与发明不同，其不是用于解决某种技术问题的技术方案，而是对产品的外观（形状、图案、色彩等）提出的具有美感且适于工业应用的新设计。

2. 发明、实用新型、外观设计

以法律可授予的专利类型为标准进行划分，可将发明创造分为发明、实用新型和外观设计。根据《保护工业产权巴黎公约指南》的解释，发明专利是指应用一项工业上发明的排他权利；实用新型所包含的排他权利是用来保护工业革新的，这种工业革新的重要性比可以取得发明专利的发明要小，而且排他权的期限通常比发明专利短；外观设计专利是指由实用物品的装饰性外表或构成部分组成，包括组成物品外观的平面或立体的形状以及外表在内。① 可以说，三者在技术上的创新性呈梯度下降趋势，即发明在解决技术问题方面的技术创新性最高，实用新型的技术创新性相对较弱，外观设计则与技术创新性关联不大。当然，这种由法律规定对发明创造的分类不可能完全脱离发明创造的内容而设立一个架空的分类标准，因而本分类与第一种分类方式存在一定程度的对应关系：发明可以是产品发明或方法发明，实用新型仅为产品发明（通常仅涉及产品形状、构造或其组合），外观设计即第一种分类中的设计。

需要指出的是，由于各国立法差异，有的国家采用不同术语来表达这三种类型，比如日本和韩国使用的是"发明"（日文为"発明"，韩文为"발명"，对应英文为"Invention"）、"设计"（日文为"考案"，韩文为"고안"，对应英文为"Device"）以及"外观设计"（日文为"意匠"，韩文为"디자인"，对应英文为"Design"）；有的国家没有对应的类别，比如英国和美国没

---

① ［奥地利］博登浩森：《保护工业产权巴黎公约指南》，汤宗舜、段瑞林译，中国人民大学出版社 2003 年版，第 11 页。

有实用新型制度。

既然发明创造存在分类，那么专利作为其子集，也存在相应的分类。不过，专利是依据法律确认和批准的，理应依照法律规定进行分类。因此，其对应的是由法律分类的发明创造，即分为发明专利、实用新型专利和外观设计专利三类。

不同国家表述专利类别所使用的术语也不尽相同，反映了各国在专利立法方面的差异。例如，日本和韩国采用"发明专利"（日文为"特許発明"，韩文为"특허발명"，对应英文为"Patented invention"）、"注册实用新型"（日文为"登録実用新案"，韩文为"등록실용신안"，对应英文为"Registered utility model"）、"注册外观设计"（日文为"登録意匠"，韩文为"등록디자인"，对应英文为"Registered design"）。原因是日、韩两国专利法中的专利仅指发明专利，并未涵盖由单独立法调整的实用新型和外观设计，故未称作"实用新型专利"或"外观设计专利"。有的国家则缺少某种专利类别，如英国和美国不存在实用新型专利。

除各国国内立法的差异外，与知识产权有关的不同国际条约对专利分类的表述也不尽一致。有的根本未提及实用新型专利或外观设计专利这些类别；有的即便提及，也没有将其归类为专利范畴。比如，TRIPS 第 1 条第 2 款规定，该协议中的"知识产权"是指：版权和邻接权、商标、地理标志、工业品外观设计、专利、集成电路布图设计（拓扑图）、未披露信息的保护。该协议未提及实用新型专利，而且将外观设计独立于专利加以规定。又如，《专利合作条约》第 2 条 ii 规定，"专利"应解释为发明专利、发明人证书、实用证书、实用新型、增补专利或增补证书、增补发明人证书和增补实用证书，但并未提及外观设计专利。

尽管理论和实践中对专利是否包括实用新型和外观设计并不统一，本书仍将实用新型专利（注册实用新型）和外观设计专利（注册外观设计）纳入专利及专利权的相关讨论之中，这主要考虑到以下三方面因素：

第一，本书探讨的虽然是专利权扩张化下的刑事保护，但最终还需以我国的专利制度和刑事制度为落脚点进行全盘审视和思考，而我国专利法是囊括了发明、实用新型、外观设计三种专利类型的。因此，为使文本的研究探讨尽可能全面并着眼于我国立法，不能忽视实用新型和外观设计的相关制度。

第二，实用新型和外观设计制度是为适应经济发展需要而建构的，在申请、审批、授权以及权利的独占性等诸多方面与专利制度有诸多相近之处，可以说其脱胎于专利制度。对实用新型和外观设计的相关制度加以并行考察，有助于深入理解同时期的专利制度状况。

第三，专利涵盖实用新型和外观设计有相当的实践基础。在"专利五局"（中国国家知识产权局、美国专利商标局、欧洲专利局、日本特许厅、韩国特许厅）的所在国中，除我国外，日本、韩国以及欧洲专利局的所在地国德国也都存在实用新型制度。尽管日、韩、德均对实用新型进行单独立法，但行政管理机构却又均为专利局，而且这些实用新型法中也存有诸多直接准用专利法的条款。与此同时，除我国外，美、日、韩、德也均有外观设计制度。其中美国同样将外观设计作为专利保护，其他三国的外观设计则均交由专利局管理，并且同样存在多处准用专利法的条款。由此可见，在引领全球专利发展的专利五局中，虽然持专利涵盖实用新型和外观设计之观点的并不占多数，但又基本将它们视为专利的同类制度进行管理，这在事实上反映了实用新型和外观设计制度与专利制度的紧密联系。

基于以上考虑，为保证本书研究的全面性，并使研究成果能更好地服务于我国的专利权刑事保护制度研究，本书涵盖了对实用新型专利（注册实用新型）和外观设计专利（注册外观设计）制度的深入查考与探究。

（二）专利权的定义和特点

民法中，权利客体是与权利主体相对应的概念。梁慧星教授指出，权利由特定利益与法律上之力两要素构成，这种特定利益之本体，就是权利的客体，也可称为权利的标的或权利的对象。① 史尚宽先生认为，权利以有形或无形之社会利益为其内容或目的。例如，物权以直接排他的支配一定之物为其内容或目的，债权以要求特定人之一定行为为其内容或目的，为此内容或目的之成立所必要之一定对象，为权利之客体。即物权之客体为一定之物，债权之客体为特定之行为，人格权之客体为人之本身，亲属权之客体为立于一定亲属关系之他人，无体财产权之客体为精神之产物。故权利之客体，依各种之权利而有不同。②

基于此，知识产权的客体，是人类在科技和文化领域中创造的精神产物，即知识产品或知识财产。黑格尔曾认为，诸如精神技能、科学知识、艺术以及发明等都可以像物那样进行交易并缔结契约，但它又是内部的精神的东西，所以理智上对于它的法律性质感到困惑。③ 不过，现代知识产权法学已经将知识财产与其有形载体明确区分开，知识财产是智力活动的精神产品，其价值体现于其蕴含的信息本身，与载体和复制品的多寡无关。将知识

---

① 梁慧星：《民法总论》（第4版），法律出版社2011年版，第149页。

② 史尚宽：《民法总论》（第3版），台湾正大印书馆1971年版，第221页。

③ 吕世伦：《黑格尔法律思想研究》，中国人民公安大学出版社1989年版，第32页。

财产作为知识产权的客体，突出了这种客体作为人类精神领域创造品的非物质属性，并且反映了知识产权的财产权性质。

专利权是一种极为重要的知识产权，其客体应当为知识财产中那些受专利制度调整的部分，即发明创造。例如，我国《专利法》第1条便规定，"为了……鼓励发明创造，推动发明创造的应用……制定本法"，表明专利权的保护对象是发明创造。但是，并非所有的发明创造都能作为专利权的客体，只有那些可被授予专利权且具备授予专利权实质性条件的发明创造才可以。不仅如此，正所谓"皮之不存，毛将焉附"，专利权是国家专利管理机关通过法定程序确认和授予的权利，假如相应的发明创造未被批准为专利，则专利权也不具备存在的基础。因此，更确切地讲，专利权的客体应当是那些已经成为专利的发明创造。或简言之，专利权的客体就是专利。

因此，在明晰了知识产权和专利权各自的客体之后，专利权（Patent right）与知识产权（Intellectual property right）是相对应的，而专利（Patent）则应当与"知识财产"（Intellectual property）是相对应的。再结合笔者对"知识产权"和"专利"的定义，本书将专利权定义为：民事主体对专利（经专利主管机关依照法定程序审查批准的发明创造）依法享有的占有、使用、收益和处分的权利。

专利权与其他权利的区别主要表现在以下三个方面，这也是专利权的特点：

1. 专利权的客体是经过专利主管机关依法审查批准的发明创造，即专利

我国《专利法》中确认的专利权客体与《保护工业产权巴黎公约》（以下简称《巴黎公约》）规定的保护对象基本一致，即发明、实用新型和外观设计。我国台湾地区认可的专利权客体

只是名称不同，分别为发明、新型和新式样。其他一些国家的专利权客体有所差异。例如，美国《专利法》规定的专利权客体包括发明、植物专利和外观设计（没有实用新型）；又如，准确地讲，日本《专利法》（特许法）只涉及发明，实用新型和外观设计则分别由独立的实用新型法和外观设计法保护。而且，与著作权保护的作品及商业秘密不同，被确认为专利的发明创造需经法定程序的审核批准，而未以专利形式提出申请并经审批的发明创造，譬如企业技术资料、实验记录、产品模型等，并不当然属于专利权的客体。

2. 有期限的垄断性

专利权对发明创造进行支配的排他性远甚于其他民事权利。例如，某人对某辆汽车享有所有权，但该所有权的排他性不妨碍其他人继续购买或使用同品牌同型号的汽车。然而，一旦某人享有某项发明创造的专利权，那么至少在该国地域范围内未经许可的他人均不能随意实施该专利。因此，专利权具有垄断的性质，而且这种垄断性并不是对知识、技术的保密，反而是通过对发明创造的信息公开才换取了这种垄断的权利。但若对发明创造给予无限期的保护，势必会影响广大公众对这些新技术成果的充分利用，阻碍技术进步和社会发展，这与设立专利制度的初衷背道而驰。为了平衡权利人和社会公众的利益，专利权被限制于一定的存续期间之中。

3. 可多进程使用性

发明创造的非物质性使得其传播不再受时间和空间的限制，特别是在当今的光纤网络时代，信息传输的速度以光速计。因此，不论人数多寡以及所处地域如何，只要知晓发明创造的内容，就可以依照所需的相应条件加以实施。而且，民事主体可以就一项发明创造在不同国家获得相应的专利权，这就使得发明创造的实施范围可遍及全球。这一特点意味着专利权不论是在域内（一国之内）还是在域外（国际之间）都可以并且需要得到相应保护，以确保其垄断效力得以实现。

由于本书所探讨的专利不仅包括通常意义上的发明专利，还包括实用新型专利（注册实用新型）和外观设计专利（注册外观设计），因此相应地，本书中所称的专利权也涵盖了发明专利权（专利权）、实用新型专利权（注册实用新型权）和外观设计专利权（注册外观设计权）。

三、专利权的内涵：主体、客体、内容、期限

（一）专利权的主体

"从权利的角度来看，知识产权的主体即为权利所有人，包括著作权人、专利权人、商标权人等。"[①] 专利权的主体即为专利权的所有者，即专利权人。

发明人可以成为专利权的主体，但不能就此等同于专利权人。郑成思教授指出，"发明人只可能是一种人，即搞出发明来的那个或那些人"[②]。有观点认为，发明人未必是自然人，若许多人利用单位的物质条件或技术经验而合作完成发明创造，则该单位（法人或其他组织）应作为发明人。然而，这一观点颇受质疑：其一，法人等组织是法律拟制的人，其意志和行动取决于具体掌控和操纵该法人或其他组织的自然人的意志和行动，若不借助自然人，法人或其他组织本身不具有从事发明创造的能力；其二，发明人通过创造行为获得发明创造这一智力成果，是一种典型的人类自主能动行为，是人类思维活动开拓性和创造性的高

---

① 吴汉东：《知识产权法学》，北京大学出版社 2000 年版，第 10 页。
② 郑成思：《知识产权论》，法律出版社 2003 年版，第 139 页。

级表现，必然依赖于自然人的基本属性。因此，发明人只能是自然人；若为合作发明，则这些自然人应视为共同发明人。

与发明人不同，专利权人作为权利的拥有者，在法律意义上与人类思维活动并无必然联系，其既可以是自然人，也可以是法人或其他组织，甚至在某些情况下还可以是国家，如当时实行"发明者证书"制度的苏联和朝鲜等。在专利权为原始取得的情况下，自然人通过智力劳动这一事实行为得到发明创造，从而获得了发明人身份，继而借助于专利申请程序得到国家专利管理部门的授权，又获得了专利权人的身份，此时的专利权人等同于发明人。但是，当该发明为职务发明或发明人发生变更时，尽管专利权仍为原始取得，但专利权人与发明人并不等同。而在专利权为继受取得的情况下，专利权人更可能是与发明人完全无关的自然人、法人或其他组织。

由此可见，发明人仰赖于事实行为，而专利权人源于国家机关的依法授权或认可。并且，后者的涵盖范围要大于前者，因为专利权人不仅仅可以是发明人本人，还可以是企业、组织等多种形式。

民事主体依国籍情况可以分为本国人和外国人。专利权是一国国家机关授予并承认的垄断性权利，本国人理应享有成为专利权主体的资格。对于外国人可否成为专利权人的问题，若按照古罗马法律的规定，"凡未沦为奴隶的外国人，虽有自由人的身份，但不能享有市民法规定的各种权利"，[①] 恐怕外国人是无法成为专利权人的。不过，随着国际贸易发展和国家交往日益频繁，国家之间彼此承认公民权利的需求不断增加，使得各国逐步通过条约或法律相互承认外国人在本国享有与本国公民同等或基本同等

---

① 吴汉东：《知识产权法学》，北京大学出版社 2000 年版，第 13 页。

的权利。在专利领域，1883 年《巴黎公约》第 2 条规定了"国民待遇"，即"本联盟任何国家的国民，在保护工业产权方面，在本联盟所有其他国家内应享有各该国法律现在授予或今后可能授予国民的各种利益"；第 3 条规定了"国民同样待遇"，即"本联盟以外各国的国民，在本联盟的一个国家的领土内设有住所或有真实和有效的工商业营业所的，应享有与本联盟国家国民同样的待遇"。根据这些规定，只要外国人是《巴黎公约》的成员国国民或者在某一成员国内有住所或营业所，均可成为成员国的专利权人。目前，联合国现有会员国 193 个，① 其中巴黎公约的缔约国有 180 个，② 因此，《巴黎公约》为外国人获得专利权人身份奠定了坚实而广泛的法律基础。实际上，世界上没有一个国家在其专利法中明文规定不允许外国人申请专利，不仅如此，在实体权利方面，各国大多给予外国人以国民待遇。③

另外，当专利权人为自然人时，是否必须具有完全民事行为能力呢？笔者认为答案是否定的。一方面，当专利权人为发明人时，由于发明创造行为是一种事实行为，这种事实行为属于纯粹物质性、技术性的无须私法意识的行为，④ 其不要求行为人有意识地以一定法律效果为目的，因而只要该自然人完成了发明创造，就属于专利法意义上的发明人，并不需要具备完全民事行为能力，如日本就曾有 5 岁零 8 个月的孩子获得注册实用新型权的

---

① "联合国概览"，载联合国官方网站，https：//www.un.org/zh/a-bout-us（最后访问时间：2024-03-03）。

② "WIPO-Administered Treaties"，<http：//www.wipo.int/treaties/en/ShowResults.jsp？lang=en&treaty_ id=2>，accessed 2024-03-03.

③ 刘春田：《知识产权法》，中国人民大学出版社 2009 年版，第 231 页。

④ 龙卫球：《民法总论》，中国法制出版社 2002 年版，第 157 页。

案例。① 倘若要求完全民事行为能力人才有专利权主体的资格，将剥夺限制民事行为能力或无民事行为能力的发明人寻求专利权保护的权利，这与鼓励发明创新的制度宗旨是相悖的。例如，我国《专利审查指南》规定："当事人无民事行为能力的，在专利局已被告知的情况下，通知和决定的收件人是法定监护人或法定代理人。"② 这说明无民事行为能力人未被禁止成为专利权人，更不用说限制民事行为能力人了。另一方面，当专利权人为发明人之外的其他自然人时，其往往通过订立专利权或专利申请权的转让合同而成为专利权的主体。虽然无民事行为能力人的法律行为应当由法定代理人代理，限制民事行为能力人的法律行为应由法定代理人代理或经其同意、追认，但这些形式要件并不妨碍限制或无民事行为能力之人作为转让合同的当事人并最终成为专利权人。而且，专利权是平等的，不应以专利权的所有者状态加以区别对待。既然从发明人成为专利权人不必要求民事行为能力，那么以继受取得方式成为专利权人也不应要求具有完全的民事行为能力。

总而言之，专利权的主体，即专利权人，可以是自然人、法人或其他组织，通常也包括外国人、外国企业或外国其他组织。若专利权人为自然人，则无须强调民事行为能力的相关要求。

（二）专利权的客体

如前文所述，专利权的客体就是专利，其可分为发明专利、实用新型专利和外观设计专利三种类型，不同类型的专利对发明创造有着相应的不同要求。

---

① ［日］吉藤幸朔：《专利法概论》，宋永林、魏启学译，专利文献出版社1990年版，第176页。

② 2010年《专利审查指南》第5部分第6章第2.2.3节。

发明专利是专利法最重要且最典型的保护对象。能够成为发明专利的发明创造，即发明，通常是指对产品或方法提出的新的技术方案。吴汉东教授指出，发明应具备三个方面的要求：第一，发明必须是关于"自然规律"的东西；第二，发明必须是利用"自然规律"的东西；第三，发明是技术方面的东西，即解决某一课题的合理的手段，必须产生技术效果。[①] 因此，发明的内在要求限定了发明创造的范围。例如，人的纯粹智力活动、计算方法、游戏规则等不是关于自然规律的东西，科学发现本身不是利用自然规律的东西，产品的外观颜色等单纯的美学装饰不是技术方面的东西，都不应归类为发明。

实用新型专利所对应的发明创造，一般是对产品的形状或构造提出的新的技术方案，可以视为发明中的一种特殊类型。因此，实用新型不仅需满足发明的内在要求，还必须注意其他相关限制：一是实用新型仅针对产品，那些只涉及方法（或用途）的发明创造不属于实用新型的范围；二是实用新型仅针对产品的形状和结构，若产品无固定形状，如气态、液态、粉末状等，或者发明创造与产品的形状或结构无关，比如只涉及产品的新组分或新配方，则都不属于实用新型。

外观设计专利虽然也是经法定程序确认的发明创造，但与发明和实用新型相比有着明显区别。它不是技术方面的东西，而是在美学领域满足人类审美需求的智力劳动成果。因而可以说，外观设计更倾向于"发明创造"中的"创造"。外观设计是对产品的形状、图案或色彩提出的新的设计，其对发明创造的限制性要求包括：一是外观设计以产品为依托，单纯的美术作品不是外观设计；二是外观设计应适合工业应用，不能重复生产的手工艺品

---

① 吴汉东：《知识产权法学》，北京大学出版社 2000 年版，第 193~194 页。

不属于外观设计；三是外观设计的目的是提供视觉美感，仅用于解决技术问题而无关美感的产品形状或结构不适合作为外观设计。

发明、实用新型和外观设计这三种类型的发明创造各具特点，但在被分别批准为发明专利、实用新型专利和外观设计专利这些专利权客体之前，还需符合专利法规定的授予专利权的相关条件。世界上没有哪一个国家对所有发明创造不加限制地给予专利，各国都根据自己的国情，在专利法中规定了授予专利的条件。① 这些条件可分为消极条件和积极条件。消极条件主要考察其是否属于法定不授予专利权的发明创造，积极条件则主要体现为授予专利权的实质性条件，即新颖性、创造性和实用性这"三性"。

具体而言，消极条件指的是专利法从反面规定的那些不能被授予专利权的发明创造类型。这些规定主要表现为两种形式：一种是笼统地以原则性方式规定违反法律、有碍公序良俗或妨害公共利益的发明创造不能被授予专利权。几乎所有国家的专利法都有类似的规定。② 一旦发明创造的目的本身就违反法律或与公序良俗、公共利益相抵触，如伪造国家货币的设备违反了法律，含有暴力或淫秽内容的外观设计有碍公序良俗，严重危害公共健康的药品有损公共利益等，对其授予专利权将会确认乃至助长实施这种发明创造的不法或不良行为，由此可能破坏法律体系的自洽性，违背专利制度的建立初衷，故而这些发明创造都不得被批准为专利。另一种则是明确规定了不得授予专利权的某些具体类型的发明创造。这些发明创造往往可能并不违法，也不与公序良俗或公共利益相悖，但一国基于具体国情和经济利益等因素的考量

---

① 刘春田：《知识产权法》，中国人民大学出版社 2009 年版，第 175 页。

② 吴汉东：《知识产权法学》，北京大学出版社 2000 年版，第 199 页。

而拒绝批准其为专利。譬如，疾病的诊断和治疗方法本身不违反法律或有损公序良俗，恰恰相反，其对于公众健康和社会福祉是大有裨益的，在生物技术的支撑下也逐步克服了"不具可重复性"的缺陷，但考虑到个人独占相关专利可能对民众生活的影响及随之而来的道德风险，大多数国家不对其授予专利权。又如，用原子核变换方法获得的物质本身也并不违法，但由于其涉及一国的国防、科研事业并事关公共安全，包括我国等许多国家也拒绝批准其为专利。总之，专利权客体的消极条件与客体的范围存在直接关联。消极条件越少，专利权客体的范围就相对越大，从而可覆盖更多类型的发明创造；反之，消极条件越多，专利权客体的范围就相应越小。

积极条件，即专利"三性"，又称为"可专利性"（Patentability），在判断发明创造最终能否被批准为专利时是缺一不可的。新颖性和创造性均以现有技术为基准，其中，新颖性（Novelty）是指判断发明创造是否落入现有技术的范围之内，如果其属于现有技术，则不具有新颖性。创造性（Inventiveness）则是指在发明创造具有新颖性的基础上，继续将发明创造与现有技术比较，以判断其是否具有创造性步骤（Inventive step）或非显而易见性（Non-obviousness）。① 实用性（Practical applicability），又称有用性（Useful）或可产业应用性（Capable of industrial application），一般是指发明创造能够在产业上被制造或使用并带来技术效果。一旦某发明创造不具有实用性，譬如永动机或必须利用独一无二的自然地理条件才能实施之发明，即便其满足新颖性

---

① 在我国，发明专利的创造性要求突出的实质性特点和显著的进步，实用新型专利要求实质性特点和进步，外观设计专利的创造性则要求与现有设计或者现有设计特征的组合相比具有明显区别。参见曲三强：《现代知识产权法》，北京大学出版社 2009 年版，第 298 页。

和创造性要求，也不能成为专利。由于新颖性和创造性的判断需根据发明创造的具体内容在浩如烟海的现有技术文献中加以检索和比对，因而对专利"三性"的审查往往是专利审查工作中最耗费时间的环节，尤以创造性的审查为甚。正因如此，专利权客体的积极条件必须基于现有技术进行个案考察，加之现有技术的划定范围随时代发展和科技进步是不断更新变化的，其难以较直观地指示出专利权客体范围的变化趋势，因而在本书中不作更加深入的讨论。

（三）专利权的内容

根据前文对专利权的界定，专利权的内容就是针对专利的占有、使用、收益、处分的权利。有观点认为，专利权具有人身权的内容，① 体现为发明人（或设计人）在专利文件中的署名权；② 也有学者提出，专利权是一种人格权。③ 笔者对此有不同的看法。

首先，发明人或设计人的法律地位与专利权人不同。即使专利权发生移转或者专利权人出现变更，发明人（或设计人）并不会因此而受到影响。况且，发明人的署名权在提出专利申请之时便已行使，此时专利权尚不存在。可见，发明人的署名权并不属于专利权的一部分。

其次，专利权人享有的标记权并非人格权。标记权，是指专利权人享有在专利产品或者该产品的包装上、容器上、说明书

---

① 姚元和：《试论侵害专利权的赔偿》，载《知识产权》1992 年第 6 期，第 30~31 页。

② 比如我国《专利法》第 16 条第 1 款规定，发明人或者设计人有权在专利文件中写明自己是发明人或者设计人。

③ ［日］吉藤幸朔：《专利法概论》，宋永林、魏启学译，专利文献出版社 1990 年版，第 404 页。

上、产品广告中标明专利标记和专利号的权利。① 专利标记通常为"专利""Patent"等字样或其他指明其为专利的用语或符号。例如，我国《专利标识标注办法》第 5 条规定专利标识应包括专利权的类别和专利号，并不涉及专利权人的姓名或名称。因此，标记权与人格权项下的姓名权、名称权等内容并无关联。此外，人格权因出生而取得，因死亡而消灭，不得让与或抛弃，② 但标记权依赖于专利权而存在或转移，与民事主体本身的存续无必然关联。比如，专利权人通过向他人转让专利权，可将标记权交由他人行使；而一旦专利权终止，标记权也随之终止，原专利权人继续行使"标记权"的行为便成为冒充专利行为，这实际上均说明标记权不是一种人格权的形式。

最后，专利权是财产权，不含人格权内容。专利的价值通过专利技术的实施行为变现为财产利益，专利权的所有者通过独享这种专利技术的实施权以获取垄断性的财产利益回报，而专利制度则通过授予专利权以确保这种垄断财产利益的实现，从而鼓励发明创新、增强经济活力。因此，专利权作为法律拟制的权利，仅与财产利益有关，是一种纯粹的财产权。③ 与之不同的是，人格权以与主体不可分离的人格利益为标的，人格利益不具有财产价值，因而人格权为非财产权。④

专利权的内容，即占有、使用、收益、处分四个方面权利，与所有权的权能之间存在一定的对应关系，但由于专利权客体（即专利）不同于所有权的传统客体，因而在权利的具体表现上存在一些差异。

---

① 吴汉东：《知识产权法学》，北京大学出版社 2000 年版，第 281 页。
② 梁慧星：《民法总论》（第 4 版），法律出版社 2011 年版，第 92 页。
③ 刘春田：《知识产权法》，中国人民大学出版社 2009 年版，第 213 页。
④ 梁慧星：《民法总论》（第 4 版），法律出版社 2011 年版，第 92 页。

1. 专利权内容之一：占有权

占有，是指占有人对物的事实上的控制和支配。① 根据该定义，占有的客体仅限于物，即不动产和动产。专利权的客体是专利，一般不认为其属于物。专利权看似与占有制度是绝缘的，但随着社会生活实践不断更新，占有制度已经从侧重对物的物理性控制逐渐向观念化发展。王泽鉴先生指出，对于不因物的占有而成立的财产权（如商标权、专利权或地役权），成立准占有。② 我国台湾地区"民法"物权编第966条规定"关于占有之规定，于前项准占有准用之"，即在法律适用上，准占有和占有是等同的，这就允许不拥有对物事实控制之人仍可享受占有之实，从而可以实现对专利的占有。

值得注意的是，在考察专利的占有时，不应忽略占有的意思要件。除了对物有事实上的管控力以外，还应当意识到自己正在占有某物。如果对自己占有某物毫无意识，或者意识到或应当意识到是在为他人占有某物，则不具有占有意思。③ 同样，对专利的占有也需要具有占有意思。

专利与物不同。理论上讲，业已公开的专利技术可以被任何接触到它的人吸收和掌握。尽管不能以物理方式对无形的信息加以掌控，但大脑可以吸收信息。"精神产品旨在使人理解，并使他们的表象、记忆、思维等等掌握它而化为己有。"④ 然而，这

① 王利明：《民法——21世纪法学系列教材》，中国人民大学出版社2010年版，第285页。

② 王泽鉴：《民法物权：用益物权·占有》，中国政法大学出版社2001年版，第161页。

③ 王利明：《民法——21世纪法学系列教材》，中国人民大学出版社2010年版，第286页。

④ ［德］黑格尔：《法哲学原理》，范扬、张全泰译，商务印书馆1996年版，第77页。

种对专利信息的掌握和吸收并不等同于对专利持占有意思，原因有三：第一，基于世界知识产权组织（WIPO）制定的标准（主要是 WIPO ST.9），全世界几乎所有的专利文献首页均记载有专利权人或专利申请人的信息，这让读者在拿到专利文献后第一眼就知道该专利早已"名花有主"，不会想当然地产生据为己有的意图。第二，在当今社会，研究和分析专利信息的主要目的并不是占有该专利技术，而是了解企业相关技术的发展脉络，摸清政府制定的科技促进政策，从而确定企业的经营策略。先进的专利情报分析工作已经成为指导政策制定部门、科研院所、高新技术企业进行专利战略布局和专利技术研究的有效手段。第三，专利法规已明示了擅自实施他人专利的后果，虽然目前尚无技术手段将大脑中已形成记忆的专利信息进行抽离，但各国专利法规已经明确规定了未经许可擅自实施专利所应承担的侵权后果。这使得人们即使掌握了专利技术，也会因担心或畏惧法律后果而无法产生将专利占为己用的意思，即清楚其为"可知而不可行"。因此，虽然任何人都可以接触和掌握专利这种公开信息，但在大多数情况下，由于缺乏占有意思，非专利权人并没有对专利形成真正意义上的占有。相对地，专利权人不仅知晓和掌握着专利的内容，还具有完全占有的意思，因而构成对专利的占有。

　　当然，从上述讨论可知，对专利的实际管控以及占有意思往往体现于人类大脑思维当中，难以从外表判断是否构成对专利的占有。换言之，与专利有关的占有的公示功能很难在外表上得到彰显。对于不动产而言，占有的公示功能已由土地登记取代之，① 那么类似地，专利权则是以专利局的登记信息作为占有专利的公示方式。也就是说，法律通过登记制度设立了一种拟制的

---

① 王泽鉴：《民法物权：用益物权·占有》，中国政法大学出版社2001 年版，第 175 页。

"占有", 人为地向大众宣告专利权人才是专利的合法占有者,从而克服了不易从外表判断专利占有的问题。

在社会实践中, 上述占有权的行使更多表现为专利局登记信息的延伸展现。比如, 专利权人行使标记权而在其制造或销售的产品或其包装上标注专利号的行为。由于产品或包装上通常载有作为制造商或经销商的专利权人名称等信息, 使专利号与专利权人的名称一同出现于公众视野, 表明了专利权人对于该专利号的相应专利的占有。又如, 专利权人在广告或合同中使用专利号或者专利证书等的行为, 同样反映了专利权人与该专利之间的占有关系, 是占有权的一种行使方式。

2. 专利权内容之二: 使用权

使用, 是指民事主体按照财产的性能对其加以利用, 以满足生产或生活的某种需要。[①] 专利是一种知识财产, 专利权中的使用权即是对专利这种特殊财产的利用。根据使用的定义, 财产的利用方式是由其性能决定的, 如居住房屋、耕作土地等, "不损毁其物或变更其性质"[②]。专利是抽象而无形的技术信息, 其必须被具象化才能满足生产生活的需要, 因而对专利的利用, 即所谓使用权的行使, 通常表现为实施专利的行为, 又称为实施权。

实施专利的行为一般包括制造、销售专利产品的行为以及使用专利方法的行为。但在具体界定何谓"实施"的问题上, 各国的规定不尽一致。例如, 在我国, 实施发明或实用新型专利的行为包括制造、使用、许诺销售、销售、进口专利产品, 使用专利方法, 以及使用、许诺销售、销售、进口由专利方法直接得到

[①] 王利明:《民法——21世纪法学系列教材》, 中国人民大学出版社2010年版, 第174页。

[②] 王泽鉴:《民法物权: 通则·所有权》, 中国政法大学出版社2001年版, 第154页。

的产品的行为（实施实用新型专利的行为不包括针对专利方法及由该方法直接得到的产品的行为），实施外观设计专利的行为则包括制造、许诺销售、销售、进口专利产品的行为。① 在日本，针对专利产品的出口行为也属于实施专利的行为。② 德国则将储存专利产品的行为归为实施专利的行为。③ 这种差异也体现于各国国内法的历史演进之中。

与此同时，各国专利法通常对"使用权"设定了限制规则，主要为强制许可和不视为侵犯专利权的行为两类制度。强制许可制度可分为公共利益强制许可、依申请单向强制许可和依申请交叉强制许可三种形式。其中，公共利益强制许可，是指国家为公共利益目的或在紧急状况下将专利强制许可给他人实施，相当于有些国家采用的"政府征用"或者"政府使用"行为。④ 依申请单向强制许可，是指专利权人未行使"使用权"达到了专利权滥用的程度（例如，在获得专利权的三年后仍未实施专利，或构成垄断），经他人申请后将专利强制许可给该他人实施的。依申请交叉强制许可，是指在后专利相对于在先专利有重大进步且有赖于在先专利才能实施，经在后专利的专利权人申请，将在先专利强制许可给该在后专利权人实施，而且经在先专利的专利权人申请，也可将在后专利强制许可给该在先专利权人实施。不视为侵犯专利权行为制度则通常包括专利权穷竭、非营利目的实施、先用权人实施、临时过境使用等行为。

这些限制规则表明，"使用权"并非完全自由，若消极行使（即不实施或不充分实施）达到一定限度，国家权力会强制许可

---

① 参见 2008 年中国《专利法》第 11 条。
② 参见 2016 年日本《专利法》第 2 条。
③ 参见 2016 年德国《专利法》第 9 条。
④ 尹新天：《中国专利法详解》，知识产权出版社 2011 年版，第 516 页。

他人实施，以鼓励专利的实施应用；"使用权"也并非完全垄断，国家权力不仅可通过强制许可制度于事先确认他人对专利的实施权，还可通过不视为侵犯专利权行为制度于事后认可他人实施专利行为的合法性。这些限制性规定在不同国家地区和不同时期存在具体差异。

3. 专利权内容之三：收益权

收益权是指从财产上获取一定的经济利益的权利。该经济利益主要是孳息，分为天然孳息和法定孳息两类。专利是抽象的知识信息，本身并没有天然孳息。但笔者认为，专利可以产生类似于租金的法定孳息，即专利使用费。

如前文所述，专利权中的实施权，即实施专利的行为，目的是将抽象信息转化为现实存在的产品或工艺方法，以便实现其价值并获取经济利益。该实施权是非专利权人不当然享有的，除非其获得了专利权的实施许可。因此，专利权人既可通过自行实施专利来获利，也可通过许可他人实施专利来获取专利使用费，从而使专利权人的创新投入尽可能得到补偿，创新热情得到最大限度的激励。

在现代商业社会，专利权人以利益最大化为目的，可以灵活选择是否行使"使用权"（即自行实施专利获利）或者"收益权"（即许可他人实施专利以换取使用费），也可以同时行使两者。例如，专利实施许可有普通实施许可、排他实施许可和独占实施许可三种形式。在普通和排他两种实施许可下，专利权人可并行通过"使用权"和"收益权"获利；而在独占实施许可下，专利权人只能通过"收益权"获利。当然，专利权人也可仅以"使用权"获利，而不设定实施许可。这都是专利权人从商业利益角度加以权衡的决定，由此在各种情况下确定的专利使用费自然也不相同。

4. 专利权内容之四：处分权

专利可视为一种私有的知识财产，专利权人有权任意支配和处分该财产，包括将专利让与他人所有，或者放弃对专利的所有。

将专利让与他人所有，即转由他人行使专利权，法律上表现为专利权主体的变更。这种让与可以是有偿的，如专利法中以订立书面合同进行的"专利权转让"；也可以是无偿的，包括因其他事由而办理的"专利权转移"。

放弃对专利的所有，即放弃专利权，是一种将专利让与他人所有的特殊形式，相当于把专利无偿让与全人类共同享有，从而也失去了其垄断性质。专利权人一般可通过不缴纳年费或以书面声明放弃专利权来行使该处分权。

在专利权内容的占有、使用、收益、处分这四项权能中，与占有、收益和处分有关的规则相对稳定。而关于使用权的相关规则，特别是对"实施"的界定以及相关限制规则的设置，却在专利制度的历史发展中不断被调整和完善。因此，专利权内容的发展趋势主要体现于专利权的"使用权"规则在各国国内法及不同时期的展现状况。

（四）专利权的期限

知识产权在时间上的有限性，是世界各国为了促进科学文化发展、鼓励智力成果公开所普遍采用的原则。根据各类知识产权的性质、特征及本国实际情况，各国法律对著作权、专利权、商标权和其他知识产权都规定了相应的保护期限。[1] 然而，在专利权、著作权和商标权这三种主要的知识产权中，专利权的期限往往是最短的。以我国为例，著作权（财产权部分）的期限为作

---

[1] 曲三强：《现代知识产权法》，北京大学出版社2009年版，第15页。

者的有生之年加上去世后的五十年，商标权的期限可无限次地定期续展，而专利权的期限最长为专利申请日起的二十年。笔者认为导致出现该现象的原因有三个方面。

第一，专利权与传统的所有权不同。"所有权以永久存续为本质"，① 但该存续以财产的存在为前提。若房屋倒塌，对该房屋的所有权就消失了（变成对砖块和废墟的所有权）；若土地因自然灾害而塌陷、水淹甚或被岩浆吞噬，对该土地的所有权将受损或灭失；即使是存入银行以数字为表象的金钱财产，也可能因银行破产而使其所有权归于无。因此，所有权的"永恒性"并非是绝对的，其有赖于财产的存续而存续。相较之下，专利作为抽象的知识财产，其一经诞生就进入人类文明的宏大领域，不存在灭失的可能，这反而使专利权成为真正具有"永恒性"的权利。因此，法律制度人为地对专利权设定一定的期限，以免出现超乎于传统所有权制度之上的"永恒之权"。

第二，与著作权和商标权相比，专利权的独占性更强。著作权的保护客体是文化艺术作品，但是这种保护的实质是保护作品的表现形式，并不保护作品所表达的内涵。② 若他人以不同的表述方式来表达相同内涵并形成自己的著作，同样可以获得相应著作权的保护。商标权保护的是生产经营者在其商品或服务中使用某种商标标志的权利。商标标志的设计并不要求具有独一无二的内容，譬如我国有诸多"长城"商标，如"长城"汽车、"长城"葡萄酒、"长城"电脑等，只要具有显著特征，便于消费者识别商品或服务的来源即可。他人若使用构成显著区别的其他文字、图形或组合，仍可以对相同种类的商品注册自己所有的商

---

① 王泽鉴：《民法物权：通则·所有权》，中国政法大学出版社 2001 年版，第 151 页。

② 尹新天：《中国专利法详解》，知识产权出版社 2011 年版，第 461 页。

标。因此，尽管著作权和商标权都属独占性权利，但文学著作的表达方式多种多样，商标的设计方案也是千变万化，这种独占性并不会对他人的文字表达和商标设计造成过多阻碍，也不致对公众正常生产生活带来过度影响。专利权则与之不同，其保护的主要是技术信息。由于一定时期内科技发展水平的限制，某种技术方案的优越性可能是其他方案难以替代的，如果对其进行长期保护，可能阻碍科技进步，影响社会发展。比如，白炽灯是1879年由美国发明家托马斯·爱迪生发明的。由于钨丝价格便宜、熔点高、化学性质稳定，是制作白炽灯灯丝的最佳选择。虽然人们曾尝试用碳丝或其他金属代替钨丝，但始终未能改变钨丝白炽灯的市场主导地位。直到1938年美国通用电子公司的伊曼发明了荧光灯（日光灯），才打破了钨丝白炽灯独占市场的局面。假如钨丝白炽灯的专利权期限如著作权或商标权一样长，很难想象人们在20世纪可以普遍用上廉价的白炽灯。而且，科学技术的进化路径具有继承性，正如牛顿所言，"如果说我看得更远，那是因为我站在巨人们的肩膀上"（If I have seen further it is by standing on ye sholders of Giants），某项专利可能是技术发展道路上难以回避的山峰。如果任由这座山峰长期耸立而难以变成通途，始终会对后来的技术研发工作造成阻碍。长此以往，这种阻碍会越来越多，最终将妨碍人类文明进步与发展。鉴于专利权的独占性强于著作权和商标权，且长期独占可能对社会发展造成负面影响，需要相应地采用较短的保护期限来平衡这种独占性。

第三，专利制度有鼓励技术推广应用的需求。TRIPS第7条规定"知识产权的保护和实施应有助于促进技术革新及技术转让和传播"，我国《专利法》第1条也规定"为了……鼓励发明创造，推动发明创造的应用……制定本法"。著作权的保护客体是作品，商标权的保护客体是商标，均不涉及技术或发明创造，没有推广应用的必要；而专利权的保护客体为科学技术相关的发明创造，如果该项新技术确具提高生产效率、节约成本等有益效果，从国家、社会和公众的利益出发，着实存在推广应用以代替陈旧技术的必要。然而，为确保专利权人的创新投入得到合理回报，专利权的内容又集中表现为实施专利的独占性，即禁止未经许可之人实施应用该项专利技术，这恰与鼓励技术推广应用的意图是相反的。因此，专利权的期限不宜过长，以免专利权的垄断效力阻碍新技术在全社会广泛应用；但也不宜过短，防止专利权人的创新积极性被挫伤而再无创新为继。专利权的期限过长或过短，结果都不利于社会科学技术的进步，因而在专利制度的演化历程中，各国对专利权期限的历次调整实际上是立法者对两方面利益不断权衡的体现。

基于上述原因，专利权具有时限，且一般短于著作权和商标权的期限。不同国家的国内法对专利权期限的计算方式有所差异，有的从专利授权（注册）之日起算（如 1952 年美国《专利法》第 154 条规定的专利权期限为授权后十七年），有的从专利申请之日起算（如我国的专利权期限均从申请日起算），有的国内法经修订改变了计算方式（如现行美国专利法规定专利权期限从申请日起算）。目前，世界各国已基本采用了自专利申请日起算专利权期限的方式。

第二节　侵犯专利权行为及犯罪

一、保护专利权的必要性

（一）保护专利权的法理基础

专利制度的发展历程大体可分为三个阶段，分别是：

1. 萌芽阶段

工业革命前，自然经济背景下，社会竞争更多表现为体力的竞争，技术水平相对低下，还没有利用法律保护发明创造的较大需求。一般认为，专利制度起源于西欧，时间大约在十二三世纪。① 专利制度初始时期的主要特点是，具有独占性的权利只是封建君主授予发明创造者的一种特权，当时尚未形成一种保护技术发明的专门的法律制度。② 例如，为引进国外的先进技术，英国亨利三世于 1236 年授予一位波尔多市市民色布制作技术十五年的垄断权；1324 年至 1377 年，在英国爱德华二世至三世统治期间，很多外国织布工人和矿工作为新技术的引进者被授予使用该技术的专有权，即垄断权，以鼓励他们在英国创业，使英国从畜牧业国家向工业化国家过渡。

2. 国内阶段

为吸引先进技术人才，增强国家经济实力，许多国家在 15 世纪后开始制定保护新技术的法律。例如，1474 年以造船业和水晶生产发达而著称的威尼斯城邦共和国率先制定了世界上第一部最接近现代专利制度的法律。其规定，权利人对其发明享有十年的垄断权，任何人未经同意不得仿造与受保护的发明相同的设备，否则将要赔偿百枚金币，而且还要销毁全部仿造的设施。③

3. 国际阶段

根据国家主权原则，一国没有义务承认外国国内法授予的专利权并受其约束。为协调各国专利制度并加强合作，促进国际贸易的发展，陆续出现了《巴黎公约》《专利合作条约》等国际条

① 汤宗舜：《专利法教程》（第三版），法律出版社 2003 年版，第 7 页。

② 赵元果：《中国专利法的孕育与诞生》，知识产权出版社 2003 年版，第 1 页。

③ 汤宗舜：《专利法教程》（第三版），法律出版社 2003 年版，第 7 页。

约，并随之成立了世界知识产权组织（WIPO）。这些制度及专门机构让发明人有渠道在不同国家和地区就同一项发明创造申请专利并获取专利权，从而实现专利权在本国范围之外的保护。

从专利制度发展的三个阶段可以看出，虽然直接措施均是以授予专利权这一垄断性权利的方式来奖励发明人，但其最终目的已从最初的引进先进技术、带来经济利益，演变为吸引技术人才、增强国家经济实力，继而又上升为促进国际贸易和科学技术的发展。专利制度自诞生起已历经数百年，其所承载的重要程度不仅没有日渐衰微，反而与日俱增，而且不断被赋予越来越多的功能和意义。

若仅以"存在即合理"来看待专利制度之所以存在的合理性与正当性，当然远不能解释专利制度日渐提升的重要性。当前，有诸多理论从不同角度和层面剖析了专利制度的存在基础，主要理论有：

1. 自然权利论

自然权利论认为，发明创造是人的创造性智力劳动的产物，智力劳动与体力劳动应同等对待，同样受到财产权的保护。这种权利是固有的、自然的，专利法就是为了保护这种自然权利而制定的。批准专利权只是对既有权利的确认，而不是创设新的权利。

该理论实质上是资产阶级启蒙思想家所倡导的天赋人权思想在发明创造领域的体现。1791 年法国《专利法》序言中写道：任何新的想法，其实现或者开发可以变为对社会有用的，主要应属于构思出这种想法的人。如果工业发明不被认为是发明人的财产，从实质上说，那是违反人权的。① 根据这一表述，专利的授

---

① 联合国贸易和发展会议：《专利制度在向发展中国家转移技术中的作用》，联合国文件 1975 年版，第 44 页。

权不需要审查，因为发明人的权利被认为是自然的。

这一理论存在较明显的局限性。比如，其难以解释为何专利权作为天赋的自然权利会受到时间的限制？为何只将专利权授予先发明人或先申请人？

2. 特别契约论

根据这一理论，专利制度被视为社会和发明人之间订立的特别契约，其核心在于平衡发明人获利和公开创新成果的社会收益。发明人在这一契约中拥有独家的专利权以换取其创新的利益，同时义务在于公开其发明创造的内容，使之为社会所共享；而社会则承担着授权和保护发明人的专利权的责任，以及要求发明内容的充分公开以促进技术进步的权利。通过订立这种特别契约，双方能够实现互惠互利、各取所需的效果。

有学者认为这种契约论存在悖论，因发明人并不享有契约自由，其必须接受政府设定的条件，否则不能得到法律保护。[1] 笔者对此持不同意见。若发明人意欲获得垄断性权利，就应当付出相应的对价，即公开发明创造。发明人也可选择不公开，将发明创造作为商业秘密保护，同样可以获取相应利益。也就是说，发明人有选择是否签订契约的自由，只不过该契约是一种定型化契约（格式合同）而已，因此并不存在所谓的"不享有契约自由"的问题。

3. 劳动报酬论

发明创造并非轻而易举，发明人需投入大量的时间、资源和创造性劳动，并承担相应的创新风险，因而法律授予的专利权实际上是一种回报。发明人本身并没有义务向社会公开其发明创造，而一旦其选择公开，就应当得到相应的报酬，以鼓励他们继

---

[1] 曲三强：《现代知识产权法》，北京大学出版社2009年版，第276页。

续为社会创造并提供新的技术。

不过，该理论也存在一定局限。发明创造的经济价值、运用程度、市场需求等因素影响着其实际利益，有时专利权所带来的收益并不能完全弥补发明人的投入和努力。此时，如果视专利制度为一种报酬方式，那么发明人未能得到充分补偿的成本是否应该通过其他方式来加以补偿呢？这也使我们追问：谁来承担相应的补偿责任以确保创新的持续进行？

4. 发展经济论

该理论从社会和国家的角度出发，将发明创造视为一种具有经济价值的商品，对其进行保护有利于推动一国经济的发展。然而，发达国家和发展中国家对该理论的看法存在差异：发达国家强调自身的国家利益和维护既有优势，要求对高新技术给予较高水平的专利保护，而发展中国家则主张专利保护水平应与本国的经济、技术水平相适应。

笔者认为该理论并不能很好地解释专利制度的正当性。专利制度的实施旨在促进经济社会发展，而一旦专利权被滥用或者导致资源浪费，其正当性就会遭到质疑。例如，专利劫持行为主要表现在标准必要专利权人利用其专利权优势，对专利的使用者收取过高的专利许可费，甚至迫使其退出市场。这种做法不仅阻碍了资源的有效利用，还造成了社会资源的浪费，反而不利于科技创新与经济发展的持续推进。

5. 激励创新论

边沁主张，无论是私人的行动，还是政府的每项措施，都要遵循"幸福最大化原理"，即"按照看来势必增大或减少利益有关者的幸福倾向，亦即促进或妨碍此种幸福的倾向，来赞成或非难任何一项行为"①。根据功利主义原理，为鼓励发明人的创造热情从而为社会提供更多新技术，应当设计一种保护发明人利益的制度。

与之类似，亚伯拉罕·林肯在 1858 年关于"发现与发明"的演讲中谈道："在此之前，任何人都可以马上使用他人的发明，使得发明人从其发明中得不到特别的好处。而专利制度改变了这一状况，其确保发明人在有限时间内独占使用其发明，从而向发现和生产新的、有用的东西的天才之火添加了利益之油。"② 托马斯·杰斐逊也指出："专利垄断不是设计来保护发明人对其发现的自然权利的，而是一种用来产生新知识的奖励和刺激。"③

激励创新论认为，垄断性的专利权是鼓励发明创新和财政支持的必要经济刺激，也是鼓励发明者向社会公开发明的必要刺激。这一理论已成为认识专利制度的重要哲学理论，并被广泛认可和接受。例如，我国《专利法》第 1 条规定："为了保护专利权人的合法权益，鼓励发明创造，推动发明创造的应用，提高创新能力，促进科学技术进步和经济社会发展，制定本法。"美国《宪法》第 1 条第 8 款第 8 项规定："为促进科学和实用技艺的进步，对作者和发明人的著作和发明，在一定期限内给予专有权的保障。"2016 年日本《专利法》第 1 条规定："本法的目的是通过保护与利用发明，鼓励发明，以推动产业的发展。"

在上述五种理论中，笔者最认同第五种理论，即专利制度的

---

① ［英］边沁：《道德与立法原理导论》，时殷弘译，商务印书馆 2000 年版，第 58 页。

② "Lecture on Discoveries and Inventions", <http://www. abrahamlincolnonline. org/lincoln/speeches/discoveries. htm> accessed 20 December 2017.

③ W. Francis, R. Collins, *Cases and Materials on Patent Law*, West Publishing Company, New York: 1987, pp. 92-93.

正当性更多体现在激励发明创新方面，其核心措施是将符合条件的发明创造批准为专利并授予专利权，对其在一定期限内给予垄断性保护，同时要求公开发明创造的技术内容。这些措施首先激励了发明人，激发潜在的发明人产生利益预期，促使新产品和新方法的不断涌现。这些新技术的累积在经济活动中的直接效果通常表现为降低成本、提高生产效率、节约原材料、优化工艺流程、创造新的消费领域和市场等，从而整体上能够推动经济的增长。与此同时，将这些新技术向公众公开，既能告知他人专利权所保护的技术内容以防侵权，又有利于知识共享，提升社会技术水平，并为其他发明创造的出现提供有用的参考信息，进一步激励技术创新活动。因此，作为专利制度的核心内容，专利权在实现专利制度正当性的过程中扮演着至关重要的角色，应当得到相应的维护与捍卫。

需要注意的是，"专利权保护"和"专利保护"具有不同的含义。"专利保护"是对特定发明创造的保护，其强调对特定发明创造的申请、审查与授权，将其确认为法律意义上的专利，使其在经济上具有独特的价值，而非仅仅作为技术资料任由他人使用。因此，"专利保护"实质上探讨的是如何确认发明创造的法律性质，是属于私有财产还是成为公共资源。比如，我国曾于1963年颁布《发明奖励条例》，其第23条规定："发明属于国家所有，任何个人或单位都不得垄断，全国各单位（包括集体所有制单位）都可利用它所必需的发明。"对发明人则采用荣誉奖和物质奖相结合的奖励方式。直到改革开放后，随着私有财产观念的形成、市场经济的要求以及对外贸易的需要，我国才于1984年颁布了专利法，最终确认将发明创造作为专利加以保护的制度。但并非所有发明创造都能被审批为专利，那些不符合条件的发明创造终将进入公共资源领域为大众所用。"专利权保护"则强调的是确保专利权在一定期限内的垄断性，其通过使用国家强制力来保障专利权人的合法权益，防止第三人未经授权实施专利以攫取或削减这种利益。可以说，"专利权保护"的前提是"专利保护"的存在，如果一国法律不承认"专利保护"，那么"专利权保护"也就成为无本之木。

总之，专利保护和专利权保护在专利制度的实施过程中均发挥着非常重要的作用。专利保护作为专利权保护的前提，是确保专利制度运转的基础，而专利权保护则是促进创新、激励发明的核心任务。在一国法律已然确立专利保护制度的基础上，应当更加重视对专利权保护的有效落实。而实际上，当前对专利制度造成最大冲击的行为往往也是对专利权的侵犯。这也解释了我国《专利法》为何专设"第七章 专利权的保护"，而并未单独出现"专利保护"这样的用语。基于这一点，"专利保护"和"专利权保护"两者应相互区分，不宜混淆使用。

（二）保护专利权的内在动因

1. 专利权更容易受到侵害

传统的财产权客体通常是物质性的财产，是客观实在的物体，权利人可以通过占有的方式管理该财产，以便充分地行使财产权。而专利权的客体是专利，是一种发明创造，其一经产生就转变为人类精神财富的一部分，不会因时间流逝而消耗或湮灭，权利人对其难以形成外表可见的占有，无法以控制有形财产的方式加以掌控。相反，公众却能从专利文件中轻易掌握该发明创造的知识内容和技术要点，这也为他人通过非法手段侵犯专利权提供了更多的可能性。

专利权的易受侵害性还受经济和文化两方面因素的影响。在经济方面，随着进入知识经济时代，知识财产转变为主导生产力发展的关键因素，专利权作为知识产权中最代表产业科技发展与革新的权利，蕴含了巨大的商业价值和经济利益。然而，侵犯专利权的成本却格外低廉，由此产生的高额利润对某些利欲熏心之人而言诱惑极大。

在文化方面，由于知识财产并非有形实体，也难以明确其货币价值，加之专利保护制度的出现时间远远晚于传统财产权保护，尤其在较晚确立专利制度的发展中国家，这导致社会公众对侵犯专利权的行为缺乏违法敏感性，未对专利权保护形成深入人心的思想观念和文化传统。在此背景下，权利人在遭受侵权时往往不了解如何运用法律手段来保护其技术成果，而侵权人则由于对他人的专利权缺乏尊重，可能并不清楚自己的行为已经触犯法律，或怀着有恃无恐的态度。这些文化因素也使得专利权相对于传统财产权更容易受到侵害。

2. 专利权的侵害具有同时性

专利制度赋予专利权人可将同一专利同时授权给多个主体实施的权利。这一特点表明，专利权也可能会面临多个主体的同时侵害。实际上，随着互联网时代的到来，专利技术变得越来越容易被公众获取，这进一步增加了专利权遭受多主体、规模化侵权的可能性。这些侵权主体之间可能有串通或共谋，也可能彼此根本毫不相干。这种侵权特征使得专利权人更容易受到广泛损失的影响，尤其是对于那些具有高商业价值的专利而言，必须采取相应的法律保护措施来遏制这种规模化的侵权行为。

3. 专利权的侵害具有重复性

"重复被害人"理论是环境犯罪学的研究成果，它表述为：相对于从来没有受到过侵害的人和场所，曾经受到过侵害的人和场所再次受到犯罪侵害的可能性要大得多。根据该理论，有的学者将犯罪地图中的热点被害对象分为四种类型：一是热点人群，如妇女和老人；二是热点物品，如手机、电脑、机动车等；三是热点区域，如大型商场、社区；四是热点目标，如便利店、酒吧、快餐店等。在现实生活中，这些被害对象往往都是极易受到重复侵害的目标。对这些犯罪热点进行分类，有助于警察机构制定有针对性的警务措施，合理分配警务资源，更好地减少热点对象的被害机会，预防犯罪。① 其中，容易被侵害的热点物品具有三大特征：（1）可得性，表现为物品通常放置在触手可及的明显位置，如笔记本电脑常放在咖啡厅餐桌上；（2）可移动性，表现为物品便于移动，如手机比较小巧、汽车本身具有机动性；（3）高价值性，表现为单位物品的价值相对其他物品更高。

专利权不属于有形的物品，却具备了诸多与热点物品相似的特征。首先，专利信息为公开状态，可任由他人查阅获取，此为可得性。其次，专利技术是无形信息，可随意复制，轻松传播或携带，此为可移动性。最后，专利技术往往是高成本投入的科研结晶，而专利产品会带来巨额销售利润，此为高价值性。基于以上分析，借鉴"重复被害人"理论，可从侧面表明专利权更容易受到重复性的侵害，因此应当获得法律的重点保护。

（三）保护专利权的经济学需求

1. 外部性理论要求国家权力施以保护

外部性，即外部效应或外部经济，是指一个或更多行为人的自发行为未经第三人同意而对其权益造成影响。若这种影响给第三人带来利益，称为正外部性；反之，如果带来损害，则称为负外部性。当外部性存在时，社会对市场调节作用的关注将扩大到市场主体的利益之外，也就是涵盖那些受到间接影响的第三人的利益。然而，市场主体往往只注重自身利益的实现，而忽视外部

---

① 金诚、伍星：《"侵财型"犯罪地图描绘及其研究》，载《犯罪研究》2007年第5期，第38~44页。

性的影响，这就导致市场的自发调节难以实现有效配置社会资源，使社会福利最大化的目的。因此，在市场机制无法解决这一问题时，就需要政府进行适度干预，使用法律法规、行政命令、征税或补贴等方式来减少负外部性，促进正外部性。而在其中，国家的直接管制是世界各国政府解决外部性问题最基本和最常用的方式，它是指有关权力机关通过法律、法规、标准等，直接规定当事人产生负外部性的允许数量及方式，并以国家强制力作为保障。

专利技术的无形性使其在公共领域中的传播范围和速度不受其创造者的控制，而且传播费用相对低廉，即便创造这些专利技术本身所花费的成本可能是非常高昂的。这一现象致使市场主体可轻易"搭便车"，以近乎零的成本获取专利技术并进行未经许可的实施利用，损害专利权人的合法权益。这些"搭便车"的市场主体未向专利权人支付许可费用，因而该损害并不是市场的价格机制产生的（比如，技术市场竞争激烈，许可费用过于低廉），而是市场主体对专利技术擅自实施所导致的，这就属于专利权相关的外部性，具体是对专利权的负外部性。该负外部性不能被市场机制所调节，使专利技术这一社会资源的配置无法达到帕累托最优，并且有可能导致社会福利的损失，体现于：（1）对专利权的负外部性降低了专利权人的福利，打击了创新积极性，导致创造活动减少，继而减缓社会知识的生产进程；（2）对专利权的负外部性使市场主体不需支付专利费用，因而其利用该专利技术的个体成本（从生产者角度所考虑的成本）通常远低于该专利技术的社会成本（从整个社会角度考虑的成本），当社会成本大于个体成本时，供给将过剩，即专利产品的产量大于市场的需求量，导致专利产品价格下跌，从而降低了专利技术的价值，使社会整体利益受损。

因此，根据外部性的一般原理，国家需要对导致该负外部性的行为人进行引导或制约，而这些措施必须建立在相应的法律法规基础之上，并依靠国家的强制力以确保这些措施得以顺利执行。当民事赔偿和行政处罚无法有效遏制市场主体产生负面外部性的行为时，刑事手段的介入就显得尤为必要了。

2. 避免专利权人陷入"赢者诅咒"

"赢者诅咒"（Winner's curse）这一概念源于墨西哥湾石油开采权的竞拍研究。该研究发现，在多个石油公司对某地块竞价购买开采权的情境中，赢得拍卖的最终胜利者所付出的成交价往往高于该地块的实际价值，即"赢者"不赢，反而付出更高代价，好似"赢者"面临的"诅咒"。① 研究者继而发现，在企业的资产拍卖、兼并重组、投资决策及市场竞争等诸多领域中也普遍存在这一现象。为了生存和发展，各企业为了确保竞争优势而煞费苦心，都不甘在市场竞争中落于下风。在此过程中，于竞争中取胜的企业可能付出了高昂的消耗和代价，这反而可能导致企业走向破产的边缘。比如，我国化肥企业曾用"价格战"进行低价竞争，导致行业巨亏上百亿元，许多企业深陷"倒闭关停潮"。② 类似地，手中握有专利权是企业的竞争优势，甚至是核心竞争力之所在，为了保护专利权不受他人的侵犯，企业往往需耗费巨额成本才能赢得胜利，由此也存有陷入"赢者诅咒"的隐忧。

---

① E. C. Capen, R. V. Clapp and W. M. Campbell, "Competitive bidding in high-risk situations"（1971）23 Journal of Petroleum Technology, pp. 641 - 653.

② 《中国化肥企业陷"倒闭死亡潮"：价格战下，行业巨亏上百亿元》，载网易新闻，http://news. 163. com/17/0419/06/CIC8NDPU000187VE. html（最后访问时间：2017-12-20）。

同时，"赢者诅咒"背后的心理机制之一，即"损失规避理论"，有可能进一步导致企业在保护专利权的道路上陷入"赢者诅咒"的怪圈。"损失规避"是指人们总是强烈地倾向于规避损失，一定数额的损失所引起的心理感受的强烈程度相当于高于一倍数额以上的获益感受。大量心理学实验发现，人们对收益和损失的反应程度是非中立的，损失要比同等量的收益所产生的心理效应大得多，即"痛苦值"远高于"快乐值"。① 根据该心理机制，企业的决策者和管理者对专利权遭受侵犯而产生的损失可能更为敏感，由此会非理性地以过高的成本维护专利权，而这一成本可能远超专利权本身的价值，甚至可能超出企业所能负担的极限。

上述现象让企业陷入一种进退维谷的局面。一方面，企业渴望保持竞争优势并维护自身专利权不受侵犯，这完全是合理合法的诉求。另一方面，专利权的保护成本高昂，诉讼旷日持久，且存在使企业落入"赢者诅咒"陷阱的风险。在这种处境之下，那些以创新和技术为核心推动力的企业往往会在市场竞争中左右为难，需要权衡保护专利权益的利弊，这使得创新型产业难以实现快速发展。

基于民事手段的专利权侵权诉讼的主要成本包括公证费、调查费和律师费。② 在民事手段无法有效解决专利权的侵权纠纷时，转向刑事手段处理可能是一个更具有成本效益的选择。原因在于，若以刑事手段介入，公诉人的存在可以减少或免除公证费

---

① Kahneman D, Tversky A, "Prospect Theory: An Analysis of Decision under Risk" (1979) 47 Econometrica, pp. 263-291.

② 《南京铁路运输法院课题组："知识产权侵权诉讼成本与效率分析"》，载新华网，http://www.js.xinhuanet.com/2016 - 04/27/c _ 1118753578.htm（最后访问时间：2016-04-27）。

和调查费的支出，并且由于公诉人承担了大部分举证工作，受害人的代理律师费用也应得到相应下调。这样一来，企业维权的成本压力得以缓解，更容易摆脱"赢者诅咒"所带来的担忧，从而也更有动力去积极保护自己的创新成果，提升市场竞争力。

3. 格雷欣法则要求钳制"劣币"行为

格雷欣法则（Gresham's law）是 16 世纪英国银行家汤姆斯·格雷欣发现的经济学规律，其最初含义是：在金银双本位制下，金银有一定的兑换比例，当金银的市场比价与法定比价不一致时，市场比价比法定比价高的货币（良币）在流通过程中将被市场比价比法定比价低的货币（劣币）逐渐取代，由此出现良币遁迹、劣币充斥市场的现象。实际上，中国早在 2 世纪就发现了这一规律。西汉贾谊在《新书·铸钱》中写到"奸钱日繁，正钱日亡"，讲的正是劣币驱逐良币的现象。

格雷欣法则在商业领域乃至非商业领域均有广泛的应用，人们用该法则来泛指价值不高的东西会把价值较高的东西挤出流通领域。意大利作家卡尔维诺在寓言小说《黑羊》中描写到，"在一个人人都偷窃的国家里，唯一不去偷窃的人就会成为众矢之的，成为被攻击的目标"。这种失信者得利、守信者失利的现象，反映了格雷欣法则在非商业领域中的影响。

格雷欣法则同样适用于专利权的保护。当所有商业主体都诚信地实施其自身拥有或被许可的专利技术来参与市场竞争时（良币），专利权的经济利益得到实现，创新积极性受到保护，科学技术不断革新发展。然而，侵害他人专利权以谋取利益的不法行为（劣币）一旦出现，将会使专利权人的创新投入难以获得回报，专利许可费用蜕变为鸡肋。如果这些违法行为不能被有效遏止，将使诚信的商业主体逐渐丧失竞争优势，停止创新投入，同时让更多企业为逐利而变成不法行为的商业主体，最终致使不法商业主体占据市场，诚信商业主体步履维艰，出现社会经济和科技发展陷入停滞的恶性状况。而且，这些侵害专利权的"劣币"行为不单单会阻碍新技术的出现，其存在本身还会损害市场经济的健康长久发展，直接影响市场体系的完善和资源配置的效率，甚至破坏市场经济的基础和一国的国际竞争力。

鉴于此，为防止格雷欣法则对专利领域产生不利影响，采取有效的控制措施来减少或消除"劣币"就变得尤为必要。这意味着国家需要建立起制度性的保障措施，以确保"良币"得以蓬勃发展，同时遏制"劣币"对"良币"的替代作用，防止"劣币"在市场中占据主导地位并造成霸占和危害市场的混乱局面。

4. 破窗理论要求及时制止侵权行为

破窗理论，是指环境中的不良现象如果被放任，就会诱使人们仿效，直至变本加厉不受控制。该理论以一幢有少量破窗的建筑为例，如果这些破窗不被修复，好事之徒就会打破更多的窗户，甚至闯入建筑内。如果他们发现无人定居，就倾向于在那里占领、定居、制造冲突，使之成为混乱无序的场所。由此还衍生出另一个例子，如果人行道上有少许垃圾无人清理，不久就会有更多垃圾，最终演变为把垃圾扔在人行道上是理所当然的。因此，破窗理论认为，如果违法行为或轻微的犯罪行为未得到及时整治，就会增加人们对犯罪的恐惧，使人们对政府管控能力失去信心，只能选择躲避和逃离，从而引起更为严重的无序和犯罪。① 破窗理论还揭示了无序现象对人的反常行为和违法犯罪具有强烈的暗示性，说明少量不法行为所引发的无序性可能诱发他人的仿效或吸引更多的不法行为人。根据破窗理论，着力打击轻

---

① Wilson J Q, Kelling G L, "Broken windows: The police and neighborhood safety" (1982) 249 The Atlantic Monthly, pp. 29-38.

微罪行有利于减少更严重的犯罪行为，故而应以零容忍（zero tolerance）的态度处置违法行为。当违法行为的严重性达到一定程度时，"零容忍"就需采用刑罚来应对和威慑。

破窗理论在市场竞争中也有着相似的作用。侵犯专利权的不法行为在带来高额利益的同时，也会造成专利权容易遭受侵害且缺乏有效监管的假象，逐渐导致出现其他商业主体争相效仿、恣意侵权的无序局面，最后使市场陷入低技术水平的恶性竞争之中。对此，以刑事手段对严重侵犯专利权的行为"零容忍"，就是用刑罚的特殊预防和一般预防作用来防止更严重罪行的发生。其中，特殊预防作用表现在预防侵权行为人再次违法犯罪。由于这些侵权人通过其不法行为已经获得了物质上或精神上的利益和满足，为避免其以该利益为目的故技重施，需要用刑罚来剥夺其财产或自由，从而使其因畏惧这些痛苦而不愿重蹈覆辙。一般预防作用则表现在对其他人的警示和预防上。刑罚的使用设立了否定性评价标准，告诫公众严重侵犯专利权者均应受到刑罚的处罚，防止其他人以身试法。

5. 作为违法经济学提升违法成本的手段

美国经济学家盖瑞·贝克（Gary Stanley Becker）将个体经济学方法应用到社会学分析之中，以理性选择和效用理论为出发点，对种族歧视、犯罪、家庭决策、药物滥用等社会现象进行经济学分析。该理论将每一个人都假设为精于计算并使其行为获得最大利益的理性人，这些人在社会上的活动都是经过深思熟虑后追求利益最大化的理性行为。违法经济学从违法行为的趋利性着手，通过设置法律制度控制违法成本和违法收益之间的关系，降低违法利润，从而遏制违法行为的发生。违法成本包括违法直接成本、违法机会成本、违法惩罚成本。违法直接成本主要是财力和物力，前者包括违法之前、违法过程中以及违法之后必要的资金投入，后者则包括购买的器具、作案工具等。违法直接成本还包括人力投入，但不占主要地位。违法机会成本一般指时间成本，即在从违法策划、实施到结束的整个过程中，违法行为人若从事合法活动所能获得的最大收益。违法惩罚成本在违法成本中占重要地位，包括三个部分：一是惩罚的严厉性；二是惩罚的确定性，即违法行为被惩罚的概率；三是惩罚的及时性。相对地，违法收益是违法行为人通过该违法行为而得到的利益，包括经济利益、心理满足感、扭曲的价值认同等。

侵犯专利权的行为属于成本低、收益大的违法行为。首先，该行为的直接成本低，通常表现为仿冒专利产品或购买生产仿冒专利产品的设备的成本相对低廉。譬如，英国戴森（Dyson）公司每周投入的研发经费达150万英镑，[①] 其生产的无叶风扇售价需4000元左右，而仿造产品只卖100多元。[②] 又如，每个专利药品的开发成本据统计在3.5亿美元左右，开发周期通常需8年至10年，上市后剩余的专利有效期一般还有10年至12年，后续还需投入巨额的市场推广费和维权费用，而仿制药却无须付出这些成本，可以用很低廉的价格占领市场。

其次，该行为的惩罚成本低。一方面，与一般侵权行为不同，由于涉及技术手段，专利权的侵权行为通常较为隐蔽，权利人难以及时发现，可能导致侵害行为逃避法律制裁，或者需要很长时间才能发现侵权行为并科以惩罚。可见，侵犯专利权行为削

---

① 詹姆士·戴森：《专利机制应鼓励发明》，载 FT 中文网，http：// www.ftchinese.com/story/001044837? full = y（最后访问时间：2017-12-20）。

② 陈少思：《外观专利防的就是山寨，一浙江产无叶风扇被判侵权》，载杭州网，http://ori.hangzhou.com.cn/ornews/content/2012-04/12/content_4148415.htm（最后访问时间：2017-12-20）。

弱了惩罚的确定性和及时性。另一方面，由于直接成本较低，即使被没收全部侵权产品和设备，侵权人也很容易另起炉灶再行侵权之事。此外，被侵犯专利权的权利人通常是具有较强经济实力和规模的企业，而人类又存有同情弱者的倾向，使得侵犯专利权行为所引发的社会谴责相对较小，惩罚不够严厉。①

最重要的是，该行为的违法收益高。侵犯专利权的产品不含专利的研发费用，却可享受专利产品带来的高溢价，使其利润相对更高。即便放弃部分利润，以相对低廉的价格售卖，也比专利产品更具市场竞争力，足以侵占原有专利产品的市场，攫取高额的不法利润。而且专利权人往往为开拓、培育市场付出了高昂的推广成本，而侵权者却可以坐享其成。可见，侵犯专利权的违法行为能带来高额的不法利润，对趋利避害的理性人而言更具吸引力。

经济学理论认为，成本效益问题存在于人类所有的理性活动中。在实施侵权行为之前，侵权人也势必要衡量侵权行为的成本和收益，以便确定是否值得做出该行为。当面临低成本和高收益的诱惑时，侵权人基于理性分析往往会倾向于铤而走险。要改变这一现状，最直接的手段便是增加侵权行为的成本，以抵消侵权行为所带来的高收益。然而，侵犯专利权的直接成本和机会成本是不易改变的，因此应该更加注重提高惩罚成本的途径。

要提高惩罚成本，仅仅在民事方面加重侵权赔偿力度还是远远不够的，因民事法律对于侵权行为的制约方式侧重于对受侵害人损失的补偿，惩罚性不足。如王泽鉴先生所言，民法让侵权人

---

① 例如，据研究表明，10 个月的婴儿不仅可以评估受害者和侵害者，而且还基于该评估向受害者表现出基本的同情。参见 Kanakogi Y and others，"Rudimentary sympathy in preverbal infants: preference for others in distress"（2013）8 Plos One，p. e65292。

就侵权行为承担赔偿责任，目的不在于惩罚，因为损害赔偿基本上并不审酌侵权人的动机、目的等，其赔偿数额原则上不因侵权人故意或过失的轻重而有不同。① 因此，有必要引入行政处罚甚至刑罚等惩罚性机制来推高惩罚成本，减弱侵权行为的利益吸引。当行政处罚不足以遏制侵犯专利权的不法意图时，刑罚就成为遏制这种违法行为的最后手段。理查德·波斯纳（Richard Allen Posner）曾指出，加重刑罚或增加判刑可能性将提高犯罪的价格从而减少犯罪。② 当违法犯罪的价格（成本）提高时，违法行为的数量将相应减少，专利权也能得到更好的保护。

二、侵犯专利权行为的界定

（一）以专利权为中心界定侵权行为

保护专利权与侵犯专利权是专利管理下的两个重要方面。然而，对于"侵犯专利权"的界定，学术界存在不同理解。

其一，定义为未经许可而实施专利的行为。比如，尹新天依照我国《专利法》的规定，认为"侵犯专利权"仅指未经专利权人许可实施其专利的侵权行为，与假冒专利行为是不同的。③郑成思教授主张将"侵犯专利权"与假冒专利分清楚，而且将"侵犯专利权"与"专利侵权"在同一段表述中替换使用，并指出冒充专利产品和假冒他人专利的行为不属于专利侵权的范围。④ 美国学者墨杰斯等人使用"专利侵权"一词，其仅指通过

---

① 王泽鉴：《侵权行为法》（第一册），中国政法大学出版社 2001 年版，第 7~8 页。

② 沈宗灵：《论波斯纳的经济分析法学》，载《中国法学》1990 年第 3 期，第 53~64 页。

③ 尹新天：《中国专利法详解》，知识产权出版社 2011 年版，第 657 页。

④ 郑成思：《知识产权论》，法律出版社 2003 年版，第 329~330 页。

将权利要求书与受诉产品进行比较来判案的侵权案件，即非法实施专利的侵权案件。①

其二，定义为包括未经许可实施专利的行为和假冒专利的行为。比如，吴汉东教授指出"专利侵权"一词涵盖了直接专利侵权行为（即未经权利人许可而实施其专利的行为）和间接专利侵权行为（即积极诱导或促使他人实施直接专利侵权的行为），并认为假冒他人专利行为属于直接专利侵权行为的特殊类型。②

其三，定义涵盖滥用专利局名义等其他行为。比如，田宏杰认为"侵犯专利权的犯罪"根据各国立法不同，可以包括伪造专利记录罪、假冒专利罪、滥用专利局名义罪等不同罪名，③这相当于认可侵犯专利权行为还可涵盖伪造专利记录、滥用专利局名义等不法行为。

学术界对于"侵犯专利权"这一议题的理解存在差异，其根源在于是否将专利权作为审视与界定侵权行为的核心。换言之，欲探讨侵犯专利权的行为，应明确其侵犯的客体是专利权而非其他对象。尽管某些不法行为与专利制度有关，且确实造成了法益损害，但若其实际上并未侵犯到某专利权人已拥有的专利权，便不可被视为侵犯专利权的行为。比如，尽管冒充专利行为或滥用专利局名义行为等侵害了国家专利管理制度及消费者的知

① ［美］墨杰斯：《新技术时代的知识产权法》，齐筠等译，中国政法大学出版社 2003 年版，第 193 页。

② 吴汉东：《知识产权法学》，北京大学出版社 2000 年版，第 307~310 页。

③ 田宏杰：《侵犯专利权犯罪刑事立法之比较研究》，载《政法论坛》2003 年第 21 期，第 76~84 页。

情权,① 但如果并未对某一特定的专利权造成实质性损害,那么就不宜认定为属于侵犯专利权的范畴。

对专利权的侵犯必将侵害其内涵。结合前文对专利权内涵的讨论,我们可以将侵犯专利权的行为界定为:针对专利权主体所享有的,基于专利权客体而授予的,且处于专利权期限之内的专利权内容的任何侵犯行为。在该定义中,与专利权主体、客体、期限和内容有关的四方面要素缺一不可,否则便不构成侵犯专利权的行为。具体而言,如果无专利权人享有该专利权,譬如专利权人为已死亡且无继承人的自然人或为已办理注销登记的企业法人,则专利权已灭失,不会侵犯该专利权;如果无专利权客体,即专利并不存在,那么专利权也不具有存续的基础,何谈侵犯专利权;如果不在专利权期限内,专利权已归于终止,也不会侵犯专利权;如果侵犯的对象不是专利权内容,即占有、使用、收益或处分这四种权能,即便造成专利管理制度或消费者权益的损害,也不属于侵犯专利权的行为。因此,侵犯专利权行为归根结底侵害的是专利权内容,且外在表现为两种主要类型:专利侵权行为和假冒他人专利行为。

(二) 假冒他人专利行为

假冒他人专利行为侵犯的是专利权中的占有权能。如前文所述,占有权首先体现为专利权人在其制造或销售的产品或其包装上标注专利标识的行为,即标记权。行使标记权主要起到三方面的作用:第一,专利作为发明创造,其本质是技术创新,带有先进性的色彩,这使消费者倾向于认为专利产品的技术更先进、质量更优越,随即影响其消费选择判断,因而专利标识在一定程度

---

① 将业务地点表述为专利局或与专利局有关联,参见英国《专利法》第 112 条。

上起到了广告宣传、美化形象之作用；第二，专利标识有提醒行业竞争者或潜在竞争者的作用，声明本产品已拥有相关专利，禁止违法仿制的行为；第三，行使标记权是对该专利的占有宣示，使企业与专利之间的对应关系在消费者脑海中留下印象，同时减弱他人假冒该专利行为的误导效果。

侵犯上述标记权的行为可分为两类。一类是未经专利权人许可而标记其专利标识的行为，这是一种典型的假冒他人专利行为。侵权行为人通过标记他人的专利标识，试图虚假地增加自身产品的技术含金量和知名度，提升销售量并谋求不法利益，相应损害了专利权人正当行使其标记权而理应获得的商誉及相应利益。另一类则是对专利权人已在产品上标记的专利标识进行未经许可的更改行为，其又可分为四种行为模式：（1）消除商品上原有的专利标识；（2）将商品上原有的专利标识更改为本不存在的专利；（3）将商品上原有的专利标识更改为自己的专利；（4）将商品上原有的专利标识更改为第三人的专利。前两种行为模式主要损害了商品本身的宣传价值，即贬低商品包装上本应彰显出的技术含量和独特性，降低商品的预期销量，并且使商品上原本载有的专利的知名度被"淡化"，故直接损害了专利权人的预期经济利益。后两种行为模式在造成前述损害的基础上，还使公众误认为品质功能良好的商品采用了侵权行为人或第三人之专利，提升了侵权行为人或第三人所拥有的专利的商誉，使专利权人受侵害的同时，还让行为人获取了相应不法利益。这两种类型的侵害标记权行为虽存有现实可能性，但目前还鲜见有实例，究其原因，可能是专利标识的识别性不及商标，对消费者的吸引力和引导力有限，导致实施此类侵权行为的利益驱动较弱。不过，随着公众专利意识和文化素养的不断提升，此类侵权行为出现的可能性也在逐渐增加，未来可能需参照《商标法》第 57 条第 5 项有关"反向假冒"的规定来制约。

当然，占有权不单单是标记权，还包括专利权人在广告宣传、签署合同等商业活动中表明其为专利权人，以及对相应专利之占有的其他行为方式。若未经许可的第三人实施了前述行为，即虚假地表示其与专利权的关联，显然也属于假冒他人专利行为。譬如，根据我国《专利法实施细则》第 101 条的规定，假冒他人专利行为不限于在产品或包装上非法标注专利标识的行为，还涉及在广告、宣传材料、产品说明书等材料以及合同中使用他人专利标识的行为、伪造或变造他人专利证书、专利文件的行为，以及其他使公众混淆的假冒行为。

（三）专利侵权行为

专利侵权行为侵犯的是专利权中的使用权能，即专利权人实施专利的独占权。根据我国《专利法》的规定，专利侵权行为是指在专利权的有效期限内，任何他人在未经专利权人许可，也没有其他法定事由的情况下，擅自以营利为目的实施专利的行为。[①] 与假冒他人专利不同，专利侵权行为往往是隐蔽性地利用他人拥有的专利技术来改善其产品的质量、功能或效果，用较小成本换取较大竞争优势从而获取不法利益，但在外表上并不会使公众混淆专利权的归属，故专利侵权并非对"占有权"的侵害。正如郑成思教授指出的，冒充专利产品和假冒他人专利的行为均不属于专利侵权的范围。[②] 当然，若侵权行为人既非法实施了他人的专利技术又声称其为专利权人，那么将同时构成假冒他人专利和专利侵权。

由于各国国内法对"实施"的界定不同，专利侵权行为的

---

① 吴汉东：《知识产权法学》，北京大学出版社 2000 年版，第 307 页。

② 郑成思：《知识产权论》，法律出版社 2003 年版，第 330 页。

涵盖范围也具有相应差异。举例来说，我国的实施发明或实用新型专利的行为并未涵盖出口行为，这意味着未经许可而出口专利产品的行为在我国并不构成专利侵权。然而，日本《专利法》将出口列为"实施"的一种形式，因此该种行为在日本就构成专利侵权。此外，大多数国家的专利制度对专利权的使用权能设置了或多或少的限制规则，如果他人未经许可而实施专利的行为符合这些限制规则，如属于不视为侵犯专利权的行为，包括以非营利目的而实施、先用权人实施、临时过境使用等情况，那么即使未经许可也不会构成专利侵权。

值得注意的是，许多国家还设立了间接侵权制度，以制约那些虽未直接实施专利侵权行为，却对专利权的使用权能构成潜在威胁的行为，即专利间接侵权行为。比如，美国 1952 年《专利法》就明确了间接侵权行为，包括积极教唆他人进行专利侵权，以及销售属于专利关键部分的部件或材料等，且知晓其被用于专利侵权。[①] 从另一方面看，间接侵权制度让专利权人有依据禁止原本并不构成专利侵权的行为，进一步强化了实施专利的独占性，实质上外扩了专利权中使用权能的效力范围，从而使专利权内容得到相应扩充。

最后需说明的是，本书深入讨论"侵犯专利权行为"、"假冒他人专利行为"以及"专利侵权行为"的具体含义，并着重强调它们之间的区别，并不是标新立异，而是希望明确不同含义背后所蕴含的行为范畴，以便展开更具有针对性且界限清晰的研

---

① 参见美国《专利法》第 271 条 （b）（c）。

究与讨论，同时尽可能避免出现含混不清或前后矛盾之处。①

三、侵犯专利权犯罪的界定

（一）侵犯专利权犯罪的定义

以刑事规范保护专利权，学界采用了诸多不同术语加以表述。以 CNKI 数据库（http：//www.cnki.net/）检索结果为例：截至 2024 年 3 月，标题中含"专利侵权犯罪"的文献有一篇，含"专利侵权罪"的有一篇，含"侵犯专利犯罪"的有两篇，含"侵犯专利权犯罪"的有五篇，可见使用"侵犯专利权犯罪"一词的文献居多。而且，前文已探讨了侵犯专利权行为，采用"侵犯专利权犯罪"更能与之相对应。因此，本书采用"侵犯专利权犯罪"这一术语来指代那些情节严重且构成犯罪的侵犯专利权行为。

用刑事手段来保护知识产权，已为当今大多数知识产权法制健全、经济发达的国家所采用。② 当民事救济和行政处罚不足以有效制约严重侵权行为时，有必要将其确认为犯罪，并科以最严厉的惩罚措施，即刑事处罚，以达到规制侵权行为、保障专利权人合法权益的目标。由于侵犯专利权行为主要表现为假冒他人专利和专利侵权（非法实施专利）两大类行为，因此相应地，侵犯专利权犯罪主要包括"假冒专利罪"和"非法实施专利罪"两种罪名。当然，基于刑法的谦抑性，特别是在我国，对于情节

① 例如，有著作在已将专利侵权行为定义为未经许可实施专利行为的前提下，在后文又指出假冒他人专利虽然并没有实施专利权人的专利，但也是一种专利侵权行为，使上下文出现矛盾。参见吴汉东：《知识产权法学》，北京大学出版社 2000 年版，第 307~309 页。

② 吴牧、吴健：《刑法中侵犯专利权犯罪的探究与完善》，载《江南社会学院学报》2006 年第 4 期，第 56~60 页。

显著轻微危害不大的侵犯专利权行为，不认为是犯罪。

　　需要说明的是，尽管以"假冒他人专利罪"来命名假冒他人专利行为所构成的犯罪，在字面上更能反映其对应关系，也能够突出该罪并未涵盖冒充专利行为，但由于我国刑法已将假冒他人专利的犯罪规定为"假冒专利罪"，① 故本书也遵照我国法律规定，统一称为"假冒专利罪"。此外，我国刑法尚未针对专利侵权行为设立罪名。若对应地设置罪名为"专利侵权罪"或许并不合适，原因有二：首先，我国早已制定《侵权责任法》并纳入了《民法典》，"侵权"是民法领域的概念，不适合与刑法的"犯罪"二字相并列。其次，我国刑法在"侵犯知识产权罪"这一节中既有较概括的"侵犯著作权罪"，也有针对性的"非法制造、销售非法制造的注册商标标识罪"，但整部刑法中并无类似"××侵权罪"这样的罪名，故"专利侵权罪"与其他罪名之间缺乏协调性。考虑到专利侵权行为实质上是对专利权中的使用权能进行非法侵犯，即侵犯的是专利权人实施专利的独占权，加之田文英教授和黄玉烨教授等曾使用"非法实施专利罪"这一表述，② 故本书将专利侵权行为构成的犯罪称为"非法实施专利罪"。

---

　　① 参见 1997 年《最高人民法院关于执行〈中华人民共和国刑法〉确定罪名的规定》。

　　② 参见田文英、吕文举、汪婷婷：《专利权的刑事保护研究》，载《中国人民公安大学学报（社会科学版）》2003 年第 5 期，第 35~41 页；谢勇、田文英：《关于设立"非法实施专利罪"的思考》，载《北京航空航天大学学报（社会科学版）》2004 年第 4 期，第 26~30 页；黄玉烨、戈光应：《非法实施专利行为入罪论》，载《法商研究》2014 年第 5 期，第 41~49 页。

（二）侵犯专利权犯罪的特点

1. 属于法定犯

法定犯是指侵害或威胁法益却没有明显违反伦理道德的现代性犯罪，通常表现是法定犯的违法性难以被一般人认识到，除非借助法律来认识。与法定犯不同的是，自然犯既侵害或威胁了法益，又明显违反伦理道德。[①] 专利权是由制定法授予的一项特权。有观点认为专利权是由自然权利发展而来，尽管专利权和版权的合理性的论证在很大程度上要归功于自然法的理论，但是它们并没有沿着自然权利的轨迹发展，而是由制定法进行了多方面的修正，最终由自然权利转化为法定权利。[②] 也有学者指出专利权自存在伊始便为法定权利，"在这两个国家（美国和法国）中，专利权伊始就被视为是实在法可以任意设计、限制并最终可以废弃的权利"[③]。无论如何，专利权在现今已被普遍视为非自然权利，与伦理道德无关。因此，侵犯专利权犯罪并没有直接违反伦理道德，尤其在我国也基本上不存在这样的法律文化传统，故符合法定犯的定义。

2. 包括自然人犯罪和单位犯罪

侵犯专利权犯罪的主体可以是自然人，也可以是单位。例如，我国《刑法》第 220 条规定，单位犯侵犯知识产权罪的，对单位判处罚金，并对其直接负责的主管人员和其他直接责任人员，依照各该条的规定处罚。当前，犯罪主体的新趋势是，法人和其他单位从事侵权犯罪的情况日益严重。一些企业为了快速获

---

① 张明楷：《刑法学》，法律出版社 2011 年版，第 95 页。

② 李扬：《知识产权法定主义及其适用——兼与梁慧星、易继明教授商榷》，载《法学研究》2006 年第 2 期，第 3~16 页。

③ Peter Drahos, *A philosophy of intellectual property*, Dartmouth Publishing Company, London：1996, p. 32.

得利润或摆脱经营困境，选择追逐非法利益，有计划有组织地实施假冒行为，影响范围越加广泛，危害性也变得更为严重。

3. 通常为非亲告罪

非亲告罪是指刑法没有明文规定为告诉才处理的犯罪。非亲告罪只能由检察机关依法提起公诉，除刑事诉讼法有特别规定的以外，被害人本人不能自行提起刑事诉讼。① 在我国，刑法明文规定的亲告罪为侮辱罪、诽谤罪、虐待罪、暴力干涉婚姻自由罪、侵占罪这五种犯罪，侵犯专利权犯罪不在亲告罪之列。德国和日本的刑法也规定了亲告罪。尽管其亲告罪的起诉方式（德国是自诉和公诉并存；日本采用"国家追诉主义"，不存在自诉制度；中国则均为自诉，仅在特殊情况下为公诉）和适用情形（德国的亲告罪涉及侵犯住宅、名誉权、隐私权、健康权、财产权、计算机信息等；日本的亲告罪涉及侵犯隐私权、性自由权、健康权、亲权、名誉权等）均与我国不同，但也不包括侵犯专利权犯罪。值得一提的是，尽管侵犯专利权犯罪通常不是亲告罪，但在我国可以适用自诉程序，即属于刑事诉讼法规定的例外情形。②

第三节　专利权与刑事保护的关系

一、刑法的功能与价值要求保护专利权

（一）刑法的社会保护功能要求保护专利权

刑法的功能是指刑法作为一个有机整体可起的作用或产生作

---

① 曲新久：《刑法学》，中国政法大学出版社 2011 年版，第 33 页。

② 《最高人民法院、最高人民检察院关于办理侵犯知识产权刑事案件具体应用法律若干问题的解释（二）》第 5 条规定，被害人有证据证明的侵犯知识产权刑事案件，直接向人民法院起诉的，人民法院应当依法受理。

用的能力。① 刑法的基本功能之一是社会保护功能，即保护社会不受犯罪侵害，通过刑罚来惩戒犯罪行为，保护国家、社会、个人的利益。许多学者认为，刑法是针对侵害公权力及社会利益行为的惩罚。例如，布莱克斯通（Blackstone）指出，"公法上的违法，或称犯罪与轻罪，是对全社会在公法上侵犯权利及违背义务"。阿兰爵士认为，"犯罪之所以是犯罪，乃因其系直接并严重危害社会的安全或社会的存在之非行，以及仅以对被害人的赔偿尚不能抵偿其危害之故"②。美国最高法院在斯坦利诉佐治亚州案（1969年）、罗诉韦德案（1973年）、联邦诉博纳迪尔案（1980年）中所持观点也表明，凡缺乏可查明的社会危害的私人活动不应当在法律上被规定为犯罪，这也是正当程序对刑事立法权的一种实质性限制。③

专利权的公权化性质日趋凸显，国家权力的介入程度逐渐增加，许多国家开始在国家战略层面推动知识产权及专利制度的发展。例如，美国前总统吉米·卡特早在1979年就提出了"授权更多专利将帮助美国克服经济萧条"的论点，④ 首次将专利战略提升到国家战略层面；日本于2002年发表了《知识产权战略大纲》，明确规定了"知识产权立国"的战略方针，同时通过了《知识产权基本法》，为"知识产权立国"提供了法律保障；我国则于2008年发布了《国家知识产权战略纲要》，为国家知识产

---

① 曲新久：《刑法学》，中国政法大学出版社2011年版，第7~8页。
② 梁根林：《论犯罪化及其限制》，载《中外法学》1998年第3期，第51~62页。
③ 储槐植：《美国刑法》，北京大学出版社1996年版，第41~42页。
④ L. Gordon Crovitz, "Jimmy Carter's Costly Patent Mistake", <http://online. wsj. com/news/articles/SB10001424052702303293604579252662325112076 > accessed 20 December 2017.

权事业的发展指明方向。尽管这种公权性质的渗透不可能从根本上改变专利权的私权属性，但"公权"和"私权"的彼此融合能够使专利权保护更符合国家和社会发展的宏观需要。强调不单需重视从私权角度来保护专利权，也不能忽视专利权与公共利益之间的密切关系，最终实现发展提升国家经济和科技实力的目标。

鉴于此，由于民事救济主要遵循"填平原则"而缺乏惩罚性，且民事保护具有"不告不理"的被动性，需要更加强有力的保护措施介入。换言之，专利权的公权化趋势反映在救济方式上，表现为传统上维护公权力的刑事措施逐渐成为众多国家保护专利权的手段之一。

此外，自由的市场交易是实现知识产权优化配置的最有效的方法，任何规避市场的强制性知识产权交易都是没有效益或低效益的。波斯纳认为，刑法的主要功能就是防止人们规避自愿的补偿交易体系的市场效益。① 从这个角度看，侵犯专利权行为不仅因"盗窃"专利权而直接有损于专利权人，还是一种规避市场的强制性交易行为，将损害专利权市场交易的秩序和规则，影响社会资源的配置和经济体系的运行效率，最终会对社会财富和公共利益造成难以弥补的损害。为防止公共利益受损，刑法的保护功能也要求为专利权提供充分保障。

（二）刑法追求的基本价值要求保护专利权

市场经济在宏观上是以法律为边界的公平竞争的经济。而在微观上，竞争主体均以获取平均利润以上的最大利润为目的，以便在竞争中求得生存和最大发展。这种生产经营目的成为经济主

---

① 徐祝：《我国知识产权的刑法保护研究》，载《浙江工商大学学报》2003 年第 6 期，第 40~45 页。

体采取非法手段突破竞争公平界域的内动力。① 专利诞生的背后是高昂的成本，其不仅包括为获得发明创造而付出的巨额投入及艰辛劳动，还包括为批准专利而经历的漫长法律程序及相应的不菲花费。然而，专利的公开性使其很容易被他人复制和利用，某些市场主体有动机为降低竞争成本和获取最大利润而不惜采取非法手段侵犯专利权，这种不正当竞争行为会不可避免地侵犯专利权人的物质精神权益，损害发明者的创新积极性，最终将破坏市场经济的公平竞争基础。

刑法的基本价值之一是公正地保护每个人的合法权益。为追求这一价值，刑法介入专利权的保护成为一种必然：首先，为公正地保护平等市场主体的合法权益，必须遏制这种因不法利益驱动的侵权行为；其次，只有强化侵权行为人因侵权行为而预期承受的惩罚并使其产生畏惧心理，才能有效阻止侵权行为的实施；最后，在各种法律手段中，最为严厉的惩罚措施即刑事处罚。简言之，刑法通过确立情节严重之侵权行为将受刑事制裁这一预期，用以抑制侵权的心理动机。因此，为实现刑法"公正"之价值，维护公平竞争，使作为市场主体的每个人的合法权益都得到法律的平等保护，促进社会主义市场经济的健康发展，刑法要求将专利权作为其保护对象之一。

二、刑事保护是专利权的最后保障

刑法具有部门法的补充性，其基本含义是：当一般部门法不能充分保护某种法益时，才由刑法保护；只有当一般部门法不足

---

① 储槐植：《市场经济与刑法》，载《中外法学》1993 年第 3 期，第 22~27 页。

以抑制某种危害行为时，才由刑法禁止。① 同时，刑法作为整个法律规范体系有效性的最后保障而存在，其他法律部门作为一个法律规范体系最终依靠刑法维持其规范效力，刑法是法律体系中的保护法、保障法。② 这两方面性质集中体现为刑法的最后性。

第一，在我国传统文化背景下，道德约束对专利权的保护作用微乎其微。

一方面，我国古代缺乏专利制度，同时道德中也没有保护专利的传统。诚然，我国古代对知识产权的保护并非空白，现存较早的关于版权保护的文字记录，可追溯至宋光宗绍熙年间王偁的《东都事略》在目录后记载的牌记："眉山程舍人宅刊行，以申上司，不许覆板。"表明该书的原出版商（程舍人）已向官方提出申请禁止他人翻印其著作。然而这仅是孤立事件，这种保护属于官府的个别行政庇护而非系统常设性的制度保护。而且，所谓的版权声明并未提出保护财产利益的诉求，原因在于宋代有大量出版管制法令，目的是维护王朝利益，控制不利于王朝的思想传播，并非是为维护私人个体的版权利益。实际上，我国古代社会长期深受儒家学说影响，其关注点是借助道德和伦理教育来维持人与人之间的关系和社会关系，而不是追求物质上的改善和社会的重大变革。同时，封建社会的中国以自然经济为主导，商业贸易仅是自然经济的补充，这使得以商品经济发展为基础的专利制度缺乏生存土壤。另外，基于"溥天之下，莫非王土；率土之滨，莫非王臣"的思想，统治阶层在观念上认为一国的所有事物都属于帝王，发明创造的成果应供全民无偿使用，而发明者可以得到社会荣誉或加官晋爵。例如，东汉蔡伦改良造纸术后，"帝

---

① 张明楷：《刑法学》，法律出版社 2011 年版，第 24 页。
② 曲新久：《刑法学》，中国政法大学出版社 2011 年版，第 3 页。

善其能，自是莫不从用焉"①。当时的汉和帝诏令天下使用和推广改良后的造纸术，后还将蔡伦封为"龙亭侯"。由此可见，我国传统道德中并没有专利权保护的容身之处。

另一方面，道德约束本身的效果不甚明显。有观点认为，知识产权的侵权人往往以一些道德误区作为自己不道德行为的心理慰藉，或以一种失衡的道德心态为自己的不道德行为开脱，因而需要对这种侵权行为进行道德矫治，利用社会舆论的力量，依靠传统、习俗、信念和教育的力量来纠正个人的认识偏差，消除其情感障碍，从而改变人们的态度和行为，以唤醒侵权者的自我调控机制，矫治失衡的道德心理，提高整体的道德水平，达到防止侵权的目的。② 然而，作为一种非正常的经济活动，专利权侵权行为以追求不法利益为主要目的，其往往是理性权衡利弊并基于成本收益计算而作出的决定。《资本论》曾形象地描写了资本对利润的疯狂追逐："一旦有适当的利润，资本就胆大起来。如果有百分之十的利润，它就保证到处被使用；有百分之二十的利润，它就活跃起来；有百分之五十的利润，它就铤而走险；为了百分之一百的利润，它就敢践踏一切人间法律；有百分之三百的利润，它就敢犯任何罪行，甚至冒着绞首的危险。"③ 显然，侵权人违反法律的严重程度与利润的多寡呈正比例关系，只有提升侵权行为的惩罚力度，使预期不法利润相应降低，才能够真正遏制侵权人的违法动机。在现实中，道德因素很难提高这种惩罚力度，因而对侵权行为的驱动力约束作用非常有限。

---

① 《后汉书·卷七十八·宦者列传第六十八》。

② 曾平、蒋言斌：《论对侵害知识产权行为的道德约束》，载《湖南大学学报（社会科学版）》1999年第2期，第62~65页。

③ 中共中央马克思恩格斯列宁斯大林著作编译局：《马克思恩格斯选集》（第二卷），人民出版社1995年版，第265页。

第二，民事救济的处罚力度弱，对侵犯专利权行为的制约不足。

一方面，民法的过错责任原则不利于处罚。过错责任原则是民法中侵权责任的一般归责原则。各国法律在界定了自己的调整对象、划分人的行为能力和识别能力之后，在具体的法律规定中都无一例外地确立了自己的过错责任原则。[①] 在规制侵犯专利权行为的问题上，尽管许多国家倾向于采取无过错原则，但仍然存在较大的"无过错即不赔偿"空间。比如，我国《专利法》第77条规定，使用或销售专利权侵权产品的，只要能证明其产品具有合法来源，就可不承担赔偿责任。法国《知识产权法典》第L.615-1条第3款规定，提供、向市场投放、使用、为使用或向市场投放而占有侵权产品者，如非该产品的制作人，仅在知情故犯时承担民事责任。英国《专利法》第62条第1款也规定，在侵害专利的诉讼中，如被告证明在发生侵害的那个日期其不知道，而且没有充分理由假设其已知道该专利业已存在，不得判其赔偿受侵权者的损失，也不得命令其交出获利账目。

另一方面，民法的补偿性赔偿不利于处罚。赔偿损失是民事领域最基本、适用范围最广泛的责任承担形式，其适用于侵权责任时，主要是赔偿受害人因侵权行为所受的损失，使受害人的利益恢复到侵权行为发生之前的状态。例如，我国《专利法》第71条第1款规定侵犯专利权的赔偿数额按照权利人因被侵权所受到的实际损失确定。简言之，民法的损害赔偿制度是"赔偿以造成的实际损害为限，损失多少、赔偿多少"。尽管不可忽视的

---

① 喻志耀：《过错责任：民法的基本归责原则》，载《华东政法大学学报》2001年第6期，第49~58页。

是，侵权赔偿还具有预防损害的作用，并且"胜于损害补偿"，①但当前以补偿为主的侵权赔偿制裁着实难以吓阻侵权行为以实现预防功能。此外，虽然我国《专利法》第71条还规定了"权利人的损失或者侵权人获得的利益难以确定的，参照该专利许可使用费的倍数合理确定""权利人的损失、侵权人获得的利益和专利许可使用费均难以确定的，人民法院可以根据专利权的类型、侵权行为的性质和情节等因素，确定给予三万元以上五百万元以下的赔偿"，但这并不是跳脱出了补偿原则的框架，而仍是用以确定权利人损失的替代品罢了。此外，虽然我国已确立了针对侵犯专利权行为的惩罚性赔偿制度，但司法实践中惩罚性赔偿的总体启用率依然不高，适用也尚不规范。加之法条中"可以在按照上述方法确定数额的一倍以上五倍以下确定赔偿数额"的"可以"一词又赋予法官较大的自由裁量权，惩罚性赔偿的适用空间还有待明确。

第三，行政措施在适用条件、执法力度等方面尚不能全面规制侵犯专利权的行为。

一是执法条件苛刻。法律对行政执法权的行使规定了较为苛刻的条件，导致其主动性和及时性受到一定程度的削弱。例如，根据我国《专利法》第65条的规定，行政执法需要满足两个条件，即不但需专利权人或利害关系人已请求行政管理部门处理，还需经行政管理部门认定为侵权行为成立。又如，尽管美国《专利法》第281条规定，专利权人对于专利侵权的救济途径是提起民事诉讼，但其实际上也提供了保护专利权的行政措施，即国际贸易委员会（ITC）的"337调查制度"。不过该行政措施也存有

① 王泽鉴：《侵权行为法》（第一册），中国政法大学出版社2001年版，第10页。

诸多局限：虽原则上可由 ITC 自行发起，但通常需应当事人的申请而发起；环节多、耗时长，一般需十二个至十五个月结束调查；仅针对进口美国的产品展开调查。

二是执法力度不足。按照我国《专利法》第 65 条的规定，主管部门在处理专利侵权时，可采取的强制措施仅限于责令侵权人立即停止侵权行为，以及可以就赔偿数额进行调解（若调解不成，仍需法院介入裁判）。相比之下，《商标法》规定工商行政管理部门在认定侵权行为成立时不仅可以责令其立即停止，还可没收、销毁侵权商品和制造侵权商品的工具，处以罚款等。① 处罚力度的相对不足难以对侵权者的利益造成有效打击，难以防止其再犯。而且，在我国市场经济转轨期间，一些制假企业是地方上的利税大户，地方官员出于保护地方短期利益考虑，往往采取"睁只眼，闭只眼"的放任态度。这种地方保护主义为专利权侵权行为撑起了"保护伞"，进一步削弱了执法效果。

三是执法权限有限。依照我国各部门法的授权，工商局管理商标、商业秘密侵权，专利局管理专利侵权，版权局管理版权。然而在实际执法过程中，工商局也可以对涉及专利的侵权行为进行处罚。例如，根据 1995 年《国家工商行政管理局关于处理商标专用权与外观设计专利权权利冲突问题的意见》及 2009 年《国家工商行政管理总局关于如何处理商标专用权与外观设计专利权冲突问题的批复》，对于以外观设计专利权对抗他人商标专用权的，工商行政管理机关可以依照商标法及其实施条例及时进行处理。但是，专利管理部门却无权限处理以商标权来对抗外观设计专利权的侵权案件。加之上文所述，工商管理部门的执法力度本身就比专利局严厉，正落得俗语所言，"没有对比就没有伤

① 参见我国《商标法》第 60 条。

害"。

综上所述，在禁止和预防侵犯专利权行为的问题上，道德规范、民事救济和行政处罚的约束规制作用各有其局限和不足。民法、行政法的功能不能起效的临界点就是刑法干预的逻辑起点，① 因此，刑事保护是专利权的最后且最强有力的保障。

三、专利权的内涵影响刑事保护的范围

国家权力通过将情节严重的侵犯专利权行为确认为犯罪，从而为专利权提供刑事保护，故侵犯专利权犯罪的成立应当以侵犯专利权行为的成立为前提。换言之，若没有侵犯专利权行为，就无法构成侵犯专利权犯罪。如前文所述，侵犯专利权行为指的是针对专利权主体所享有的，基于专利权客体而授予的，且处于专利权期限之内的专利权内容的任何侵犯行为。在判断侵犯专利权行为是否成立时，必须考察专利权的内涵，即主体、客体、期限和内容这四方面要素是否均具备，缺一不可。从逻辑上讲，这些要素也应适用于侵犯专利权犯罪是否成立的判断过程。然而，由于犯罪和侵权的理论体系之间存在差异，专利权的内涵作用于侵犯专利权犯罪的表现方式也有相应不同，其主要呈现为对侵犯专利权犯罪的构成要件的影响。

犯罪概念这种标准本身是比较抽象的。一个法官还不可能仅凭犯罪概念来认定犯罪，而是需要将犯罪概念转化为犯罪构成要件，通过犯罪构成要件作为一种标准来认定犯罪。因此，犯罪构成对于认定犯罪来说具有重要意义。② 犯罪构成一方面是区分罪

---

① 梁根林：《论犯罪化及其限制》，载《中外法学》1998 年第 3 期，第 51~62 页。

② 陈兴良：《口授刑法学》，中国人民大学出版社 2007 年版，第 97 页。

与非罪的法律标准，某人的行为事实完全具备犯罪构成，才能成立犯罪，[①] 这有助于划分刑事保护与非刑事保护的界限。另一方面，犯罪构成也是区分此罪和彼罪的法律标准，每一种犯罪都有其特定的构成要件，这又有助于划分专利权刑事保护与其他刑事保护的界限。因此，就侵犯专利权犯罪而言，其犯罪构成将决定专利权刑事保护的范围。

通过众多刑法学家的不懈努力，大陆法系的犯罪构成要件已经从犯罪成立的一个客观要件，发展成为犯罪成立的总括概念。[②] 日本刑法学家大塚仁指出，所谓构成要件是法律规定的犯罪类型，或者说是犯罪的框架。[③] 现代大陆法系的通行犯罪构成体系是一种递进式的逻辑结构，依次包括构成要件的该当性、违法性和有责性。其中，所谓"该当"即"符合"，只有现实行为与构成要件相符合，才具备构成要件的该当性。张明楷教授将构成要件要素分为基本的构成要件的一般要素和修正的构成要件的要素，其中基本的构成要件的一般要素包括行为、行为的主体、行为的客体、行为的状况与条件。[④] 马克昌教授将构成要件要素分为客观的要素与主观的要素，前者包括行为、结果、因果关系、行为的客体、行为环境等。[⑤] 然而，不论如何分类，行为始终是犯罪构成要件要素的核心。因此，根据大陆法系的犯罪构成要件理论，侵犯专利权犯罪的构成至少应当包括实施了本属于他人专利权内容的行为。倘若某行为未落入专利权内容的范畴（例

---

① 曲新久：《刑法学》，中国政法大学出版社 2011 年版，第 48 页。

② 陈兴良：《刑法适用总论》（上卷），法律出版社 1999 年版，第 118 页。

③ ［日］大塚仁：《犯罪论的基本问题》，冯军译，中国政法大学出版社 1993 年版，第 50 页。

④ 张明楷：《外国刑法纲要》，清华大学出版社 1999 年版，第 81~87 页。

⑤ 马克昌：《比较刑法原理》，武汉大学出版社 2002 年版，第 133~134 页。

如，在我国未经许可而出口他人专利产品的行为），或专利权因未满足主体、客体或期限的要求而不存在，则该行为要素就不能成立。

与大陆法系不同，英美法系并没有形成系统化的犯罪构成要件理论。但根据储槐植教授的观点，英美法系犯罪构成理论也有大陆法系犯罪构成理论的三部分内容，其分为两个层次，第一部分属于实体意义上的犯罪要件，后两部分属于诉讼意义上的犯罪要件。犯罪构成要件，原本是指犯罪定义的构成要件，作为实体刑法主要部分的犯罪定义是建立在行为人具备责任条件和行为本身具有形势政策上的危害性的假设前提之下的。包含在犯罪定义之中的犯罪行为和犯罪意图便是实体刑法意义上的犯罪要件，成为刑事责任的基础。然而在有些场合，行为特征虽符合犯罪定义，但行为人不具备责任条件，或者行为在本质上缺乏政策性危害，这些在犯罪定义中没有包括的问题留待诉讼过程中作为"合法辩护"加以解决。因此，犯罪定义之外的责任条件和政策性危害便是诉讼刑法意义上的犯罪要件。实体上和诉讼上两个层次的结合形成了英美刑法犯罪构成理论的特点。① 可见，英美法系的犯罪构成理论虽与大陆法系存有许多差别，但犯罪行为要素仍占据举足轻重的地位。英国刑法学家塞西尔·特纳对此指出，犯罪行为是英美法系犯罪构成的客观要件，是"法律"力求防止的、本身包含着危害结果的人类行为。② 因此，若根据英美法系犯罪构成理论来讨论侵犯专利权犯罪的构成，其行为要素同样相当重要，而且也应至少包括实施涉及他人专利权内容的行为，且专利

① 储槐植：《刑事一体化与关系刑法论》，北京大学出版社 1997 年版，第 179~180 页。

② ［英］ J. W. 塞西尔·特纳：《肯尼刑法原理》，王国庆、李启家译，华夏出版社 1989 年版，第 18 页。

权需符合主体、客体和期限之要求而实际存在。

我国的犯罪构成要件理论是参照苏联模式建立起来的，通说包括犯罪客体、犯罪客观方面、犯罪主体、犯罪主观方面这四个要件，呈现耦合式的逻辑关系。任何行为只有具备了这些共同要件，才能构成犯罪，继而才能追究行为人的刑事责任。[①] 犯罪客观方面是指犯罪的客观外在表现，其首先包括危害行为，因为只有通过危害行为，社会关系才会受到侵犯。犯罪本身就是具有严重社会危害性的行为，犯罪构成的其他要件其实都说明行为的社会危害性及其严重程度的实施特征。因此，危害行为是犯罪构成的核心要件。[②] 不过，对于某些犯罪而言，危害行为必须在特定的时间、针对特定的对象或采取特定的实施手段才能构成，"这些选择要件对于某些犯罪的成立具有决定性的意义"[③]。在侵犯专利权犯罪的客观方面要件中，危害行为要素需采取特定的实施手段，即实施本属他人专利权内容的行为，且该专利权应现实存在，在这一点上与大陆法系和英美法系是相似的。不同之处在于，我国的犯罪构成要件还包括犯罪客体，指的是刑法所保护的被犯罪活动侵害的社会利益。[④] 侵犯专利权犯罪的犯罪客体主要是私人的财产权利，即专利权，一旦专利权因不符合主体、客体和期限等内涵的要求而不存在，或者因行为未落入专利权内容范畴而未侵害到专利权，那么犯罪客体要件的成立将是存疑的。由此看来，犯罪客体要件之成立也提出了类似于前述危害行为要素的要求，但这并不奇怪，因为"从结局看，任何犯罪构成要件要素，都在一定程度上反映、说明了犯罪客体，换言之，各种要件

① 杨春洗：《刑法总论》，北京大学出版社 1981 年版，第 107 页。

② 陈兴良：《刑法适用总论》（上卷），法律出版社 1999 年版，第 131 页。

③ 同上注引书，第 132 页。

④ 曲新久：《刑法学》，中国政法大学出版社 2011 年版，第 59 页。

要素都是反映或体现犯罪客体的一个分子"①。

综上所述，不论是哪一种法系，犯罪行为要素都是侵犯专利权犯罪构成中的重要部分，并表现出与专利权内涵之间的紧密联系。相应地，专利权内涵一旦发生变化，那么犯罪行为要素的内容也将改变，继而对侵犯专利权犯罪的构成产生影响，最终影响犯罪的认定。譬如，若某国的专利权内容扩大为包括出口专利产品的权利，那么犯罪行为要素将涵盖相应行为，使之前不构成侵犯专利权犯罪的"出口行为"转而可能构成犯罪。又如，若专利权客体涵盖了用核变换方法获得的物质，则犯罪行为要素会相应涵盖针对核变换物质而实施的某些行为，尽管这些行为原本是不能构成侵犯专利权犯罪的。再如，若专利权期限得以延长，则犯罪行为要素中的时间因素（时间选择要件）也会相应改变，导致某些时间节点的行为构成侵犯专利权犯罪。基于此，侵犯专利权犯罪构成决定着专利权刑事保护的界限，这也意味着专利权内涵的变化最终会影响专利权刑事保护的范围。

---

① 肖中华：《犯罪构成及其关系论》，中国人民大学 1999 年博士学位论文，第 203 页。

第二章　刑事保护对象：
扩张化的专利权

　　随着科学技术研究的不断突破，现代生物技术、信息技术和微电子技术已经成为主导现代经济和文明发展的三大科技领域。高新技术的崛起推动了社会进步，也对传统法律秩序提出了严峻挑战，尤其是对知识产权法律制度的影响。在专利法领域，科技发展对专利权产生了直接影响，它使专利权客体的范围得以极大拓展，生物专利、基因专利甚至商业方法专利不断被纳入其中，呈现出前所未有的扩张趋势。

　　然而，尽管我们对这种扩张趋势有直观感受层面的认知，但仍需更加深入而全面的研究，包括：是专利权整体性的扩张，还是仅限于专利权客体？是全球范围的，还是只属于某些国家？是成文法律制度所反映，还是囿于学术理论研究？这些问题需要经过更详尽的研究才能得出答案。因此，本章从专利权的内涵出发，借助历史与比较分析方法，在国际视野下分别对专利权客体、期限和内容在国际法律实践中的演进历程加以整理和分析，进而探讨这种基于专利权内涵的扩张趋势对专利权刑事保护所产生的重要且不可忽视的影响。

第一节　专利权客体的拓展化趋势

一、专利权客体拓展化在国际法演进中的体现

（一）全球性多边条约中的专利权客体

1. 1883 年《保护工业产权巴黎公约》（Paris Convention for the Protection of Industrial Property，以下简称《巴黎公约》）

1883 年《巴黎公约》第 1 条第 4 款明确规定了专利应包括成员国的法律所承认的各种工业专利，如输入专利、改进专利、增补专利和增补证书等。这一规定将专利的范围留由各国国内法加以界定。同时，该公约第 1 条第 2 款将实用新型和外观设计作为工业产权的保护对象，但并未将其纳入专利保护的范围之内。

2. 1993 年《与贸易有关的知识产权协定》（Agreement on Trade-Related Aspects of Intellectual Property Rights，TRIPS）

1993 年 TRIPS 第 27 条第 1 款规定，专利可以为所有技术领域的任何发明，无论是产品还是方法。同时也列出了相应消极条件：（1）发明在成员国领土内的商业利用不得有害于公共秩序或道德；[①]（2）人或动物的诊断、治疗和外科手术方法；（3）除微生物外的植物和动物，以及除非生物或微生物方法之外的繁殖植物或动物的本质上为生物学过程的方法。[②] 然而，应注意到 TRIPS 在前述规定中的用词为"may"，意味着该规定并非具有强制力，而是交由成员国进行任择性规定及执行。此外，TRIPS 第 25 条还规范了外观设计，规定新的或原创的独立创作的工业

---

① 参见 TRIPS 第 27 条第 2 款。
② 参见 TRIPS 第 27 条第 3 款。

外观设计均应得到保护。

3. 2004 年《实体专利法条约》（Substantive Patent Law Treaty，SPLT）

关于 SPLT 的协商虽然在 2006 年被搁置，但在 2004 年的最后草案版本中，可以找到关于专利权客体范围的一些协商成果。该草案第 12 条规定，可受保护的发明包括任何技术领域的可在任何活动领域中被制造的产品或使用的方法。同时相应的消极条件是：（1）单纯发现；（2）抽象思想本身；（3）科学或数学理论以及自然规律本身；（4）纯粹的美学创作。前述条款是强制性的，同时也允许成员国排除其他类型的发明。

4. 2016 年《跨太平洋伙伴关系协定》（Trans-Pacific Partnership Agreement，TPP）和 2018 年《全面与进步跨太平洋伙伴关系协定》（Comprehensive and Progressive Agreement for Trans-Pacific Partnership，CPTPP）

2016 年 TPP 协定文本与 TRIPS 在专利客体范围方面的规定基本一致。不同之处在于，TPP 第 18.37 条第 2 款明确了成员国应保护的专利范围的最低限度，即至少要保护"已知产品的新用途""使用已知产品的新方法""使用已知产品的新工序"这三者之一的发明，同时必须至少保护源自植物的发明。与 TRIPS 一样，上述条款也是建议性的。

在外观设计方面，除适用 TRIPS 的相关条款之外，TPP 第 18.55 条第 1 款特别强调对特定类型外观设计的保护。这种外观设计实施于产品的某一部分，或者在产品作为整体的背景下与产品某部分存在特殊关系。

2018 年 CPTPP 基本延续了 TPP 的相关规定。

（二）区域性多边条约中的专利权客体

1. 1963 年欧洲《统一发明专利实体法的若干方面公约》

（Convention on the Unification of Certain Points of Substantive Law on Patents for Invention，以下简称《斯特拉斯堡公约》）

1963 年《斯特拉斯堡公约》由当时欧洲委员会的成员国签署，推动了欧洲国家专利法的统一化进程。该公约没有正面规定专利权客体的范围，却列出了消极条件：（1）发明的公布或利用不得违背公共秩序或道德；① （2）植物或动物品种，或动物或植物的本质上为生物学过程的繁殖方法，但微生物学方法及其产品除外。②

2. 1973 年《欧洲专利公约》（European Patent Convention）

1973 年《欧洲专利公约》为成员国在审查和授予专利权时提供了一套共同法律制度，一旦依照该公约被授予欧洲专利权，可在所有指定的成员国生效。③

与《斯特拉斯堡公约》类似，该公约也没有正面定义专利权客体范围，但消极条件更多：（1）如果发明的公布或利用可能违背公共秩序或道德，则不得授予专利；④ （2）发现、科学理论和数学方法；（3）美学创作；（4）从事智力活动、游戏或用于业务的方案、规则、方法，以及计算机程序；（5）信息的表达；（6）对人体或动物体进行外科手术或治疗的方法，或者在人体或动物体上实施的诊断方法，但用于这些方法的产品，尤其是物质或组合物除外；（7）植物或动物的品种，或者动物或植物的本质上为生物学过程的繁殖方法，但微生物学方法或其产品

---

① 参见《斯特拉斯堡公约》第 2 条第 a 款。

② 参见《斯特拉斯堡公约》第 2 条第 b 款。

③ "European Patent Convention"，< http：//documents. epo. org/projects/babylon/eponet. nsf/0/735C9A9E9EDA7132C12580890036FC32/ $ File/epc_ 1973. pdf> accessed 20 December 2017.

④ 参见 1973 年《欧洲专利公约》第 53 条第 a 款。

除外。①

2016 年，《欧洲专利公约》第 53 条第 a 款将消极条件
(1) 中的"发明的公布或利用"修改为"发明的商业利用"，排
除了因发明的公布或非商业利用可能违背公共秩序或道德的情
形，使专利权客体范围得到一定程度上的扩大。此外，《欧洲专
利公约实施细则》第 27 条确认了一些属于专利权客体范围的发
明：(1) 从天然环境分离或通过技术手段生产的生物材料，即
使其已存在于自然界中；(2) 植物或动物，前提是发明的技术
可行性不受限于特定植物或动物品种；(3) 微生物方法或其他
技术方法，或者通过该方法得到的除植物或动物品种之外的产
品。同时在第 28 条中也增加了一些消极条件：(1) 克隆人类的
方法；(2) 改变人类生殖系遗传同一性的方法；(3) 以产业或
商业目的使用人类胚胎；(4) 改变动物遗传同一性的方法，且
该方法可能导致动物遭受痛苦并对人类或动物没有任何实质上的
医疗益处，以及通过该方法获得的动物。

3. 2002 年《欧盟外观设计保护条例》［Council Regulation
(EC) No 6/2002 of 12 December 2001 on Community designs］

2002 年《欧盟外观设计保护条例》第 3 条 (a) 将外观设计
定义为由线条、轮廓、颜色、形状、纹理和/或材料本身和/或其
装饰所产生的整体或部分的产品外观。消极条件则在第 9 条，其
规定外观设计不得违背公共政策或公共道德。

---

① 参见 1973 年《欧洲专利公约》第 52、53 条。

4. 1993 年《北美自由贸易协定》(North American Free Trade Agreement, NAFTA)

1993 年,北美自由贸易区基于 NAFTA 而成立。NAFTA 第 1709 条第 1 款允许成员国将任何发明,无论是产品还是方法,授权为专利。消极条件则包括:(1)在成员国领土内的商业利用将有害于公共秩序或道德的发明,不得授权为专利;[①](2)人或动物的诊断、治疗和外科手术方法;(3)除微生物外的植物和动物;(4)除非生物或微生物方法之外的繁殖植物或动物的本质上为生物学过程的方法。[②] 此外,NAFTA 在外观设计方面沿用了 TRIPS 的有关规定。[③]

5. 2005 年《美国—多米尼加—中美洲自由贸易协定》(U. S. -Dominican Republic-Central America Free Trade Agreement, DR-CAFTA)

2005 年 DR-CAFTA 的目的是建立类似于北美自由贸易区的区域,其直接照搬或者引用了 TRIPS 中与专利权客体有关的条款。[④]

6. 1994 年《欧亚专利公约》(Eurasian Patent Convention)

1994 年《欧亚专利公约》奠定了欧亚专利组织的基础。该公约第 6 条规定,新的具有创造性且可工业应用的任何发明可授予专利。2001 年《欧亚专利公约实施细则》第 3 条第 3、4 款明确列出了消极条件,包括:(1)发明的商业利用不得有害于公共秩序或道德;(2)发现;(3)科学理论和数学方法;(4)信息的表达;(5)经济组织和管理的方法;(6)符号、日程表和规则;

---

① 参见 NAFTA 第 1709 条第 2 款。

② 参见 NAFTA 第 1709 条第 3 款。

③ 参见 NAFTA 第 1713 条第 1 款。

④ 参见 DR-CAFTA 第 15. 9 条第 1、2 款。

（7）从事智力活动的方法；（8）算法与计算机程序；（9）集成电路布图；（10）用于构造物和建筑及土地开发的项目和计划；（11）仅涉及制品的外观且目的在于满足美学需要的方案；（12）植物品种和动物品种。2016年，《欧亚专利公约实施细则》从消极条件中删去了"算法与计算机程序"，同时加入了"集成电路拓扑结构"。

7. 1977年《关于建立非洲知识产权组织及修订〈建立非洲—马尔加什工业产权局协定〉的班吉协定》（以下简称《班吉协定》）

1977年《班吉协定》建立了非洲知识产权组织。该协定未明确界定专利权客体的范围，但在附件1第5条中列出了一系列消极条件：（1）违背公共秩序或道德的发明不能被授权；（2）科学和数学理论；（3）植物或动物的品种，或者动物或植物的本质上为生物学过程的繁殖方法，但微生物学方法或其产品除外；（4）进行业务、从事单纯的智力活动或玩游戏的方案、规则或方法；（5）对人体或动物体进行外科手术、治疗或诊断的方法；（6）直接的信息表达；（7）计算机程序；（8）纯粹装饰性的作品。1999年，《班吉协定》附件1第1条加入了"发明"的含义，指的是"使技术领域中某具体问题在实践中得以解决的思想"，并在附件1第2条第2款中明确指出发明包括产品或方法组成，或涉及产品或方法，或涉及它们的用途。此外，与1977年协定文本相比，1999年协定文本附件1第6条还新增了消极条件（9）"文学、建筑学、艺术作品或任何其他美学作品"，并在消极条件（1）"科学和数学理论"中加入了"发现"。

关于实用新型，1977年《班吉协定》附件2第1条界定了实用新型的范围，即指工作用具、被利用的物品或这些用具或物品的部分，只要其新外形、新布置或新样式对于工作及期待利用方式有用处，并且在工业上可应用。该定义强调实用新型限于用具、物品或它们的部分，排除了方法和用途。此外，附件 2 第 5 条规定了实用新型的消极条件，即不得妨害公共秩序或道德、公共卫生、国家经济或国防。

关于外观设计，1977 年《班吉协定》附件 4 第 2 条第 1 款明确了可注册工业外观设计的对象包括任何新的外观设计、新的三维形状、通过带来新颖性的独特可识别形状或带来新而独特外观的一种或多种外部效果而区别于同类物品的任何工业物品。同时，附件 4 第 4 条规定的消极条件是，外观设计不得有悖于公共秩序或道德。

（三）双边条约中的专利权客体

1. 中国的双边条约

签署于 2013 年 7 月的《中华人民共和国和瑞士联邦自由贸易协定》第 11.8 条明确指出，缔约国应对包括生物技术和草药在内的所有技术领域的发明予以专利保护，并引用 TRIPS 第 27.2 条而排除了"诊断、治疗和外科手术方法"、"植物或动物品种"以及"用于生产植物或动物的主要是生物学的方法"。

签署于 2015 年 6 月的《中华人民共和国政府和大韩民国政府自由贸易协定》和签署于 2017 年 5 月的《中华人民共和国政府和格鲁吉亚政府自由贸易协定》均沿用了 TRIPS 中与专利权客体范围相关的条款。

2. 美国的双边条约

2004 年《美国–澳大利亚自由贸易协定》（AUSFTA）和 2007 年《美国–韩国自由贸易协定》（KORUS FTA）均采用了 TRIPS 中关于发明范围的规定，① 同时强调了缔约国应当为新用

---

① 分别参见 AUSFTA 第 17.9 条、KORUS FTA 第 18.8 条。

途或使用已知产品的新方法提供专利保护。除此之外，这两个协定也列出了一些消极条件：一是明确排除"人或动物的诊断、治疗和外科手术方法"，二是规定在成员国领土内的商业利用将有害于公共秩序或道德的发明是不得授权的。

2003 年《美国-新加坡自由贸易协定》和 2006 年《美国-秘鲁贸易促进协定》则几乎照搬或直接引用了 TRIPS 有关专利权客体的规定。[①]

3. 日本的双边条约

2007 年《日本-泰国经济伙伴关系协定》和 2009 年《日本-瑞士自由贸易与经济伙伴关系协定》均采用了 TRIPS 的规定。其中，前者进一步规定，缔约国不能仅因为涉及天然存在的微生物就不授予专利权，即强调天然存在的微生物的可专利性。[②] 而后者着重强调了可授予专利的发明包括生物技术领域的发明。[③]

2008 年《日本-越南经济伙伴关系协定》第 86 条第 2 款强调，缔约国不能仅因涉及计算机程序就不授予专利，即明确了计算机程序的可专利性。

二、专利权客体拓展化在国内法演进中的体现

（一）英国专利法中的专利权客体

1. 英国专利权客体规则的演进

1623 年《垄断法案》第 6 条规定，专利可授予国内任何形式的新制品（manufacture），这意味着专利权客体应当是"制

---

① 分别参见《美国-新加坡自由贸易协定》第 16.7 条第 1 款、《美国-秘鲁贸易促进协定》第 16.9 条第 1、2 款。

② 参见《日本-泰国经济伙伴关系协定》第 130 条。

③ 参见《日本-瑞士自由贸易与经济伙伴关系协定》第 117 条第 1 款。

品"，具体是指物体的创造和物体的设计。① 该法案未明确保护方法发明。

1852 年《专利法修正法案》（Patent Law Amendment Act）帮助英国建立了现代意义上的专利局，明确并简化了申请专利的程序事宜，标志着具有现代特点的专利制度的形成。但 1623 年《垄断法案》在当时并未被废止，其依然构成专利权客体范围的判断基础。

1883 年《专利、外观设计和商标法案》（The Patents，Designs，and Trade Marks Act）第 46 条将可授予专利权的发明定义为：任何形式的新制品，其是《垄断法案》第 6 条中的专利和授予特权的对象。显然，该法案沿袭了《垄断法案》中的定义，反映出《垄断法案》在颁布两百余年后仍影响着专利立法。1907 年《专利与外观设计法案》（Patents and Designs Act）第 93 条同样未改变上述规定。

当然，尽管《垄断法案》对专利权客体范围的定义影响深远，但英国的判例法已然扩展了"制品"的含义。例如，瓦特专利案使"制品"一词不仅指所生产的物品，也可以解释为生产方法。② 原理不能授予专利，因为其仅是发现的结果，只有该原理得到应用，才有所谓"制品"。③ 也就是说，该原理的实施方式可以被合法地授予专利权。④ 因此，瓦特的发明被授予专利权，并非因为他发现了将冷凝器与气缸分开可以节省燃料这一原理，而是基于其将该原理付诸实施并产生了实际效果，从而创造

① Pila J，"The Common Law Invention in its Original Form"（2001）3 Intellectual Property Quarterly，pp. 209-224.

② *Boulton v. Bull*，*Watt's Patent*，2 H. Bl. 479.

③ *Hornblower v. Boulton*，Dav. P. C. 221.

④ *Househill Company v. Neilson*，1 Webs. P. C. 552，592.

出现代蒸汽机这一新制品。不过，虽然在瓦特专利案等诸多案例中均出现了方法发明属于专利权客体的意见，但直到 Crane v. Price 案才最终得到确认。①

因此，在 1949 年英国《专利法》中，其一方面引用了《垄断法案》对发明的定义，另一方面也涵盖了方法发明。该法第 101 条规定的"可用于改进或控制制品的任何新方法或测试工艺"，以法律形式确立了对产品发明和方法发明的保护。同时，该法第 10 条也列出了消极条件：（1）明显违反自然规律的；（2）发明的利用可能违反法律或道德；（3）发明涉及能用作食品或药品的物质，其是已知成分的混合物且仅具有成分已知性质的总和，或者发明涉及仅以混合来制造该物质的方法。

《垄断法案》在专利领域的影响终结于 1977 年英国《专利法》的颁布。该法并未正面划定专利权客体的范围，而是列举了一系列消极条件：（1）发现、科学理论或数学方法；（2）文学、戏剧、音乐或艺术作品或任何其他美学作品；（3）从事智力活动、玩游戏或进行业务的方案、规则、方法或计算机程序；（4）信息的表达；（5）发明的公布或利用可能被普遍认为鼓励违法的、不道德的或反社会的行为；（6）动物或植物的任何品种或者动物或植物的本质上为生物学过程的繁殖方法，但微生物学方法或该方法的产品除外；（7）对人体或动物体进行外科手术或治疗的方法，或者在人体或动物体上实施的诊断方法。② 该法不再局限于"新制品"这样的正面描述，为其赋予了更多可能性，拓展了专利权的涵盖范围。

2014 年英国《专利法》修订自 1977 年英国《专利法》，其

---

①　包括 *Boulton & Watt v. Bull*，2 H. Bl. 463；*The King v. Wheeler*，2 B. & Ald. 345；*Hall v. Jarvis*，1 Webs. P. R. 100；等等。

②　参见 1977 年英国《专利法》第 1 条第 2 款和第 3 款、第 4 条第 2 款。

增加了对一些特定发明类型的确认，包括：（1）发明涉及由生物材料组成的产品或包含生物材料的产品，或生产、处理、使用生物材料的方法；（2）从自然环境分离得到或由技术方法生产得到的生物材料，即便该生物材料先前存在于自然界中；（3）发明涉及植物或动物，且该发明的技术可行性不受限于特定的植物或动物品种；（4）从人体分离得到的或由技术方法生产得到的成分，包括基因序列或部分基因序列，即便该成分的结构与天然成分的结构相同。① 该法附件 A2 第 3 条增加了一些针对生物技术发明的消极条件：（1）处于各种形成和发育阶段的人体，以及对其某一成分的单纯发现，包括基因序列或部分基因序列；（2）克隆人类的方法；（3）改变人类生殖系遗传同一性的方法；（4）人胚胎的工业或商业用途；（5）改变动物的遗传同一性的方法，可能导致动物受苦而对人或动物没有实质性的医疗益处的，以及由该方法得到的动物。同时还对原先的消极条件进行了调整，包括：（1）将"发明的公布或利用可能被普遍认为鼓励违法的、不道德的或反社会的行为"，调整为"对发明的商业利用可能违反公共利益或道德"，即不再限制"发明公布"行为，并且发明的"利用"仅限于"商业利用"；（2）将原先不在排除之列的"微生物学方法"例外扩大为"微生物学方法或其他技术方法"。

2. 英国注册外观设计权客体规则的演进

英国没有实用新型制度，但存在外观设计制度。而且，英国未将外观设计列入专利法的保护范畴，而是使之独立于专利和著作权之外。

1883 年《专利、外观设计和商标法案》第 60 条对外观设计

---

① 参见 2014 年英国《专利法》附件 A2 第 1、2、4、5 条。

是如此规定的：本法中的外观设计是指可应用于任何制品或者任何人工的、天然的或半人工或半天然的物质的设计，可以为图案、形状、构造、装饰或多种目的而应用，也可以通过各种方式应用，包括印刷、绘画、刺绣、编织、缝制、模塑、铸造、浮雕、雕刻、染色或其他手工的、机械的、化学的或其组合的方式。

1949 年《注册外观设计法》（Registered Designs Act）将外观设计定义为：形状、构造、图案或装饰的特征，其以任何工业流程或手段应用于产品，并且其在成品上仅通过人眼进行观察和判别。该法第 1 条第 3 款规定的消极条件为：（1）建造的方法或原则；（2）以特定形状或构造来制造产品以实现其功能，从而仅由此决定的形状或构造特征。

随着时间的推移，1988 年《著作权、外观设计与专利法》在第 265 条增加了消极条件，即设计者意图使产品成为其他产品的组成部分，从而取决于该其他产品外观的形状或构造特征。

2015 年《注册外观设计法》第 1 条将外观设计界定为产品的整体或部分外观，该外观具体得自产品或其装饰物的线条、轮廓、颜色、形状、纹理或材料的特征。消极条件则包括：（1）外观设计不得违反公共政策或公认的道德准则；[①]（2）仅取决于产品的技术功能的产品外观特征；（3）产品必须以其精确的形状和尺寸复制，以使其机械地连接于或放置于其他产品之内或周围或者抵靠其他产品，从而使这些产品均可实现功能，则该产品的外观特征也被排除。[②]

（二）美国专利法中的专利权客体

1790 年美国首部《专利法》第 1 条确立的专利权客体范围

---

① 参见 2015 年《注册外观设计法》第 1D 条。
② 参见 2015 年《注册外观设计法》第 1C 条。

包括：任何有用的技术、制品、发动机、机器或设备，或者其中的任何改进。

上述专利法在三年后被 1793 年美国《专利法》所取代。该法将专利权客体范围修改为"技术、机器、制品或组合物，或对任何技术、机器、制品或组合物的有用的改进"，主要变化是将发动机和设备均归类为机器，并且增加了组合物类别。这反映了当时化学工业的进步和多样性。

1836 年美国《专利法》在美国专利史上具有重要意义。其一，该法创立了美国专利局，并使其不再隶属于国务卿，提高了专利申请程序的效率。其二，该法通过在全国图书馆向公众开放新授权的专利，防止本已授权的专利再次被申请，由此改善了专利的质量。其三，该法平息了对于专利期限较短的长期抱怨。其四，开始允许外国人申请美国的专利。尽管作出了如此多的变革，但该法对专利权客体的范围并未进行实质性调整。

1902 年，根据《修改宪法修正案第 4929 条关于外观设计专利的法案》（An Act To amend section forty-nine hundred and twenty-nine of the Revised Statutes,relating to design patents），美国确定将外观设计纳入专利保护的范畴。① 不过，该法案仅指出外观设计应当"应用于制品"，未对外观设计本身的范围加以界定。

此后，美国于 1930 年制定了《植物专利法案》（An Act To provide for plant patents），为植物品种提供专利保护。② 该法案明确规定植物专利应当为无性繁殖的植物品种，排除了块茎繁殖的植物。

1952 年美国《专利法》奠定了美国现代专利制度的基础。该法第 101 条在定义专利权客体时，将"技术"（Art）修改为

---

① FIFTY-SEVENTH CONGRESS. SESS. I. CH. 783. 1902.

② SEVENTY-FIRST CONGRESS. SESS. II. CH. 312. 1930.

"方法"（Process），并使其涵盖了方法（Process）、技术（Art）和步骤（Method）。① 从字面上看，"Art"一词在表达为技术时，通常被理解为"人们通过本能或经验，而不是通过学习事实或规则得到的"，② 这似乎排除了以科学研究和实验为手段得到的技术，可能与发明的创造过程相悖。相比之下，"Method"的含义可概括为"做某事的特定方式"，③ 这显然更为中性化且覆盖面更广，因此可认为调整后的专利权客体范围得到了扩大。

从1952年至2017年，美国《专利法》的专利权客体范围并没有较大变动，只是对植物专利的范围有了更加明确的规定：无性繁殖的植物品种，包括培养的变种、变异种、杂种或新发现的幼苗，但排除了块茎繁殖植物或未经栽培环境下的植物。④

仅从法律文本上看，美国专利法所规定的专利权客体范围相当宽泛，包括方法、制品、机器和组合物四类，加上植物专利和外观设计专利，几乎涵盖了生活中绝大多数事物。例如，在Diamond案中，法庭指出可专利的主题"包括阳光下人造的任何东西"。⑤ 2010年，最高法院在Bilski案中又重申了Diamond案的结论，并指出"国会清楚地认识到专利法应提供广阔的范围"⑥。正因如此，我们在美国专利法中没有看到对特定发明类别的明确排除，比如"发现""科学理论"等通常被其他国家专利法所排除的对象。

然而，作为一个判例法国家，美国的判例在确定专利规则方

---

① 参见1952年美国《专利法》第100条第（b）款。

② 《柯林斯高阶英汉双解词典》，姚乃强等审校，商务印书馆2008年版，第83页。

③ 同上注引书，第1007页。

④ 参见2017年美国《专利法》第161条。

⑤ *Diamond v. Chakrabarty*，447 U. S. at 309.（1980）.

⑥ *Bilski v. Kappos*，130 S. Ct. 3218, 3225.

面也起着相当重要的作用。

对于"发现""科学理论"是否可授予专利权的问题，早在18世纪末，美国宪法就已规定国家有权对发明人的"发现"（Discoveries）授予独占权。① 在 Boulton 案中，发明人的"发现"具有特定含义，其不同于科学和自然发现，因而也不同于单纯的原理。在当时，科学和自然发现属于"自然哲学"的范畴。② Evans 案中阐明了上述认识，其指出专利可能是新且有用的技术，其必须具有实用性，必须可实施，并且最好实施于某种东西以证明其有用。单纯抽象的原理是不容许被专利所占有的。③ 此外，美国前总统托马斯·杰斐逊曾为美国专利局第一任局长，同时也是著名的发明家。他在1813年曾指出，思想不能被约束或独占，因而从性质上讲不能成为财产权的对象。④ 法院在 Diamond 案中还强调，只有某些类型的想法可以成为独占权的对象，那就是不仅仅为抽象原理、科学原理或天然材料的发现。⑤ 该观点在后续案例中被描述为"自然规律"（Laws of nature）、"自然现象"（Laws of nature）和"抽象思想"（Laws of nature）。⑥ 在 Mayo 案中，Breyer 法官明确指出，法庭长期认为《专利法》第101条包含重要且隐含的例外，那就是"自然规律、自然现象和抽象思想"是不可授予专利的。因此，在地球上发现的新材料或野外发

---

① U. S. Const. art. 1，§ 8，cl. 8.

② Samuel Johnson，*Johnson's Dictionary of The English Language*，*in Miniature*. W. P. & L. Blake Pubs，Boston：1804，p. 169.

③ *Evans v. Eaton*，8 F. Cas. 846，852（C. C. D. Pa. 1816）（No. 4559）.

④ Thomas Jefferson，*The Portable Thomas Jefferson*，Penguin Classics，London：1977，pp. 525，530.

⑤ *Diamond v. Chakrabarty*，447 U. S. 303，309（1980）.

⑥ *Bilski v. Kappos*，130 S. Ct. 3218，3225（2010）.

现的新植物都不是可专利的主题，因为其仅是非人造的自然表现。① 由此可见，尽管美国《专利法》中没有明示"发现""科学理论"的可专利性，但实际上均已被判例法排除在外。

此外，美国专利商标局在 1987 年从道德角度进一步明确了专利权客体的范围，指出仅涉及或包括人类的权利要求不属于可专利的主题。② 然而，该表述并不包括仅由人体材料组成的发明，如 DNA。据统计，在 1980 年至 1996 年间，美国授权了大约 1500 件的基因材料专利，其中的 30% 左右是人类 DNA。③ 2001 年《美国专利审查指南》明确了对人类基因材料专利的保护，并认为这些发明仅仅是化合物，与"人类"不相关。

综合上述分析可知，虽然美国《专利法》并未以条文形式明确规定对特定类别发明的排除，但其事实上早已存在于立法者的理念当中，并以判例法的形式延续至今。

（三）德国专利法中的专利权客体

1. 德国专利权客体规则的演进

1877 年，德国颁布了其首部专利法。④ 该法第 1 条规定，只要是适于商业利用的新发明都可以申请专利。同时列出了消极条件：（1）发明的利用将违背法律或道德的；（2）食物、嗜好品（Genuss）和医药发明，以及以化学手段生产的物质，但用于生产该物质的特定方法不在此限。

1891 年至 1936 年间，德国颁布了多部专利法，但并未对专

---

① *Prometheus*, 132 S. Ct. at 1293（2012）.

② 1077 Off. Gaz. PAT. & TRADEMARK OFFICE 24（Apr. 21, 1987）.

③ Marcus A, "Owning a gene: Patent pending"（1996）7 Nature Medicine, pp. 728-729.

④ "Patentgesetz, Vom 25. Mai 1877", < http: //www. wolfgang - pfaller. de/TextPatG. 1877. htm> accessed 20 December 2017.

利权客体范围的相关规定作实质性改动。

1936 年德国《专利法》的最后修订版实施至 1981 年。在此期间，1994 年德国《专利法》虽没有从正面界定专利权客体范围，但对消极条件进行了调整：（1）发明的公布或利用不得违反公共政策或道德；（2）发现、科学理论、数学方法；（3）艺术作品；（4）从事智力活动、玩游戏或进行业务的方案、规则、方法或计算机程序；（5）信息的表达；（6）植物或动物的任何品种或者植物或动物的本质上为生物学过程的繁殖方法，但微生物方法或其产品除外。① 另外，该法不再排除食品、医药和化学制品等发明，大幅扩张了专利权客体的范围。

2016 年德国《专利法》在第 1 条第 1 款即指出，任何技术领域的任何发明都可授权为专利。该法还列举了一系列特殊的发明类型，包括：（1）发明涉及由生物材料组成的产品或包含生物材料的产品，或生产、处理、使用生物材料的方法；（2）从自然环境分离得到或由技术方法生产得到的生物材料，即便该生物材料先前存在于自然界中；（3）从人体分离得到的或由技术方法生产得到的成分，包括基因序列或部分基因序列，即便该成分的结构与天然成分的结构相同；（4）发明涉及植物或动物，且该发明的技术可行性不受限于特定的植物或动物品种；（5）微生物方法或其他技术方法，或者由该方法得到的产品，但该产品不是某植物或动物品种。② 同时，该法将原先的消极条件调整为：（1）将"发明的公布或利用"限定为"发明的商业利用"，其不得违反公共秩序或道德，具体情形则包括：（a）克隆人类的方法，（b）改变人类生殖系遗传同一性的方法，（c）人胚胎的工

---

① 参见 1994 年德国《专利法》第 1 条第 2 款、第 2 条第 2 款。

② 参见 2016 年德国《专利法》第 1 条第 2 款、第 1a 条第 2 款、第 2a 条第 2 款。

业或商业用途，（d）改变动物的遗传同一性的方法，可能导致动物受苦而对人或动物没有实质性的医疗益处的，以及由该方法得到的动物；① （2）发现、科学理论、数学方法；（3）艺术作品；（4）从事智力活动、玩游戏或进行业务的方案、规则、方法或计算机程序；（5）信息的表达；（6）处于各种形成和发育阶段的人体，包括生殖细胞，以及对其某一成分的单纯发现，包括基因序列或部分基因序列；（7）植物或动物的任何品种和植物或动物的本质上为生物学过程的繁殖方法，以及完全由该方法生产的植物或动物；（8）对人体或动物体进行外科手术或治疗的方法，以及在人体或动物体上实施的诊断方法。② 整体来看，该法对于富有争议的生物技术领域进行了专门澄清，旨在营造一个更加清晰有序的生物技术创新环境。

2. 德国注册实用新型权客体规则的演进

德国拥有独立于专利制度之外的实用新型制度和外观设计制度。德国的《实用新型法》最早颁布于 1891 年，但现行的《实用新型法》是在 1986 年德国《实用新型法》的基础上修订而来的。③

1986 年德国《实用新型法》第 1 条第 1 款将实用新型表述为：具有新的设计、布置、装置或电路的工作器具、日常用品及其部分且具有创造性并可工业应用的发明。④ 相应地，其消极条

---

① 参见 2016 年德国《专利法》第 2 条。

② 参见 2016 年德国《专利法》第 1a 条第 1 款、第 2a 条第 1 款。

③ "Gebrauchsmustergesetz（GebrMG）"，<http：//www. gesetze-im-internet. de/gebrmg/BJNR201300936. html> accessed 20 December 2017.

④ "Neufassung des Gebrauchsmustergesetzes"，< https://www. bgbl. de/xaver/bgbl/start. xav？ startbk = Bundesanzeiger _ BGBl&jumpTo = bgbl186s1455. pdf#__bgbl__%2F%2F＊_%5B%40attr_id%3D%27bgbl186s1455. pdf%27%5D__ 1506333439885> accessed 20 December 2017.

件为：（1）实用新型的公布或利用不得违反公共政策或道德；①
（2）发现、科学理论、数学方法；（3）艺术作品；（4）从事智
力活动、玩游戏或进行业务的方案、规则、方法或计算机程序；
（5）信息的表达；（6）植物或动物品种。②

1994年德国《实用新型法》不再从正面规定实用新型的范
围，而是采用消极条件加以限定。③ 并且在原有消极条件的基础
上，该法第2条第3款强调了对方法（Processes）的排除。2017
年德国《实用新型法》第1条第2款则新增了一项消极条件，即
生物技术发明。

3. 德国注册外观设计权客体规则的演进

德国的《外观设计法》最早颁布于1876年。现行《外观设
计法》是在2014年德国《外观设计法》的基础上修订而来的。④

根据2014年德国《外观设计法》第1条第1款规定，外观
设计是指产品整体或部分的二维或三维的外观，该外观具体得自
产品本身或其装饰物的线条、轮廓、颜色、形状、纹理或材料的
特征。第3条第1款规定的消极条件则包括：（1）外观设计不得
违反公共政策或公认的道德准则；（2）外观设计不构成对官方
或公共利益的徽章、徽记或纹章的不当使用；（3）仅取决于产
品的技术功能的产品外观特征；（4）产品必须以其精确的形状
和尺寸复制，以使其机械地连接于或放置于其他产品之内或周围

---

① 参见1986年德国《实用新型法》第2条第1款。

② 参见1986年德国《实用新型法》第1条第2款、第2条第2款。

③ "Utility Model Law"，< http：//www. wipo. int/edocs/lexdocs/laws/
en/de/de015en. pdf> accessed 20 December 2017.

④ "Gesetz über den rechtlichen Schutz von Design（Designgesetz -
DesignG）"，< http：//www. gesetze - im - internet. de/geschmmg _ 2004/
BJNR039010004. html> accessed 20 December 2017.

或者抵靠其他产品，从而使这些产品均可实现功能，则该产品的外观特征也被排除。上述规定基本沿用于德国现行的《外观设计法》中。

（四）日本专利法中的专利权客体

1. 日本专利权客体规则的演进

明治维新后，日本于 1871 年颁布了试验性质的专利法《专卖简则》（専売略規則），① 然而，这部法律并未付诸实施，且在颁布一年后即被废止。该法第 1 条将专利权客体范围界定为：国内尚未公开的各种机器、设备、武器、织物等类型的新发明以及不同于现有物品且带来便利的器物，均可授予有期限的许可。根据该规定，方法发明不属于专卖许可的对象。

日本第一部实质性专利法为 1885 年颁布的《专卖专利条例》（専売特許条例），② 这是一部较为完整的专利法，并且得到正式实施。尽管该条例在行文伊始的第 1 条就指出，发明了有益事物并希望专卖经营之人应向农商务卿提出专利申请，但其并未从正面界定专利权客体范围，而是在第 4 条规定了两项消极条件：（1）发明不得有害于治安、风俗和健康；（2）排除医药发明。

明治时期的政府机构历经频繁更改，专利法也未能例外。1888 年，《专卖专利条例》被《专利条例》（特許條例）取代。③ 该条例第 1 条将专利权客体范围界定为：发明的准入类别为新且有益的技术、机器、制品和组合物的发明，或对它们的新且有益

---

① "専売略規則（明治四年 4 月 7 日）"，＜http://nomenclator. la. coocan. jp/ip/suprev/sup/m04f175. htm＞ accessed 20 December 2017。

② "専売特許条例"，＜http://nomenclator. la. coocan. jp/ip/patent/m180701p. htm＞ accessed 20 December 2017。

③ "特許条例"，＜http://nomenclator. la. coocan. jp/ip/patent/m220201p. htm＞ accessed 20 December 2017。

的改进发明。第2条则为消极条件，排除了饮食品、嗜好品、医药及其配制方法的发明。1899年，《专利条例》又被《专利法》（特许法）取代。① 该法第1条第1款修改了专利权客体范围的定义：工业上的物品及方法的最先发明，并向第2条增加了一项消极条件，即发明不得违背秩序或风俗。

明治时期后，日本的《专利法》于1921年和1959年经历过两次大幅修订。1921年日本《专利法》再次调整了专利权客体范围的定义，② 在第1条中表述为"新的工业发明"。而在第3条规定的消极条件中，该法新增了对"依靠化学方法制造的物质"的排除，并将原先规定的"秩序或风俗"扩大为"秩序、风俗或卫生"。

1959年日本《专利法》是日本现行《专利法》的基础。③ 该法第2条将专利权客体定义为：利用自然规律的技术思想的非常先进的创造。第32条规定的消极条件则包括：（1）发明不得有害于公共秩序，善良风俗或公共卫生；（2）饮食品或嗜好品的发明；（3）医药（用于人类疾病的诊断、治疗、处理或预防的物质），或者将两种或更多种药物混合以生产一种药物的方法的发明；（4）用化学方法生产的物质的发明；（5）用原子核变换方法生产的物质的发明。

此后，日本实施的《专利法》均修正自1959年《专利法》。在此期间有两次对消极条件的修改：一次是1975年《专利法》，

---

① "特許法"，<http://nomenclator. la. coocan. jp/ip/patent/m320701p. htm> accessed 20 December 2017。

② "特許法"，<http://nomenclator. la. coocan. jp/ip/patent/t110111p. htm> accessed 20 December 2017。

③ "特許法"，<http://nomenclator. la. coocan. jp/ip/patent/s350401p. htm> accessed 20 December 2017。

其取消了对"饮食品或嗜好品""医药""化学方法生产物质"发明的排除；另一次是1994年《专利法》，其取消了对原子核变换物质发明的排除。因此，自1994年起，日本《专利法》针对专利权客体的消极条件仅保留了公序良俗的要求。这些规定沿用至日本现行的《专利法》。①

2. 日本注册实用新型权客体规则的演进

日本将专利（特許）、实用新型（実用新案）和外观设计（意匠）分别归由三部法律调整，但相关行政管理单位是相同的，都是日本专利局（日本特許厅）。

日本于1905年颁布了第一部《实用新型法》。② 该法第1条第1款将实用新型界定为：关于工业物品的形状、构造或组合的实用且新颖的设计（日文原文为"考案"）。第2条规定的消极条件为：（1）设计不得损害秩序、风俗或卫生；（2）菊花纹章或相似的设计。

1959年日本《实用新型法》第2条进一步明确"设计"（考案）的含义为：为利用自然规律的技术思想的创造，并且取消了原先针对菊花纹章或相似设计的排除规定。③

上述关于注册实用新型客体范围的规定基本沿用至日本现行的《实用新型法》。

---

① "特許法（令和五年法律第五十一号による改正）"，<https://elaws. e - gov. go. jp/document? lawid = 334AC0000000121 _ 20240101 _ 505AC0000000051&keyword=%E7%89%B9%E8%A8%B1%E6%B3%95> accessed 20 December 2017。

② "実用新案法"，< http://nomenclator. la. coocan. jp/ip/util/m380701u. htm> accessed 20 December 2017。

③ "実用新案法"，< http://nomenclator. la. coocan. jp/ip/util/s350401u. htm> accessed 20 December 2017。

3. 日本注册外观设计权客体规则的演进

日本于 1888 年颁布了首部涉及外观设计的法规——《外观设计法》。① 该法第 1 条将外观设计界定为：应用于工业物品的形状、图案或色彩的新颖的外观设计。在第 2 条规定的消极条件是：外观设计不得损害风俗。

1959 年日本《外观设计法》第 2 条将外观设计界定为：物品的形状、图案、色彩或它们的结合，其能通过视觉引起美感。第 5 条的消极条件则扩展为不得损害公共秩序或善良风俗。②

1998 年日本《外观设计法》引入了对产品部分外观设计的保护。

2006 年日本《外观设计法》第 2 条将外观设计扩大到图形用户界面（GUI），其要求 GUI 是显示图像及操作图像中被记录或显示于物品的图像，如显示于手机屏幕的图像。

2019 年日本《外观设计法》第 2 条进一步扩大了 GUI 的保护范围，可包括未保存在产品内，但可通过计算机网络调取的图形图像，以及未显示或展示在产品上的图形图像，如投放在道路或墙上的图像。这意味着修订后的法律将 GUI 本身作为独立的被保护客体，不再受限于特定的载体。同时，该法将建筑物设计和室内设计也纳入外观设计的保护范围。具体而言，商业用建筑物、房屋、工厂、桥梁、无线电信号发射杆或发射塔成为外观设计的保护主题，而且，若室内设计与陈设的物品组合在一起且整体上形成统一的美感，也是外观设计的保护对象。

---

① "意匠条例"，< http://nomenclator. la. coocan. jp/ip/design/m220201d. htm> accessed 20 December 2017。

② "意匠法"，< http://nomenclator. la. coocan. jp/ip/design/s350401d. htm> accessed 20 December 2017。

（五）韩国专利法中的专利权客体

1. 韩国专利权客体规则的演进

1908 年，韩国制定并公布特许令，其直接引入了日本的专利制度体系，直至 1961 年韩国大幅修订《特许法》（即《专利法》，특허법），使其成为韩国现代专利制度的基础。

1961 年韩国《专利法》未从正面明确专利权客体范围，[①] 而是在第 3、4 条中规定了消极条件，包括：（1）可能扰乱秩序或习俗或有害于卫生的发明；（2）植物发明中的块茎、球茎、鳞茎；（3）食品或饮料；（4）医药及其组合物；（5）通过化学方法制备的物质。

1973 年韩国《专利法》第 5 条将专利权客体表述为：利用自然规律的非常先进的技术思想的创造。[②] 第 4 条则新增了一些消极条件：（1）通过混合一种药物或至少两种药物来生产药物的方法；（2）用原子核变换方法生产的物质；（3）根据材料本身性质的用途发明。同时取消了对药物发明的排除。

1980 年韩国《专利法》第 4 条将消极条件中的"根据材料本身性质的用途发明"限定为"化学制品的用途发明"，[③] 从而缩小了排除范围。

1986 年韩国《专利法》第 4 条取消了对"混合药物生产药

---

① "특허법"，<http：//www.lawnb.com/lawinfo/link_view.asp？cid=57E188BBABAB4EFD914F419797584834#J40> accessed 20 December 2017.

② "특허법"，<http：//www.lawnb.com/lawinfo/link_view.asp？cid=1F9D16EFDB7B4B2394D7A9D4CCA64652> accessed 20 December 2017.

③ "특허법"，<http：//www.lawnb.com/lawinfo/link_view.asp？cid=64136CADD0A148AB83990ACEADF7BE4D> accessed 20 December 2017.

物的方法""化学方法制备的物质""化学制品用途"的排除,①进一步扩大了专利权客体的范围。

1990 年,韩国将《专利法》、《实用新型法》和《外观设计法》进行了全面修改。其中,《专利法》第 32 条继续扩大专利权客体范围,② 取消了对"块茎、球茎、鳞茎"和"食品饮料"的排除。

1995 年韩国《专利法》第 32 条又取消了对"原子核变换方法生产物质"的排除。

经过一系列修改,除了公序良俗的要求,韩国《专利法》对专利权客体已无其他消极条件。这也基本沿用至韩国现行的专利法。

2. 韩国注册实用新型权客体规则的演进

1961 年韩国《实用新型法》(실용신안법)第 2 条规定,实用新型应当是一种新技术,③ 具体可以为产品的形状、结构或其组合。该法第 3 条第 1、2 款规定的消极条件为:(1)实用新型不得妨害秩序、习俗或卫生;(2)不能具有与国旗或勋章相同或相似的结构。

1990 年韩国《实用新型法》第 2 条第 1 款将实用新型表述为一种"样式"(고안,对应英文 Device),④ 其含义是利用自然规律的技术创造。但依照该法第 4 条第 1 款,所谓"样式"仍是

---

① "특허법", <http: //www. lawnb. com/lawinfo/link_ view. asp? cid = 8E463AED44F142CDB881E9C4B9DD922B> accessed 20 December 2017.

② "특허법", <http: //www. lawnb. com/lawinfo/link_ view. asp? cid = 0A154F6C5E1D49ED801EBF08DC86F493> accessed 20 December 2017.

③ "실용신안법", <http: //www. lawnb. com/lawinfo/link_ view. asp? cid = 8F03106BB56E4E18A8170B6816F7CD52> accessed 20 December 2017.

④ "실용신안법", <http: //www. lawnb. com/lawinfo/link_ view. asp? cid = BD5B6AB893E5491EBE511781721ED13B> accessed 20 December 2017.

指产品的形状、结构或其结合。此外，原消极条件中的"不得妨害秩序、习俗或卫生"被调整为"不得扰乱公共秩序、善良风俗或妨害公共卫生"。①

2017 年韩国《实用新型法》第 4 条第 1 款仍将实用新型界定为产品的形状、结构或其组合的样式，② 但"样式"的含义略有调整，该法第 2 条第 1 款将其修改为"利用自然规律的技术思想的创造"。

3. 韩国注册外观设计权客体规则的演进

1961 年韩国《外观设计法》（의장법）第 2 条将外观设计定义为：产品的图案、形状、色彩或其组合的设计。③ 第 3 条规定的消极条件为：（1）可能扰乱秩序和风俗的，不得注册为外观设计；（2）与国旗、国徽、军旗、勋章、奖章、徽章、其他公共机关的标志、外国国旗或勋章，或国际机构或组织的名称或标志等相同或相似；（3）具有欺骗性。

1990 年韩国《外观设计法》第 2 条第 1 款调整外观设计的定义为：产品的具有视觉美感的形状、图案、色彩或其组合。④ 在第 6 条规定的消极条件中，将原有的"具有欺骗性"修改为"可能与他人业务相关产品发生混淆的"，将"可能扰乱秩序和风俗的"修改为"不得扰乱公共秩序或善良风俗"。

2003 年韩国《外观设计法》将显像设计纳入外观设计保护客体中，其是指物品的液晶屏幕等显示部分上显示的图形，包括

---

① 参见 1990 年韩国《实用新型法》第 6 条第 2 款。

② "실용신안법"，<http：//www. lawnb. com/lawinfo/link_ view. asp？cid＝281052359C6746DE9229CD41DEC3E260> accessed 20 December 2017.

③ "의장법"，<http：//www. lawnb. com/lawinfo/link_ view. asp？ cid＝44DCF981D1514791B9F1D5921A8F06B8> accessed 20 December 2017.

④ "의장법"，<http：//www. lawnb. com/lawinfo/link_ view. asp？ cid＝69162F52BB4F4F13B782AD8C73A9B283> accessed 20 December 2017.

GUI、图标和图示设计等。

2017 年韩国《外观设计保护法》（디자인보호법，自 2004 年更改为此名称）第 34 条增加了一项消极条件，[①] 强调外观设计仅是为实现产品功能而不可或缺的形状。同时，将"不得扰乱公共秩序或善良风俗"进一步调整为"不得妨害普通大众的基本道德和善良风俗，或扰乱公共秩序"。

2021 年韩国《外观设计保护法》增加了"图像"这一外观设计保护客体，其是指用于数字技术或电子方式表现的图形、符号等（仅限于操作设备或发挥功能的图像，包括图像的部分）。基于该法而修改的韩国《外观设计审查指南》对包含图像的外观设计提供了两种保护途径：一种是作为产品部分的图像设计进行保护，即产品局部外观设计；另一种是作为单纯的图像设计加以保护，不受载体的限制。因此，该法可以对 GUI 提供较为全面的保护。

三、专利权客体拓展化趋势之概貌

在国际法层面，从 1963 年《斯特拉斯堡公约》开始，对专利权客体的公序良俗要求，即"不得违背公共秩序或道德"的消极条件就贯穿始终。关于其他消极条件，尽管 TRIPS 所确立的标准（包括人或动物的诊断、治疗、外科手术方法，植物和动物、植物动物的生物学繁殖方法等）在全球性多边条约中未有明显变化，但在区域性多边条约中，消极条件却表现出不同程度的增加。比如，在欧洲，消极条件从 1963 年《斯特拉斯堡公约》

---

① "디자인보호법"，< http：//www. lawnb. com/lawinfo/link _ view. asp？ cid = ADB4785D01CB4A09B9B36F98BF2E2E7B > accessed 20 December 2017.

的一项（即"植物、动物品种"）增加为 1973 年《欧洲专利公约》的六项，2016 年《欧洲专利公约实施细则》又增加四项；在欧亚地区，1994 年《欧亚专利公约》的消极条件达十一项之多，远超 TRIPS 的规定；在非洲，消极条件从 1977 年《班吉协定》的七项增加为 1999 年协定文本的八项。

然而，经过深入研究可以发现，尽管消极条件的数量有所增加，但对专利权客体范围的实质影响却并不大。

以《欧洲专利公约》为例，相较于 TRIPS，其额外增加的消极条件有：（1）发现、科学理论和数学方法；（2）美学创作；（3）从事智力活动、玩游戏或进行业务的方案、规则、方法，以及计算机程序；（4）信息的表达。然而，发现、科学理论、数学方法、智力活动方法等传统上就不被视为发明创造，美学创作、计算机程序、信息表达则通常属于版权的范畴，因此这些消极条件原本就不在专利权客体范围之内。此外，《欧洲专利公约实施细则》又增加了一系列消极条件：（1）克隆人类的方法；（2）改变人类生殖系遗传同一性的方法；（3）以产业或商业目的使用人类胚胎；（4）改变动物遗传同一性的方法，且该方法可能导致动物遭受痛苦并对人类或动物没有任何实质上的医疗益处，以及通过该方法获得的动物。但是，这些消极条件均与当今人类伦理或动物伦理相悖，违反了社会的善良道德标准，本应在公序良俗要求的范畴内受到约束。可见，与 TRIPS 相比，其他国际条约中增加的消极条件实际上并未显著缩减专利权客体的范围。

与之相反，随着科学技术的不断进步，专利权客体的范围也得以不断拓展。首先，现代科技使新兴领域的发明创造层出不穷。生物技术、信息技术、网络技术等高新科技迅猛发展，随之诞生了大量前所未有的发明创造，它们需要专利制度的保护与激励，由此让可授予专利权的客体种类越加丰富起来。其次，专利权客体的定义是开放式的，可不断加入新的内容。财产权客体制度的历史告诉我们，财产法应是一个开放的制度体系，[①] 专利权作为一种财产权，其客体的范围也应是开放式的。例如，TRIPS第 27 条就规定，专利可授予所有技术领域的任何发明，无论是产品还是方法。每当科技向前迈进一步，开拓出新的技术领域，其中的发明创造就会自动成为专利权客体含义项下的一部分，从而持续不停地充实着专利权客体的范围。最后，即使专利法排除了某些类型的发明创造，也只占所属技术领域的极小部分。以2016 年《欧洲专利公约实施细则》为例，其虽然明确排除了"克隆人类的方法"等明显违背公序良俗的发明创造，但相对于整个生物工程技术领域而言，这些被排除的发明创造仅是其中极小的技术分支，远远不及开拓该技术领域所带来的发明创造数量。总之，高新科技的迅速发展从整体上拓展了专利权客体的范围。

在国内法层面，专利权客体范围的变迁则呈现出两种截然相反的面貌。一方面，一些国家的专利权客体有明显的拓展趋势。比如，美国的专利权客体从最早的技术、制品、发动机等传统的发明创造，逐步拓展为包括外观设计和植物品种。日本则将最早的专利权客体从"机器、设备、武器"等产品发明拓展到了方法发明，并且自 1959 年《专利法》对专利权客体设定了五项消极条件之后，经数次修订，目前仅保留了公序良俗的要求。韩国与日本类似，其 1961 年《专利法》设定的专利权客体的五项消极条件，也逐渐删除至仅剩余公序良俗要求。但另一方面，一些国家对专利权客体设定的消极条件却不断增多。比如，英国对专

---

① 张云：《人类基因的法律地位探析》，载《重庆科技学院学报（社会科学版）》2010 年第 2 期，第 34~36 页。

利权客体规定的消极条件从 1949 年《专利法》的三项增加为
1977 年《专利法》的七项，2014 年《专利法》又增加了五项；
德国对专利权客体设定的消极条件从 1877 年《专利法》的两项，
增至 1994 年的六项，再到 2016 年的八项。

尽管如此，与国际条约中增加消极条件的情况类似，上述第
二种表现并未明显缩减专利权客体范围。

以英国为例，其 1977 年《专利法》相对于 1949 年新增了多
项消极条件：（1）发现、科学理论或数学方法；（2）文学、戏
剧、音乐或艺术作品或任何其他美学作品；（3）从事智力活动、
玩游戏或进行业务的方案、规则、方法或计算机程序；（4）信
息的表达；（5）动物或植物的任何品种或者动物或植物的本质
上为生物学过程的繁殖方法，但微生物学方法或该方法的产品除
外；（6）对人体或动物体进行外科手术或治疗的方法，或者在
人体或动物体上实施的诊断方法。TRIPS 排除的发明类型已涵盖
第（5）（6）项两项，而第（1）至（4）项要么是公认不归为
发明的科学发现、智力活动方法等，要么是版权法的保护对象，
原本就不属于专利权客体。2014 年《专利法》新增的消极条件
则包括"克隆人类的方法"等，但这些发明创造也是公序良俗
要求所反对的。实际上，1977 年《专利法》还删除了一项消极
条件，即"用作食品或药品的物质及其制造方法"，这对专利权
客体范围起到了明显的拓展效果。因此，尽管英国和德国的国内
法在表面上对专利权客体设置了许多"围栏"，但并没有造成过
多的实质性限制，反而还掺杂了许多拓展的成分。当然，科学技
术的发展对专利权客体范围的拓展也适用于国内法。

综合以上讨论可知，无论是在国际法还是国内法领域，专利
权客体的消极条件虽然有增加的情况，但实际影响并不显著。相
反，随着高新技术的不断发展，专利权客体的范围不断得到拓展

和充实，呈现出日益扩大的趋势。

四、专利权客体拓展表现之植物发明

（一）植物发明与植物新品种

1. 植物发明的定义

植物发明，顾名思义，是指涉及植物的经过人类创造性劳动而提出的适于产业应用的新技术方案。何谓植物，《生命大百科全书》（Encyclopedia of Life，EOL）将其定义为细胞结构中具有纤维素细胞壁并能够进行光合作用的生物体。[①] 加拿大学者魏泰克（R. H. Whittaker）将植物描述为"以高等的藻类和高等植物为代表，它们依靠光合作用将无机物转化为有机物，并获得能量"。[②] 在我国专利制度中，植物则是指可以借助光合作用，以水、二氧化碳和无机盐等无机物合成碳水化合物、蛋白质来维系生存，并通常不发生移动的生物。[③] 尽管关于植物的定义并不统一，但总体而言，植物应是指可以进行光合作用的生命体。

发明分产品和方法发明两大类，植物发明也可分为涉及植物的产品发明（如植物的品种、植株、种子、器官、组织、细胞等）和涉及植物的方法发明（如育种方法、生产方法等）两类。

2. 植物新品种的定义

植物品种是人类在一定生态和经济条件下，根据人类的需要所选育的某种栽培植物群体，该群体具有相对稳定的遗传特性和生物学、形态学及经济性状上的相对一致性，而与同一栽培植物

---

① "What is a plant?"，<http：//eol. org/info/449> accessed 20 December 2017.

② 马炜梁：《植物学》，高等教育出版社 2009 年版，第 2 页。

③ 2010 年《专利审查指南》第 2 部分第 1 章第 4.4 节。

的其他群体在特征、特性上有所区别。① 1991 年《国际植物新品种保护公约》（UPOV）对植物品种的定义为，已知植物最低分类单元中单一的植物群，不论授予育种者的权利的条件是否充分满足，该植物群可以是：以某一特定基因型或基因型组合表达的特征来确定，至少表现出上述的一种特性，以区别于任何其他植物群，并且作为一个分类单元其适用性经过繁殖不发生变化。② 尽管 UPOV 在该定义中没有写明植物品种由人工育种，但因该公约的主要目的是保护育种者的权利，因而实际上暗含了人工育种这一要素。可见，植物品种这一概念与自然科学中的植物分类学不同，它不是植物分类（界门纲目科属种）中的分类单位，而是因人工介入而产生的特殊植物群，而且这种植物群具有区别于其他植物群的遗传相对稳定且表现相对一致的至少一种特征。

植物新品种是具有新颖性的植物品种，即通过人工培育或发现开发而获得的具有新颖性、特异性、一致性和稳定性的植物品种。植物新品种的产生离不开人类智力活动的参与，是创造性劳动的成果体现，因此也是一种发明创造，属于植物发明的一部分。

植物新品种的育种方法种类繁多，大体可分为驯化、选育、杂交、诱变和生物技术五类。其中，驯化，是指搜寻和发现野生植物，通过人工选择性培育，将其转变为栽培植物；选育，是指对于现有品种群体中出现的自然变异类型，通过单株选择或混合选择等方法，选择优良的变异个体，经后裔鉴定选优去劣育成新品种；杂交，是指将不同品种进行杂交以创造新变异，然后对杂种后代进行培育、选择以育成新品种；诱变，是指采用物理、化

①　胡延吉：《植物育种学》，高等教育出版社 2004 年版，第 5 页。

②　参见 UPOV 第 1 条第（6）款。

学因素诱使植物发生变异，然后选择培育为新品种；生物技术，又称生物工程，是以现代生命科学为基础，结合先进的工程手段和其他基础学科的科学原理，按照预先的设计培育生物体或加工生物原料，从而生产人类所需的产品或满足其他需求的方法，在植物育种领域主要包括组织与细胞培养、体细胞突变体筛选、原生质体培养与细胞杂交、单倍体细胞培养、体细胞胚胎发生与生物反应器、基因分离和转移、分子标记辅助选择等育种技术。①前四种方法属于较为传统的育种方法，而生物技术则是结合多学科研究成果，依靠现代细胞工程和基因工程等而迅速发展的新兴育种技术，其中通过转基因技术而得到的转基因植物新品种更是当今的研究热点所在。

（二）植物发明具有可专利性

对于植物发明可专利性的疑虑主要集中在三个方面：一是植物发明是否可以归为发明创造？二是植物发明是否可以符合社会伦理道德要求？三是植物发明是否可以符合专利授权要件？笔者认为，在植物发明能否获得专利权这一议题上并没有无法逾越的鸿沟，前述疑虑也并非毫无解决之道。

1. 植物发明可归为发明创造

参考日本《专利法》的规定，吴汉东教授认为发明包括三个方面的内容：（1）发明必须是关于"自然规律"的东西；（2）发明必须是利用"自然规律"的东西；（3）发明是技术方面的东西，即解决某一课题的合理的手段，必然产生技术效果。②若以此为标准判断植物发明是否为真正的发明创造，笔者认为答案应

---

① 胡延吉：《植物育种学》，高等教育出版社2004年版，第60页。
② 参见吴汉东：《知识产权法学》，北京大学出版社2000年版，第193~194页。

当是肯定的。

第一，植物发明与自然规律息息相关。植物作为生命体，其生长和繁衍过程均受制于自然规律，难以脱离其作用。因此，植物的创新反而不容易成为人类的纯粹智力活动或人为规定的规则。

第二，植物发明是利用自然规律的。植物发明需要人工介入，而植物为生命体，使得这种人工介入必须仰赖于自然规律才能实现其目的。比如，对于植物品种的发明，其培育方法如驯化、选育、杂交、诱变和生物技术等，都离不开基于自然规律的选择、栽培或培养等操作。以中国发明专利 CN200410096858.9 为例，其通过构建含有"植物重金属吸收相关基因 cDNA-内含子-植物重金属吸收相关基因 cDNA"结构的 RNAi 表达载体，再将 RNAi 表达载体转化为植物，可获得低重金属积累植物。在该过程中，RNAi 表达载体的构建利用了 DNA 复制、DNA 转录等自然规律，转化植物则利用了细菌培养、基因表达等自然规律，检测目标植物时还需要利用 GUS 染色性、琼脂糖凝胶电泳的电荷效应和分子筛效应等自然规律。又如，对于植物组织和细胞的发明，更不能缺少组织细胞的生长、培养等相关自然规律的作用。以中国发明专利 CN201410821348.7 为例，其涉及"当归属植物贮藏形成层的植物干细胞及其制备和培养方法"，利用了植物形成层细胞在特定温度和酸碱度条件下的细胞分裂特性、干细胞生长特性以及愈伤组织的发育等自然规律。这些实例足以说明植物发明对自然规律的大量利用。

第三，植物发明属于技术范畴，具有技术效果。植物发明通常是为满足人类的具体需求或解决某种技术问题而作出的。正如在前文提到的两项发明专利中，前一个得到了低重金属积累的植物，减少了重金属作物对人类健康的危害，满足了人类的健康需求；而后一个则提供了分离植物形成层干细胞的方法，为干细胞的大量工业生产提供了技术基础，解决了产业中的技术问题。此外，许多植物新品种获得了耐旱、耐寒、抗虫或抗倒伏等优良特性，或者果实更大、产量更高，均是对技术问题的解决或对现实需求的满足。

总之，植物发明作为人类智力活动的成果，可归属于发明创造的范畴之内。

2. 植物发明可符合伦理道德要求

对涉及植物这一生命体的发明授予专利是否将违反社会伦理道德，一直以来是存有争议的。在 Diamond v. Chakrabarty（1980）一案中，上诉人以专家意见为依据指出，被上诉人（发明人）所做的诸如此类的研究工作（微生物）将可能产生巨大的风险……摘要中引用科学家（当中还有不少诺贝尔奖得主）的话说明有关基因的研究会对人类造成严重威胁，或者至少在目前，这种威胁非常现实地存在，以至于我们不能允许此种研究继续深入。美国联邦最高法院对此认为，授予或否决一项有关微生物的专利不太可能终结基因研究或由此带来的风险。在研究人员不能确信其发明可取得专利保护时，仍有大量的研究工作正在进行当中。这表明，如果立法或司法当局想通过专利保护实质要件的规定去阻止科学人才对未知领域的探索，其困难程度不亚于克努特大帝想驾驭潮汐。[1] 美国在此后的判例中无一例外地把这一规则扩大到动植物"新品种"（包括哺乳动物）的专利授权上。[2]

在欧洲，欧洲专利局技术上诉委员会在 T 0356/93 号决定

---

① ［美］墨杰斯：《新技术时代的知识产权法》，齐筠等译，中国政法大学出版社 2003 年版，第 117~118 页。

② ［美］墨杰斯：《新技术时代的知识产权法》，齐筠等译，中国政法大学出版社 2003 年版，第 125 页。

（1995 年 2 月 21 日）中指出，植物生物技术本身不能被视为比传统的选择性育种技术更加违反道德，因为传统的育种者和分子生物学家都以同样的动机为指导，即通过引入新型生物材料来改变植物的特性，从而得到新的或改良的植物。只不过，与传统育种技术相比，基因工程技术提供了更为强大和精确的基因调整手段。和其他工具一样，植物基因工程技术可用于建设性目的，也可能被用于破坏性目的。因此，只有在这些技术被滥用或破坏性使用时才可能违反公共秩序或道德。① 以罂粟为例，其作为受管制的毒品原植物，从中提取和制备海洛因的发明势必将带来严重的社会危害，但罂粟的干燥成熟果壳和罂粟果提取物属于中国药典中明确记载的药品，② 因而将其作为药材利用的发明又将造福人类。中国发明专利《罂粟壳浸膏和止咳片剂的制备方法》（CN201110328497. 6）便说明了这一点。因此，植物发明本身并不会必然违反社会伦理道德要求，这需要具体考察植物发明的权利要求所涉及的行为和对象来判断滥用是否成立。

此外，社会公众对植物和动物的伦理道德观念存在巨大差异。对于动物和人类，世界各国普遍禁止克隆人的方法、导致动物痛苦而没有实际益处的改变动物遗传同一性的方法、人胚胎的工业或商业应用等获得专利权，原因在于这些做法违背了社会公德。然而，对植物就没有这样的伦理道德要求，比如对植物的扦插、嫁接就属于一种克隆过程。因此，虽然植物和动物都是生命体，但并不代表植物发明也存在动物发明所面对的道德阻碍。

3. 植物发明可符合专利授权要件

第一，关于植物发明对新颖性要件的满足。新颖性通常要求

---

① "T 0356/93（Plant cells）of 21. 2. 1995", <http：//www. epo. org/law-practice/case-law-appeals/recent/t930356ex1. html> accessed 20 December 2017.

② 参见《中国药典 2015 年版》一部第 369 页和二部第 1504 页。

在申请日之前没有相同的发明在国内外被出版物公开、公开使用或以其他方式被公众所知。由于植物发明往往涉及植物品种的改良，植物器官、组织、细胞的调整和改变，或者植物基因的转移和重组等，这在之前并不存在于自然界中。假如该发明确实为首创且不为公众所知，那么新颖性要求是相对容易得到满足的。

第二，关于植物发明对创造性要件的满足。创造性要求的是发明与现有技术相比，对于普通技术人员而言不是显而易见的，即所谓"非显而易见性"。对于人类培育的植物新品种而言，其区别于已知品种的特性不是由于生长条件或肥力水平所导致，而是借助杂交、诱变、生物技术等技术手段有目的地改造而来，因而其拥有的新特性是技术人员根据已知品种难以预料到的，这体现了非显而易见性。例如，针对番木瓜环斑病毒（PRSV）培育出抗 PRSV 的番木瓜新品种，其具有以往番木瓜从未表现过的特性，是技术人员仅基于原有品种难以预料的。

新型的植物组织、器官和细胞则往往离不开现代生物技术手段的参与。比如，利用体细胞杂交技术将不同种属科的原生质体融合、培养并获得融合细胞，继而得到植物组织、器官甚至植株。尽管这种技术手段是已知的，但由于原生质体来源的选择、融合细胞染色体的丢失和遗传不稳定、基因表达本身的选择性，以及具体操作环境、步骤等多种因素的影响，使得技术人员难以准确地预测最终得到的植物细胞及组织器官将具有怎样的性状。换言之，若要获得所期望的某种植物组织器官，必须付出创造性的劳动才能实现，这对于技术人员而言并非显而易见。

有学者提出，转基因植物中的原始生物体和基因序列是自然存在的，"创造者"仅是从自然界中提取已经存在的物质并按客观存在的顺序组合起来，因而"创造者"并未向社会公众公开或提供任何新的东西。[1] 若依照此逻辑，对于所有从自然界中提取植物成分而组成的新药物和所有由自然界存在的化学元素组合的新化学物质来说，尽管它们是新的且不存在于自然界，却因组合不会"创造"出什么东西而全都无法获得专利，这显然不合常理。因此，虽然原始生物体和基因序列都是已知的，但将该基因序列导入生物体的原基因中使其发生基因重组后，生物体表现出某种前所未有的新特性，那么这种组合就创造了新效果或解决了技术问题，当然并非"未向社会公众公开或提供任何新的东西"。

同时，尽管生物体的性状是受基因控制的，但并非是"一对一"的简单对应关系，仅根据某段未知基因难以推测其对生物体形状的影响。比如，由于等位基因间的显隐性关系，显性基因的存在会掩盖隐性基因的表达，从而无法知晓隐性基因的作用。又如，由于环境差异，具有相同基因的同种生物未必能表现出相同的形状。再如，由于环境发生变化，同一生物体的同一性状在不同部位出现显著差异。反之，由于基因的简并性，[2] 从生物体的某一性状也难以推测出到底是何种基因在起作用。因此，要获得人们期望的转基因生物体，需进行不可计数的实验和试错，这无疑不是显而易见的。

我国专利法中的创造性要求发明具有突出的实质性特点和显著的进步。其中，"突出的实质性特点"即相当于"非显而易见

---

① 伍春艳、郑友德：《转基因生物体的专利保护研究》，载《山西大学学报（哲学社会科学版）》2000年第4期，第1~5页。

② 简并性是指多个遗传密码子对应同一种氨基酸，有效避免了突变等因素对遗传信息的影响，是生物体保持自身性状稳定性的一种天然机制。

性"。① 显著的进步，则是指发明与现有技术相比能够产生有益的技术效果。例如，发明克服了现有技术中存在的缺点和不足，或者为解决某一技术问题提供了一种不同构思的技术方案，或者代表某种新的技术发展趋势。② 植物发明的作出可以表现为对某些植物性状的改良，比如果实更大、口感更好，或抗虫、抗旱等能力更强，甚或提高某种化学成分的产量等，这些无疑属于有益的技术效果或解决了现实问题。值得注意的是，对植物的改造不一定只存在进、优两个方向，也可能是退、劣的，但这并不妨碍其解决技术问题。比如，香蕉挂蕾后头重脚轻，容易出现折断、倒伏的现象，矮化的香蕉品种则缓解了头重脚轻的情况，增加了植株的抗倒伏能力。可见某些性状的劣化也能克服现有品种的缺点并产生有益效果。

第三，关于植物发明对实用性要件的满足。实用性通常是指在产业上可利用。中国专利法的实用性不仅要求发明能够在产业上制造或使用，还要求其能够产生积极效果。③

产业上可利用，意味着发明的实施不能违背自然规律且能够再现。上文已讨论了植物发明作为发明创造对自然规律的利用，因而其并不违背自然规律。由于植物发明的作出是人工干预的结果，在确保这些干预步骤和条件都得以满足的情况下，技术人员是可以重复实施该植物发明的，譬如通过相同的转基因操作重复获得相同的植物品种。此外，植物本身所具有的特点也有助于植物发明的再现。例如，植物细胞的全能性使每个植物细胞都包含

① 2010 年《专利审查指南》第 4 章第 2.2 节：发明有突出的实质性特点，是指对所属技术领域的技术人员来说，发明相对于现有技术是非显而易见的。

② 2010 年《专利审查指南》第 4 章第 2.3 节。

③ 2010 年《专利审查指南》第 2 部分第 5 章第 2 节。

该物种的全部遗传信息，因而在适宜条件下可重复培育为新的植株。又如，植物品种经数代繁殖后，可使其特性保持相对稳定的遗传，即获得相同的植物后代。

综上所述，植物发明完全可以满足专利授权要件，包括新颖性、创造性和实用性的要求。毫无疑问的是，并非所有的植物发明都能被授予专利。举例来说，考虑到人工因素的影响较小，以生物学过程为主的植物生产方法就不应被授予专利权。同样地，有害于环境的植物品种不应被授予专利权。再者，以物理化学方法进行随机诱变的植物因难以再现，故缺乏实用性而不应授予专利权。但是，植物发明的可专利性并非指授予专利的必然性，而是强调植物发明是否拥有被专利制度筛选和调整的资格，从而具备成为专利权客体的现实可能性。对此，前文的讨论已作出了肯定性的回答。因此，笔者认为，将植物发明简单粗暴地排除在专利法视野之外是不甚合理的，植物发明在可专利性的问题上并不存在无法逾越的障碍。

（三）保护植物发明的相关法律实践

从全球范围看，植物发明的保护主要有植物新品种保护制度和专利制度两种方式。然而，不同国家或地区的法律实践不尽相同，有的国家两种方式兼而用之，有的两种方式互补用之，还有的则择一方式用之。通过对国际和各国在植物发明保护方面的立法进程进行梳理和比较，有助于深入了解并把握其发展趋势，为相关领域的学术研究提供有益参考。

1. 涉及植物发明的国际条约

（1）国际植物新品种保护公约（UPOV公约）。

UPOV公约最早订立于1961年，其在序言中强调，无论是发展本国农业还是保护育种者的权益，对植物新品种的保护都非常重要。根据公约第2条的规定，成员国可通过授予专门的保护权或专利权来确认育种者的权利。但是，对于那些国内立法同时认可这两种保护的成员国而言，只能对同一个植物属或种提供其中一种保护方式，即两者不可兼用。同时，UPOV 公约第 5 条对植物新品种的保护仅限于有性或无性繁殖材料的部分。第 8 条则规定对育种者权利的保护期限为自授权之日起不少于十五年（其中，藤本植物、林木、果树、观赏树木及其根茎的保护期为不少于十八年）。虽然公约于 1978 年进行了修订，但仍然保留着对植物新品种的择一保护以及基本相同的保护范围和期限。

随着生物领域的专利数量日渐增多和发展，植物新品种的保护模式也随之相应调整。1991 年修订的 UPOV 公约加强了育种者的权利保护力度。首先，1991 年 UPOV 公约第 2 条删除了对植物新品种的择一保护要求，仅规定成员国应授予和保护育种者的权利。这意味着成员国可以对某一植物新品种进行专利和植物品种权的双重保护。其次，公约第 14 条第 3 款对植物新品种的保护范围扩张至繁殖材料之外的部分，如果某产品是由受保护品种的收获材料直接制作而成，则需要得到育种者的授权。最后，将育种者权利的保护期限延长为自授权之日起不少于二十年，树木和藤本植物的保护期限则延长至不少于二十五年。然而，该公约始终没有提及植物品种之外的植物发明应当得到怎样的保护。

（2）1993 年 TRIPS。

根据 TRIPS 第 27 条 3（b）的规定，对于除微生物外的植物和动物，以及用于生产植物和动物的主要是生物学的方法，成员国可拒绝提供专利保护。但是，成员国必须对植物品种提供专利制度或有效的特殊制度加以保护，或者两者兼而有之。该规定确立了植物品种的受保护地位，甚至允许得到专利制度和特殊制度的双重保护。但是，植物植株等却被列入一国可拒绝专利保护的范畴。

关于何谓"主要是生物学的方法"，可以参考《专利审查指南》中的解释：一种方法是否属于"主要是生物学的方法"，取决于在该方法中人的技术介入程度。如果人的技术介入对该方法所要达到的目的或者效果起了主要的控制作用或者决定性作用，则这种方法不属于"主要是生物学的方法。例如，采用辐照饲养法生产高产牛奶的乳牛的方法；改进饲养方法生产瘦肉型猪的方法等属于可被授予发明专利权的客体"①。根据该定义，只要人为介入因素的影响力对植物产生了决定性影响，那么生产植物的植物发明就不属于被排除之列，可以得到专利保护。

2. 涉及植物发明的国家（地区）立法

（1）美国。

美国是首个采用知识产权制度来保护植物新品种的国家。尽管如此，直到20世纪20年代末，美国仍不愿对植物品种提供专利保护，主要有三方面原因：一是人们认为植物品种是天然产物，不具备专利法规定的可专利性；② 二是难以充分描述植物新品种，以使其符合专利法对说明书的要求；③ 三是植物的育种不具有足够的重现性，难以提供稳定、一致且标准的材料，因而不适于专利保护。④

美国的国会、法庭和专利商标局经过长达六年的辩论和考虑，终于在1930年颁布了植物专利法案，就此开始对植物品种

---

① 2010年《专利审查指南》第二部分第1章第4.4节。

② Thorne H C, "Relation of Patent Law to Natural Products" (1923) 1 J. pat. off. socy, pp. 23-28.

③ U. S. Congress, *House Committee on Patents*, *Plant Patents*, *hearings before the Committee*, U. S. Government Printing Office, Washington, D. C. : 1930.

④ Misrock, S. L. , Attorney, Pennie & Edmonds, New York, NY, personal communication, Aug. 18, 1988.

提供专利保护，且保护对象是除块茎繁殖植物以外的无性繁殖植物品种。① 此项法案随后被纳入美国《专利法》第161条至第164条。基于"人工培育产生的植物发现是独特的、孤立的，大自然既不能重复，也不能在无人帮助下产生"的立法理念，② 现行的美国专利法明确排除了对未经栽培环境下的植物品种的保护。③ 自1930年以来，美国专利商标局已经授权了超过六千项的植物专利，④ 包括观赏花卉植物、观赏树木、果树、坚果树和葡萄。

从1930年开始，私人企业对有性繁殖植物新品种的研究兴趣和投资热情逐渐提高。直至1970年之前，有性繁殖的植物新品种的研发工作主要由美国国家农业实验中心（State Agricultural Experiment Station）承担。而在1961年，UPOV公约的签署让大多数欧洲国家对植物新品种提供保护。当时美国仅保护无性繁殖植物品种，这可能导致美国在国际种子市场中处于竞争劣势。因此，美国于1970年颁布了《植物品种保护法》（Plant Variety Protection Act），与专利法（植物专利法案）不同的是，该法着重保护有性繁殖和块茎繁殖的植物品种。⑤ 如此一来，美国通过实施植物专利制度和植物品种权制度，使有性和无性繁殖（块茎繁殖属于无性繁殖的一种）的植物品种均可得到相应的保护，几乎覆盖了所有的植物品种。

---

① 46 Stat. 376.

② 张乃根：《美国专利法判例选析》，中国政法大学出版社1995年版，第77页。

③ 2017年美国《专利法》第161条。

④ U. S. Department of Commerce, U. S. Patent and Trademark Office, *Official Gazette of the United States Patent and Trademark Office*, U. S. Government Printing Office, Washington, D. C.：1987.

⑤ 7 USC Ch. 57 第2402条。

对于植物品种及其他植物发明能否得到实用专利（Utility-patent，即专利法中常见的发明专利）保护的问题，尽管美国《专利法》中并没有明确规定，但 1980 年的 Chakrabarty 案、[①] 1985 年的 Hibberd 案，[②] 以及 2001 年的 Pioneer Hi-Bred 案三个判例表明，[③] 植物新品种和植物植株等并未被排除在实用专利之外。实际上，自 1985 年 Hibberd 案以来，植物已被视为构成了实用专利的可授权主题。[④]

因此，美国对植物新品种采用专利和植物品种权双轨并行的保护方式，两者在保护对象方面形成了一种互补的关系。但需注意的是，美国《植物品种保护法》还专门规定：凡取得专利的植物品种，不得再申请植物新品种证书。[⑤] 而对于植物新品种之外的植物发明而言，美国则以判例法的形式消除了专利保护的障碍。

（2）欧洲。

欧洲大多数国家是 UPOV 的成员国，依公约规定应采取择一的方式对植物品种提供专利或其他方式的保护。但是，由于 1973 年签署的《欧洲专利公约》（EPC）明确排除了植物品种的可专利性，[⑥] 导致欧洲国家几乎都采用专利法之外的特别法对植物新品种进行保护。不过，当时的 EPC 并没有对植物品种作出

---

① ［美］墨杰斯：《新技术时代的知识产权法》，齐筠等译，中国政法大学出版社 2003 年版，第 113~120 页。

② 李明德：《美国知识产权法》，法律出版社 2003 年版，第 50~51 页。

③ 董新忠：《美国植物新品种的专利保护——基于 Pioneer Hi-bred 案看美国植物新品种的可专利性》，载《知识产权》2006 年第 5 期，第 60~64 页。

④ *Exparte Hibberd*, 227 USPQ 443（PTO Bd. Pat. App. & Int. 1985）.

⑤ 郑成思：《知识产权论》，法律出版社 2003 年版，第 195 页。

⑥ 1973 年《欧洲专利公约》第 53 条。

定义，也没有明文禁止对植物本身授予专利，这导致在后续实践中引发了许多争议，同时也为植物发明的专利保护留出了解释空间。

在判例方面，欧洲专利局上诉委员会的多个决定使植物的可专利性逐渐明了，这些判例包括：

T 0049/83 号决定（1983 年 7 月 26 日）指出，EPC 中"植物品种"的含义与 UPOV 公约相同，是指栽培的品种、克隆体、系、株和杂种，并且可明显区分于其他品种，具有足够的一致性和稳定性。决定据此认为，由于植物繁殖材料包含了所有可繁殖的植物部分，包括植物和已经开始发芽的籽苗，特别是种子，因而其并不是某个植物品种，不属于 EPC 所禁止的范畴，故可获得专利保护。

T 0320/87 号决定（1988 年 11 月 10 日）认为，杂交种子和源自该种子的植物由于在全部世代繁殖中缺乏某些特性的稳定性，因而不能被归类为 EPC 所排除的植物品种。

T 0356/93 号决定（1995 年 2 月 21 日）认为，植物细胞不属于植物或植物品种，而应当被视为广义上的"微生物产品"，因而可以得到专利保护。

G 0001/98 号决定（1999 年 12 月 20 日）认为，通过单一重组 DNA 序列所限定的转基因植物并不是某种植物群，因而只要涉及转基因植物的权利要求不指向某个特定的植物品种（即使其包括了多个植物品种），就可以被授权为专利。

在立法方面，欧洲陆续将判例中确立的观点以立法方式固定下来，从而为司法实践和相关产业提供了更加明确一致的法律标准，这些法律包括：

一是 1994 年《关于共同体植物品种权的理事会条例》。其在第 5 条对"植物品种"作了明确定义，但该定义与 1991 年 UP-

OV 公约中的定义几乎相同。①

二是 1998 年《关于生物技术发明法律保护的指令》（Directiveon the Legal Protection of Biotechnological Inventions）。其在第 4 条第 2 款规定，涉及植物的发明只要不受限于特定的植物品种，那么就是可专利的。②

三是经修订的 1999 年《欧洲专利公约实施细则》。其对生物技术发明的可专利性进行了确认，其中就包括涉及植物或动物的发明，只要发明的技术可行性不受限于特定的植物或动物品种。③

可见，尽管欧洲始终坚持不对植物品种授予专利，但其通过对植物品种进行解释和划界，实现了并行使用品种权和专利权制度分别对植物新品种和其他植物发明（包括品种、植株、种子、细胞、繁殖材料等）的全面保护。因此，如前文所论及的，英国、德国专利法也均将植物（前提是不受限于特定植物品种）纳入了专利权客体的范围。

（3）日本。

基于前文对日本专利法中专利权客体的考察可知，不论是植物新品种还是其他植物发明均不在排除之列，因此都有资格获得专利保护。

---

① "Council Regulation（EC）No 2100/94 of 27 July 1994 on Community plant variety rights"，< http：//eur – lex. europa. eu/legal – content/EN/TXT/？uri = CELEX：31994R2100> accessed 20 December 2017.

② "Directive 98/44/EC of the European Parliament and of the Council of 6 July 1998 on the legal protection of biotechnological inventions"，<http：//eur-lex. europa. eu/legal-content/EN/TXT/？ uri = CELEX：31998L0044 > accessed 20 December 2017.

③ 参见 1999 年《欧洲专利公约实施细则》第 23c 条，对应现行 2016 年《欧洲专利公约实施细则》第 27 条。

与此同时，日本还存在《种苗法》对植物新品种进行特殊保护。日本于 1947 年颁布《农业种苗法》，① 其第 1 条规定，种苗是指由农林部长指定的用于种植农作物的种子、果实、茎、根、母本、幼苗、苗木、接穗或砧木。该法第 7、10 条还规定，育种者可就优秀的植物新品种向农林大臣提出注册申请，对于获准注册的植物新品种，他人未经育种者的许可不得销售其种苗。1978 年，日本将《农业种苗法》修改为《种苗法》，② 其第 1 条之二将种苗的概念扩展为可供繁殖用的全部或部分的植物体。2016 年《种苗法》第 2 条第 2 款进一步将品种定义为一种植物群，其通过重要特性的全部或部分表达区别于其他植物群，并且在繁殖过程中保持其特性不变。③

因此，在日本，植物品种既属于可专利的范畴，又能得到《种苗法》的保护，并且其他植物发明也未被《专利法》排除在外，因而植物发明得到了十分全面的保护。值得注意的是，日本明确规定，《专利法》仅仅保护政府所颁布的"植物品种明细录"中没有被列入的植物新品种，而列入其中的则只能受专门法保护。④

此外，韩国专利制度与日本较为相近，其同样没有排除植物新品种和其他植物发明的可专利性，并且韩国也设有《植物新品种保护法》（식물신품종 보호법），可以对植物新品种提供相应的保护。

---

① "農産種苗法"，< http://nomenclator. la. coocan. jp/ip/seed/s230331v. htm> accessed 20 December 2017。

② "種苗法"，<http://nomenclator. la. coocan. jp/ip/seed/s531228v. htm> accessed 20 December 2017。

③ "種苗法"，< http://nomenclator. la. coocan. jp/ip/seed/h280401v. htm> accessed 20 December 2017。

④ 郑成思：《知识产权论》，法律出版社 2003 年版，第 196 页。

总体而言，在国际条约层面，植物新品种得到了明确保护且保护力度不断增强。这不仅体现在保护范围的拓展和保护期限的延长，也体现于从单一制度保护到双轨并行保护的变化。对于除植物新品种外的其他植物发明，尤其是涉及植物的非生物学方法的方法发明，在可专利性上基本没有争议。而且，尽管关于植物本身的产品发明未能得到条约的明确保护，但也没有被明令禁止。

在国内（地区）立法层面，欧洲（包括英国、德国）以品种权保护植物新品种，并逐步以专利权保护其他植物发明；美国通过植物专利权和植物品种权覆盖植物新品种的保护，后续则以判例法确认了植物发明的可专利性；日本和韩国则以品种权保护植物新品种，并以专利权保护植物发明及不受专门法保护的植物品种。不同国家的保护方式虽有差异，但它们的共同点在于认可对植物新品种以外的其他植物发明提供专利保护。

通过上述法律实践可以发现，在专利制度相对成熟的几个国家（地区）内，至少对除植物新品种以外的其他植物发明可以提供专利保护，而且部分国家的专利保护甚至可覆盖几乎所有类型的植物发明。

（四）植物发明成为专利权客体的必要性

植物发明可以让植物拥有人们所期望的优点和特性，比如抗虫害性、抗旱性、抗寒性，或者果实具有优良的重量、味道、颜色，或含有特殊营养物质等，从而提高农林业产品的产量和质量，满足人们的生产生活需求，促进国家的生产建设和经济发展。在这一过程中，不仅要投入大量资金和时间，人类的智力劳动更是必不可少。但是，由于植物的可繁殖性，一旦他人获得该植物并加以繁殖栽培，就可长期得到大量同种植物而无须再向发明人支付报酬，这会使发明人的智力劳动和物质投资难以得到应有的回报，后续的发明创新活动恐将无以为继。因此，植物发明的发明人在该方面的权益理应得到法律的关注和保护。

基于 UPOV 公约和 TRIPS 中的明确规定，对植物新品种提供法律保护已经成为一项普遍性的国际义务。尽管植物新品种的具体保护方式最终由各国国内法自主决定，但几乎无一例外得到了国内特别法（如种苗法、植物新品种法、植物新品种保护法等）的保护，其中还不乏一些国家对其同时提供了专利法的双重保护。

相比之下，植物新品种之外的那些植物发明却未能享受到同等待遇。但从前文考察的国内法发展历程看，这些植物发明总体上趋向于获得专利法保护。比如，美国先后以 1930 年《植物专利法案》和 1970 年《植物品种保护法》成立了植物新品种保护制度，直到 15 年后的 Hibberd 案正式确认对植物发明（包括植物新品种）的专利保护。同样，欧洲大部分国家因签署 UPOV 公约而对植物新品种实施特殊保护，直到 1998 年《关于生物技术发明法律保护的指令》最终肯定对植物品种之外的植物发明提供专利保护。而且，日本特许厅、韩国特许厅、美国专利商标局及欧洲专利局陆续承认对植物新品种之外的植物发明进行专利保护，它们已占据了专利五局（IP5）中的四局。IP5 处理了全世界 80% 的专利申请，这种趋势具有相当程度的代表性。

而且，转基因植物发明的迅猛发展推动了这一趋势。转基因植物属于转基因生物体（Genetically Modified Organisms，GMOs），后者通常是指通过引入外源基因改变生物体的基因，基因表达导致生物体的某些性状发生变化，从而培育出符合人们期望的生物体品种。GMOs 需要生物技术专家、高等级生物安全实验室和设备等人员物质条件以及大量的资金和时间，并且结果具有不确定性，因而是一项花费和风险都颇为巨大的工程。据统计，美国生物技术公司人均研究花费为 6.9 万美元，是其他各类公司人均研究花费的平均数（7600 美元）的 9 倍左右，因而 GMOs 产业被称为研究最密集型和资金最密集型的产业，其发展状况往往反映了一国的尖端技术水平和经济实力。可以想象，如果转基因植物发明不能获得专利保护，他人可以轻易无偿利用 GMOs 科研成果，这将使巨额投资难以得到回报，继而导致研发积极性受挫、人才资源流失、产业整体技术水平下降的连锁反应，最终可能造成转基因行业和市场拱手让予他国的不利局面。因此，不论是基因科学的研究者，还是基因产业的创业者，抑或是手握巨资的投资者，甚至一国产业经济政策的研究制定者，都不能忽视或回避转基因植物发明对专利保护的急切需求，这将使植物发明在专利化道路上得到更多实质性的助推力。

五、专利权客体拓展表现之疾病诊断治疗方法

（一）疾病诊断治疗方法的定义

疾病诊断治疗方法，顾名思义应包括诊断方法和治疗方法两个方面。

诊断一词源于希腊语"διάγνωσις"，指识别和判断，一般通过收集病史、症状和体征分析、体格检查以及其他辅助检查手段等，揭示疾病的本质并确定疾病的诊断。当前，医学科学技术飞速发展，在诊断领域表现为诸多高新技术的应用，比如在影像诊断方面有计算机体层扫描（CT）、仿真内镜、磁共振肠道造影、计算机 X 线摄影、数字 X 线摄影、三维彩色多普勒超声检查及正电子发射断层摄影术等，分子生物学方面则有 DNA 重组技术、荧光定量 PCR 技术、基因诊断及计算机生物芯片技术等。但是，这些技术应用主要是检查过程中使用的仪器、装置或材料等，不能视作诊断方法本身。

治疗一词源于希腊语"θεραπεια",是指有目的地修复健康,通常在诊断之后。① 在中文语境中常理解为用药物、手术等消除疾病。② 现代医学科学也为疾病治疗提供了许多高科技手段,在新药方面有重组人胰岛素、干扰素、单克隆抗体等,在新剂型方面有靶向给药制剂、渗透泵脉冲制剂、包衣脉冲制剂等,在外科手术方面则有机器人手术系统等。同样地,这些技术应用仍仅为治疗过程中使用的器械和药物,不能视为治疗方法。

疾病,是生物在特定原因的损害性作用下,因自稳调节紊乱而发生的异常生命活动过程,会影响生物体的部分或所有器官,是特定的异常病理情形。生物不仅包括人类和动物,也包括植物。基于此,有的将疾病主体确定为人体、动物和植物,比如《剑桥词典》(Cambridge Dictionary)将疾病解释为人类、动物、植物等的病症。③ 有的将疾病主体限定为人体或动物体,比如我国《专利审查指南》将疾病诊断治疗方法定义为:以有生命的人体或者动物体为直接实施对象,进行识别、确定或消除病因或病灶的过程。④ 有的将疾病主体仅限定于人体,比如我国台湾地区的定义:凡以治疗、矫正或预防人体疾病、伤害残缺或保健为直接目的的所为之诊察、诊断及治疗或基于诊察、诊断结果,以治疗为目的所为之处方或用药等行为之一或全部之总称。⑤ 显

---

① "Therapy", < https://en. wikipedia. org/wiki/Therapy > accessed 20 December 2017.

② 中国社会科学院语言研究所词典室:《现代汉语词典》(第6版),商务印书馆2012年版,第1679页。

③ "disease", < https://dictionary. cambridge. org/dictionary/english - chinese-simplified/disease> accessed 20 December 2017.

④ 2010年《专利审查指南》第2部分第1章第4.3节。

⑤ 李圣隆:《医疗法规概论》,台湾华杏出版股份有限公司1993年版,第54页。

然，如何认定疾病主体，将会直接影响疾病诊断治疗方法的定义。在专利法领域，疾病主体一般为人体或者人体和动物体，将植物纳入疾病主体的观点尚未被广泛接受。

此外，疾病是组织器官的结构和功能的异常状态，因而单纯的美容方法、使非病态的人或动物感受舒适的方法，或对已死亡的人或动物的处置方法等并非针对疾病而实施的方法，不应被包含于疾病诊断治疗方法的范畴之内。

（二）疾病诊断治疗方法具有可专利性

在评估疾病诊断治疗方法的可专利性时，可以从三个层面进行系统分析。首先，需要考虑该方法是否可属于发明创造之列；其次，需要评估该方法是否可符合社会伦理和道德标准；最后，需要审查该方法是否可满足专利的授权要件。

1. 疾病诊断治疗方法可归为发明创造

在分析判断疾病诊断治疗方法是否可属于发明创造时，可以借鉴吴汉东教授关于判断发明的三方面内容。①

首先，疾病诊断治疗方法是关于自然规律的。疾病可能由外在因素造成，如传染病，也可能是内在机能不良而导致，如自体免疫疾病。但是，疾病所导致的一系列功能、代谢和形态结构的变化都是自然规律的发展过程。疾病诊断治疗方法需要确定、消除疾病以恢复健康，就必须找到疾病发生的原因，了解疾病的基本作用机制，遵循疾病的自然进程，进而采取有针对性的措施，因而其必然是关于自然规律的。

其次，疾病诊断治疗方法是利用自然规律的。疾病诊断治疗方法必然涉及人工的介入，而疾病的主体是生命体，因而这种人

---

① 参见吴汉东：《知识产权法学》，北京大学出版社 2000 年版，第 193~194 页。

工介入必然要依靠和利用生命体相关的自然规律才能实施。以幽门螺杆菌感染症为例，诊断该病症的常用方法是快速尿素酶试验法（RUT），其利用了幽门螺杆菌在胃黏膜上会产生大量尿素酶这一自然规律。治疗幽门螺杆菌感染症的常用方法是奥美拉唑、阿莫西林和克拉霉素组成的三联疗法，则利用了质子泵抑制剂（奥美拉唑）对胃壁细胞分泌胃酸的抑制作用以及抗生素（阿莫西林、克拉霉素）对幽门螺杆菌的抑制和杀灭作用。

最后，疾病的诊断是识别、确定病因或病灶状态，疾病的治疗则是阻断、缓解或消除病因或病灶，这显然是解决技术问题或满足具体需求。因而疾病诊断治疗方法属于技术范畴，具有技术效果。

基于上述分析可知，疾病诊断治疗方法应当属于发明创造的范畴。正如尹新天所言，疾病的诊断治疗方法是人类创造出来的方法，属于生命科学领域，构成了技术方案，因此《专利法》第 2 条关于发明的定义不是将这些方法排除在能够授予专利权的主体范畴之外的恰当理由。[1]

2. 疾病诊断治疗方法可符合伦理道德要求

与其他技术领域不同，医疗领域的最大特点在于其直接影响有生命的人体或动物体，与公众健康和公共卫生安全息息相关，因而世界各国在以专利保护疾病诊断治疗方法的问题上大多持谨慎态度，常以社会伦理或人道主义为理由拒绝对疾病诊断治疗方法授予专利权。

支持该观点的常见理由是，如果对某种疾病诊断治疗方法授予了专利，其他人未经专利权人许可就不得使用该专利方法，否则构成对专利权的侵犯。倘若此时有病人急需该种专利方法治疗

---

[1] 尹新天：《中国专利法详解》，知识产权出版社 2011 年版，第 344 页。

才能脱离生命危险，会导致医生陷入两难的境地：医生一方面需要征询专利权人的同意才能使用该治疗方法，另一方面又不能置病人的危急情况于不顾，这种法律与医学道德的冲突势必扰乱正常医疗工作的开展。此外，专利的垄断性会提高医疗费用，阻碍医疗信息交流，最终可能妨害公共健康事业。

笔者认为，上述理由不足以成为否定疾病诊断治疗方法符合伦理道德的判断基础。原因如下：

首先，对药品和医疗器械提供专利保护同样可能导致上述法律道德冲突。试想，病人亟须某种专利药物或专利医疗器械才能脱离生命危险，实际上也会导致类似的两难情形，不过这并不妨碍大多数国家对药品和医疗器械授予专利权。而且，这种冲突也可以通过给予医生相应豁免或者专利强制许可等方式加以解决，比如可以借鉴英、德、日、韩专利法中针对制备专利药品的侵权豁免。

其次，商品经济的价值规律要求商品交换以价值量为基础，实行等价交换。如果专利权人通过垄断地位谋取不合理的高额利润，这种商品交换是不能持续下去的。价格受供求关系的影响自发地围绕价值上下波动，逐渐与价值接近，因而疾病诊断治疗方法专利并非必然造成医疗费用的大幅提升。在 Pallin v. Singer 案中，"自我愈合的巩膜切口术"的专利权人 Pallin 认为，原来每个手术的缝合切口费用是 17 美元，采用专利方法后这些费用就完全消除了，而 Pallin 仅要求从每个手术中收取 3~4 美元的专利许可费。[1] 可见，使用专利方法反而可能降低医疗费用。另外，对于专利许可费用过高或者公众难以承担等问题，可以利用专利强制许可或医疗保险等方式解决。当然，专利药品和专利医疗器

---

① 彭燕：《关于美国医疗方法专利的思考》，载《科技致富向导》2013 年第 30 期，第 90 页。

械同样可能存在医疗费用方面的担忧，但也未妨碍其受到专利保护。

最后，疾病诊断治疗方法的专利化不会妨碍医疗信息交流。恰好相反，专利制度要求"以公开换保护"，疾病诊断治疗方法专利的技术方案和相关信息应当向社会公众公开，并且专利说明书还要求记载技术方案的最佳实施方式，因而他人根据专利说明书的内容足以了解专利方法，可防止重复研究，或将其作为改进的基础。而且，专利授权要件中的新颖性要求会敦促发明人尽早提出申请，使有关医疗信息的公开时间更加提前。此外，为疾病诊断治疗方法提供专利保护途径，还可促使发明人不再以商业秘密形式保护其发明创造，这反而推动了医疗技术信息的公开与交流。

总而言之，前文所提的理由无法阐明为何疾病诊断治疗方法不能被授予专利，而药物和医疗器械却可以。同时，这些理由主要涉及的是疾病诊断治疗方法专利化之后有可能引发的伦理道德问题，并没有针对疾病诊断治疗方法这一发明创造本身。事实上，疾病诊断治疗方法是符合伦理道德要求的，理由很明显：疾病诊断治疗方法的目的在于消除疾病、恢复健康，实施和使用这种发明创造本身并不会给社会和公众造成危害，其不可能属于违反社会公德或妨害公共利益的发明创造。

3. 疾病诊断治疗方法可符合专利授权要件

随着医学科技迅速发展，生物技术、纳米技术等相关领域彼此渗透，以及人们对疾病致病机理的研究越加深入，诊断和治疗疾病的方法不断推陈出新，不难满足新颖性和创造性的要求。以广为人知的阿司匹林为例，其原本是广为人知的解热镇痛药，但现在还用它来治疗心肌梗死。这说明以阿司匹林治疗心肌梗死的方法相对于以往治疗心肌梗死的方法而言是新的，而且这种方法并非显而易见，因为普通技术人员很难想到阿司匹林还具有这种疗效。这表明，疾病诊断治疗方法可以具有新颖性和创造性。

对疾病诊断治疗方法的质疑主要集中于其实用性。传统理论一般认为，由于生物个体的生理状况不尽相同，诊断治疗方法所产生的效果是难以预知且不一致的，很难重复和再现，而且医疗行业不被认为属于产业范畴，故而诊断治疗方法也无法应用于产业，由此说明其不具有实用性。例如，刘春田教授认为，疾病的诊断和治疗是一个复杂而多变的过程，同一疾病对于不同的患者可能有不同的疗法，不同的医生对同一病人可能提出完全不同的治疗方案。对于这种存在众多不确定因素的对象要采用专利法来保护的确存在一定操作上的困难，因为它可能致使许多治疗方法难以满足产业上的再现性要求。①

一方面，关于医疗行业是否被视为产业的讨论由来已久。德国联邦最高法院在 1967 年曾指出，医疗行业即使具有商业特性仍不属于产业，健康是人类的最大财富，医生应该自由且不受妨碍地履行职责。② 然而，这一论断距今已半个多世纪，医疗行业早已不限于医生，众多科研机构和企业也参与到新型诊断和治疗方法的研发事业当中。

1979 年《WIPO 发展中国家发明示范法》第 116 条规定，产业应当从最广义的角度去理解，尤其应涵盖手工业、农业、渔业和服务业。并且评论道，产业是可以制造发明（发明为产品时）或使用发明（发明为方法时）的任何类型，其不仅包括在生产活动中制造或使用发明，还包括尤其在与手工业、农业、渔业和

---

① 刘春田：《知识产权法》，中国人民大学出版社 2009 年版，第 257 页。

② Thomas D X，"Patentability Problems in Medical Technology"（2003）34 IIC；international review of industrial property and copyright law，pp. 847 - 886.

服务业的相关活动中制造或使用发明。"尤其"一词表明第 116 条所列举的活动不是全部，如葡萄栽培和林业也属于产业。① 2017 年《欧专局审查指南》（Guidelines for Examination in the EPO）规定，应当将产业（Industry）从广义上理解为包括任何"技术特征"的物理活动，即属于有用或实用技术的活动，使之与审美艺术区分开。② 根据前述定义，医疗行业中的疾病诊断治疗方法是使用发明的活动，是有用的关于"技术特征"的物理活动，应当落入产业范畴之中。

而且，我国许多政策性文件将医疗行业归为服务业，例如，《中宣部、国家质检总局、国家发改委等关于开展"2007 年全国质量月"活动的通知》指出，"要广泛动员制造业、特别是食品生产加工业，建筑业以及电信、银行、旅游、医疗卫生……等服务行业的企业开展质量月活动"。又如，《科技部关于发布创新方法工作专项 2015 年度项目指南的通知》中明确写道"在关系民生的交通、物流、医疗卫生等服务行业中……"等。服务业属于产业，因而医疗行业也应归为产业。另外也有一些政策性文件直接将医疗行业归为产业，例如，《中华人民共和国国民经济和社会发展第十二个五年规划纲要》写道"支持……医疗服务……等优势产业发展"。又如，《国务院关于印发"十三五"旅游业发展规划的通知》指出，"全域旅游发展模式加速转变，旅游业与……健康医疗等产业深度融合"。此外，李克强同志也

---

① "WIPO Model Law for Developing Countries on Inventions, Volume I, Patents Author（s）: WIPO ｜ Publication year: 1979", <http://www.wipo.int/edocs/pubdocs/en/wipo_pub_840_vol_i.pdf> accessed 20 December 2017.

② 2017 年欧专局审查指南 Part G – Chapter Ⅲ-1。

指出"要把医疗健康产业做成我国支柱产业"①。这也表明医疗行业应当属于产业。

另一方面，对于疾病诊断治疗方法能否再现的问题，我国《专利审查指南》实际已作出了回应。根据指南，物质的医药用途如果以"用于治病""用于诊断病""作为药物的应用"等这样的权利要求申请专利，属于"疾病诊断治疗方法"；但若以"在制药中的应用""在制备治疗某病的药物中的应用"等表述形式申请专利，则是可接受的。② 显然，不论采用何种措辞，其所表达的实质意思都是"使用某药物用以诊断或治疗某疾病的方法"，这说明指南并没有对疾病诊断治疗方法的再现性提出质疑。而且，现代的新型诊断治疗方法与传统诊断治疗方法存在诸多不同，表现出标准化、程序化、数字化的趋势。比如，耳聋基因诊断方法主要针对 GJB2、SLC26A4、线粒体基因 mtDNA（A1555G 和 C1494T 突变）这三种中国常见的耳聋基因，通过核酸提取、核酸扩增和产物鉴定等一系列手段对这些耳聋基因进行检测，从而快速诊断遗传性耳聋疾病，其具有稳定性和可再现性，在我国已应用于新生儿听力筛查。

因此，疾病诊断治疗方法应用于医疗行业这一产业具有可再现性，符合实用性的要求。事实上，因专利理论的深入研究和医学科技的快速发展，当今大多数国际条约和国内法早已转而不再否认其实用性。例如，1973 年《欧洲专利公约》第 52 条（4）曾指明疾病诊断治疗方法不可产业应用，但在 2000 年修订时删除了这一认定，第 53 条（c）仅仅规定不授予欧洲专利。类似

---

① 《李克强：要把医疗健康产业做成我国支柱产业》，载中国政府网，http://www.gov.cn/guowuyuan/2017-04/20/content_ 5187543. htm（最后访问时间：2017-12-20）。

② 2010 年《专利审查指南》第 2 部分第 10 章第 4.5.2 节。

地，1977 年英国《专利法》第 4 条 (2) 和 1994 年德国《专利法》第 5 条 (2) 均曾认为疾病诊断治疗方法不能产业应用，但现行的英国《专利法》第 4A 条和德国《专利法》第 2a 条中已不存在这样的认定。此外，按照 TRIPS 的规定，具备可产业应用性是授予专利的必要条件之一，而 TRIPS 却允许成员国可以拒绝对疾病诊断治疗方法授予专利。假如疾病诊断治疗方法已被实用性要求排除在外，TRIPS 根本不需要对其作特别规定，更不必让各国选择是否对其给予专利保护。这表明 TRIPS 在某种程度上已默认了疾病诊断治疗方法的可专利性，其势必也能够满足实用性要求。

综上所述，疾病诊断治疗方法可归为发明创造，可符合伦理道德要求，也可满足专利授权要件，因而属于可授予专利的发明。需要明确的是，疾病诊断治疗方法的可专利性不等同于授予专利的必然性，并非所有疾病诊断治疗方法都可以或必须被授予专利。就像其他技术领域，如化学、冶金、电学等领域的发明一样，并非都可以被授予专利，但也不能就此否定这些技术领域发明的可专利性。因此，直接简单地否定疾病诊断治疗方法的可专利性是不尽合理的。

(三) 疾病诊断治疗方法的相关法律实践

尽管大多数国家和地区不为疾病诊断治疗方法提供专利保护，但有关国际条约和一些国内法对疾病诊断治疗方法的界定却存在不同程度的差异，并在不同历史时期有所变化。因此，深入剖析国际条约和各国国内法中关于疾病诊断治疗方法的相关规则，对于把握其发展趋势至关重要。

1. 涉及疾病诊断治疗方法的国际条约

(1) 1993 年 TRIPS。

TRIPS 第 27 条 3 (a) 规定，疾病诊断治疗方法具体是指人类或动物的诊断、治疗和外科手术方法。

如前文论及，TRIPS 在要求发明必须具有实用性才能授予专利的前提下，允许成员国可以不对疾病诊断治疗方法提供专利保护，反映了 TRIPS 对疾病诊断治疗方法可专利的默认。然而，这并不意味着 TRIPS 禁止成员国对疾病诊断治疗方法进行专利保护，而是给予了成员国自由选择的权利。

WTO 的 TRIPS 理事会曾审议修改 TRIPS 的议题，要求 WTO 成员方对"人体或动物体的诊断、治疗和外科手术方法"即医疗方法提供专利保护。① 虽然最新的 TRIPS 文本仍未见如此修改，但也不能忽视疾病诊断治疗方法的专利保护从任择性到强制性的发展走向。这一趋势表明，国际社会对疾病诊断治疗方法的知识产权保护日益重视，相关讨论和规定也值得我们进一步关注和研究。

（2）2016 年 TPP 和 2018 年 CPTPP。

与 TRIPS 的规定类似，TPP 和 CPTPP 中的疾病诊断治疗方法也是指医治人类或动物的诊断、治疗和外科手术方法。而且，两者通过允许成员国拒绝授予专利权，同样默认了疾病诊断治疗方法的可专利性。

2. 涉及疾病诊断治疗方法的国家（地区）立法

（1）美国。

美国专利立法一直没有将疾病诊断治疗方法列为不得授权的发明。不过，美国的早期判例却并不认可疾病诊断治疗方法的可专利性。比如，在 1862 年 Morton v. New York Eye Infirmary 一案中，法官认为使用乙醚的外科手术方法"仅是对已知试剂按照已知方法得到的新效果的纯粹发现"，并且在判决结尾指出，"新

---

① 魏衍亮：《生物技术的专利保护研究》，知识产权出版社 2004 年版，第 168~172 页。

发现的因素或原理必须实体化并投入实施，并且只有在与其操作方法或操作媒介相联系或组合的情况下才能授予专利。基于动物的自然功能而设计操作，或者为任何有用目的而应用，都不能构成这种组合的有效部分，不管它们如何描述和阐释其有效性"①。在 1883 年 Ex parte Brinkerhoff 案中，法官沿用了前述案例的观点，指出人类本身是不可预知的，实施于人体的治疗方法所产生的效果也是不一致的，这种不可预知和不一致的效果与机械发明的相近的、可预知的效果之间是不同的，并由此认为治疗痔疮的方法不具可专利性。②

1952 年美国《专利法》将第 101 条可授予专利的"技术"（Art）修改为"方法"（Process），导致此后美国专利局上诉委员会在 1954 年 Ex parte Scherer 案中采用了完全相反的观点，认为治疗和外科手术方法是可专利的，因为它们符合《专利法》第 101 条所要求的"有用的方法"。③ 自此开始，美国对疾病诊断治疗方法给予专利保护。

在 1994 年 Pallin v. Singer 案中，原告即专利权人 Pallin 医生向 Singer 医生提起诉讼要求支付专利使用费，遭到了美国医学界的广泛批评。美国医疗协会（American Medical Association）主张：医疗方法专利会损害医疗职业的诚信度，削弱医生的敬业精神，鼓励医生把经济利益看得重于患者的健康，允许医疗方法专利的专利权人通过禁令、损害赔偿金设置医疗方法的准入障碍，

---

① "MORTON v. NEW YORK EYE INFIRMARY", <http://www.global-patent-quality.com/CASELAW/morton-nyeye.txt> accessed 20 December 2017.

② Anna Feros, "Patentability of Methods of Medical Treatment" (2002) 5 Bio-Science Law Review, pp. 183-190.

③ Asif E, "Exclusion of diagnostic, therapeutic and surgical methods from patentability" (2013) 18 Journal of Intellectual Property Rights, pp. 242-250.

这会对医学界通行的道德标准造成毁灭性的打击。对此持相反意见的美国律师协会、美国知识产权法律协会、美国生物技术工业协会等则支持保护医疗方法专利，认为美国没有任何法律禁止对医疗方法发明授予专利权。考虑到这种法律和医学道德之间的冲突，美国于 1996 年修改了《专利法》 [35 U.S.C. 287（c）（1）]，规定医疗工作者从事医疗活动构成专利侵权的，免予承担侵权责任。所述"医疗活动"是指在身体上实施的治疗或外科手术程序，不包括：第一，使用专利机器、制品或组合物的侵权行为；第二，侵害组合物的专利用途的行为；第三，侵害生物技术专利方法的行为。显然，当面对疾病诊断治疗方法专利化所引发的法律和道德冲突时，美国并没有选择禁止对类似专利的授予，而是通过限制专利权内容的方式来协调和平衡相关利益，以避免对公共健康和福祉造成不利影响。

（2）欧洲。

如前文所述，尽管自 2000 年起，《欧洲专利公约》不再否认疾病诊断治疗方法的实用性，但仍将其排除在可被授予专利权的范围之外。具体而言，《欧洲专利公约》第 53 条第（c）款所禁止的疾病诊断治疗方法具体是指，通过外科手术或疗法来治疗人体或动物体的方法，以及实施于人体或动物体的诊断方法。

英国和德国这两个欧洲国家的专利法同样不否认疾病诊断治疗方法的实用性，但也拒绝提供专利保护。其对疾病诊断治疗方法的定义与《欧洲专利公约》保持一致。

（3）日本。

日本《专利法》并未明确禁止对疾病诊断治疗方法给予专利保护。但是，《日本专利审查指南》将人体的外科手术、治疗或诊断方法发明列为不可产业应用的发明。① 换言之，日本专利制度认定疾病诊断治疗方法缺乏实用性，由此排除其可专利性。

值得注意的是，日本专利制度所排除的疾病诊断治疗方法仅限于实施于人体的方法，并不涉及实施于动物体的疾病诊断治疗方法。然而，《日本专利审查指南》似乎认为"动物体"包括"人体"，需要在表述上明确排除"实施于人体"，才可以对实施于动物体的疾病诊断治疗方法提供专利保护。②

根据上述规定，日本专利制度认为"动物体"包括"人体"，其一面断言人体的疾病诊断治疗方法不具有实用性，一面却肯定了动物体的疾病诊断治疗方法的实用性，这种矛盾难以解释。实际上，《日本专利审查指南》对人体的疾病诊断治疗方法的实用性问题也没有给出任何理由和解释。日本学者道出了该矛盾出现的缘由：因为有一种根深蒂固的想法，即认为从人道主义考虑，此类发明应对人类广为开放而不应作为专利对象，但对于这种发明不给予专利的理由不外乎说其不是专利法中规定的发明，或者说其缺乏产业中的利用性，对于前者从发明的定义讲是不妥当的，结果只能依据后者；而之所以不能认为医疗业是产业，主要是因为它不属于生产业，然而这种理由是否充分尚须另当别论。为了避免将来发生问题，日本在适当时应作出明文规定。③

另外，《日本专利审查指南》的修订历程显示，被排除的疾病诊断治疗方法的范围正在逐步缩小。比如，在 1975 年之前，《日本专利审查指南》将"人体"解释为：不仅包括人体或人体

---

① 2015 年《日本专利审查指南》第 3 部分第 1 章第 3.1 节。
② 2015 年《日本专利审查指南》第 3 部分第 1 章第 3.1.1 节。
③ ［日］吉藤幸朔：《专利法概论》，宋永林、魏启学译，专利文献出版社 1990 年版，第 87~88 页。

的一部分，还包括从人体上分离或排出的东西。但后来的修订指出，从人体上分离或者排出的东西或从尸体上分离出的东西不属于人体的范围。① 又如，日本曾认为将头发做成波浪形的发明属于以人体为构成条件的发明，但这种观点早已改变。②

与日本相似，韩国专利制度同样未明文禁止疾病诊断治疗方法的专利保护。《韩国专利审查指南》规定，实施于人体外科手术、治疗方法和诊断方法是不可产业应用的发明，③ 但也肯定了动物的疾病诊断治疗方法（明确排除实施于人体的）具有实用性。④

总之，在国际条约层面上，疾病诊断治疗方法包括施加于人体和动物体的方法，其可专利性虽未被明确否认，但最终还是由成员国自主决定是否给予专利保护。在国内（地区）立法层面，除美国外，大多数国家没有为疾病诊断治疗方法提供专利保护。尽管如此，疾病诊断治疗方法的可专利性已不再被《欧洲专利公约》以及英国和德国等否认，而日本和韩国在此问题上有着明显的逻辑漏洞。可以预见，疾病诊断治疗方法在可专利性问题上的障碍将会逐渐减少，各国可能主要出于人道主义等政策性考虑来决定是否给予专利保护。

（四）疾病诊断治疗方法成为专利权客体的趋势

早在 1998 年，美国前总统克林顿就在国情咨文中指出："80 年代，科学家用 9 年的时间确定了导致囊性纤维化的基因，而去

---

① 张晓都：《专利实质条件》，法律出版社 2002 年版，第 38~39 页。

② Akimitsu Hirai, "The Patentability of Inventions on Medical Activities-A Study of the Tokyo High Court Decision from April 11, 2002" (2003) 11 AIP-PI Journal, pp. 403-424.

③ 2013 年《韩国专利审查指南》第 3 部分第 1 章第 5.1 节 (1)。

④ 2013 年《韩国专利审查指南》第 3 部分第 1 章第 5.1 节 (3)。

年，科学家仅用 9 天时间就定位出帕金森病的基因，在 10 年内，基因片段将为终生预防疾病提供行动方案。"① 尽管这一美好愿望至今尚未实现，但生物技术突飞猛进的发展的确带来了许多效果更好、副作用更小或治疗更精准的新型诊断治疗方案，包括运用基因技术诊断特定致病基因导致的遗传病，如珠蛋白生成障碍性贫血症、苯丙酮尿症、遗传性耳聋等，以及通过疫苗接种或效应 T 细胞的修饰等方法间接引起对肿瘤细胞的免疫反应以治疗癌症等。

不容忽视的是，这些新型疾病诊断治疗方法背后的生物技术需要付出大量研发成本。例如，Illumina 公司是全球基因测序行业的领导者，其 2016 年的总营收为 24 亿美元，研发投入为 5 亿美元，约占总营收的 21%，高于年度利润 4.6 亿美元。② "给智慧之火浇上利益之油"的专利制度可确保巨额研发成本得到恰当回报，促进相关企业和研发机构继续积极投入新的研发工作当中。但与此同时，对疾病诊断治疗方法提供具有天然垄断性的专利保护也存在侵占公共利益的担忧。

在此背景下，各国对疾病诊断治疗方法的专利保护采取了不同政策。美国对疾病诊断治疗方法提供明确的专利保护，但也相应地设置了免责条款以平衡公共利益（澳大利亚与之类似）。欧洲以及日本、韩国等世界大多数国家和地区都禁止对疾病诊断治疗方法授予专利权，但对其实用性的观点已逐渐明朗化，且不断限缩着被排除的疾病诊断治疗方法范围。因此就笔者看来，对于是否给予疾病诊断治疗方法以专利保护，已经超越了专利理论范

① 田玲、戴顺志：《生物技术为二十一世纪提供突破性治疗方法》，载《生物技术通报》1998 年第 5 期，第 42~43 页。

② 《美国 13 家基因上市公司 2016 年度财报》，载搜狐网，http：//www.sohu.com/a/128584338_623102（最后访问时间：2017-12-20）。

畴，而是基于政策考量来平衡私人和公共利益的问题。从这一角度理解，美国选择的方式为保护私人利益兼顾公共利益，而其他国家选择的方式更偏向于保护公共利益而兼顾私人利益。

第二节　专利权期限的延长化趋势

一、专利权期限延长化在国际法演进中的体现

（一）全球性多边条约中的专利权期限

1. 1883 年《巴黎公约》

《巴黎公约》没有提及专利、实用新型和外观设计的具体保护期限。根据其第 4 条之二第 5 款的规定，因享有优先权利益而取得的专利期限，与假设没有优先权利益而申请或授予的专利期限是相同的。

2. 1993 年 TRIPS

TRIPS 第 33 条规定，对专利的保护期限至少为自申请之日起 20 年。第 26 条第 3 款则规定，外观设计的保护期限则应至少达到 10 年，但未指明该期限从何时起算。

3. 2016 年 TPP 和 2018 年 CPTPP

TPP 加入了专利期限延长制度，CPTPP 沿用了这些规定。其主要适用于两种情况：

一种情况是，专利的授权受到不合理的延迟导致保护期缩短。这种不合理的延迟至少应包括自提交申请之日起超过 5 年或自请求审查申请之日起超过 3 年（以较后的日期为准）仍未授予专利权。在此情况下，TPP 第 18.46 条规定成员国应根据专利权人的请求延长期限以补偿该延迟，但补偿的时间可以排除专利授权机关处理或审查专利申请过程之外的时间、不直接归因于专利

授权机关的时间以及归因于专利申请人的时间。

另一种情况是，药品专利因上市许可程序而导致保护期的缩短。TPP 第 18.48 条要求各成员国应尽最大努力及时有效地处理药品的上市许可申请并避免不合理或不必要的延迟，并且提供调整专利保护期的可能性，以补偿前述延迟。

（二）区域性多边条约中的专利权期限

1. 1973 年《欧洲专利公约》

1973 年《欧洲专利公约》第 63 条第 1 款将欧洲专利的保护期限规定为自申请日起 20 年。同时，该公约第 63 条第 2 款还允许成员国考虑到战争状态或类似紧急状态对国家的影响，以针对国内专利的同等条件来延长欧洲专利的保护期限。

在 2016 年《欧洲专利公约》中，其第 63 条第 2 款调整为允许成员国在以下情形下延长欧洲专利的保护期或在保护期届满时授予相应保护：（1）考虑到战争状态或类似紧急状态对国家的影响；（2）该欧洲专利是产品、制造产品的方法或产品的用途，且该产品需依法经行政许可程序才能投入市场的。延长期限由各成员国国内法进行具体规定。

2. 2002 年《欧盟外观设计保护条例》

2002 年《欧盟外观设计保护条例》第 12 条规定，注册外观设计的保护期限为自申请日起 5 年，并且每 5 年可申请续展，最多为自申请日起 25 年。

3. 1977 年《班吉协定》

1977 年《班吉协定》附件 1 第 6 条将专利权的保护期定为自申请日起 10 年。其规定，专利权人提出两次延期申请，每次延期 5 年，但专利权人需证明其提出申请时，某个成员国内正实施着该专利。因此，专利权的保护期最长可为自申请日起 20 年。

该协定附件 2 第 6 条规定注册实用新型权的保护期为自申请

日起 5 年。注册实用新型的权利人也可申请延期，但只能申请一次，可延期 3 年，其同样需证明提出申请的当时，某个成员国正实施该实用新型。因而实用新型的保护期最长为自申请日起 8 年。

附件 4 第 13 条规定，注册外观设计的保护期为自申请日起 5 年。权利人可提出两次延期申请，每次延期 5 年。故外观设计期限最长为自申请日起 15 年。

1999 年《班吉协定》取消了专利和实用新型的期限延长制度，直接将专利权保护期限确定为自申请日起 20 年。① 实用新型保护期限延长为自申请日起 10 年。② 外观设计的保护期限则没有变化。③

4. 1993 年 NAFTA

1993 年 NAFTA 第 1709 条第 12 款对专利权设定的保护期为至少自申请日起 20 年或自授权日起 17 年，并允许成员国在适当情况下延长保护期，以补偿审批程序造成的延误。第 1713 条第 5 款对外观设计的保护期为至少 10 年，但未规定起算日。

5. 2005 年 DR-CAFTA

2005 年 DR-CAFTA 没有具体规定专利期限，但第 15.9 条第 6 款要求成员国允许调整期限：一是成员国应调整期限以补偿专利授权过程中的不合理延误。该不合理延误至少包括自申请日起 5 年后或审查申请日起 3 年后（以较晚日期为准）才授权专利的延误，但在计算延误时间时不应包含归因于专利申请人的时间。二是对于涉及药品的专利，成员国应当调整专利期限，以补偿上市审批程序对专利期限的不合理削减。

---

① 参见 1999 年《班吉协定》附件 1 第 9 条。
② 参见 1999 年《班吉协定》附件 2 第 6 条。
③ 参见 1999 年《班吉协定》附件 4 第 12 条。

6. 1994 年《欧亚专利公约》

1994 年《欧亚专利公约》第 11 条确定了专利期限为自申请日起 20 年。

（三）双边条约中的专利权期限

1. 中国的双边条约

2013 年《中华人民共和国和瑞士联邦自由贸易协定》和 2015 年《中华人民共和国政府和大韩民国政府自由贸易协定》均明确了对外观设计的保护期应至少为 10 年。①

2. 美国的双边条约

2003 年《美国-新加坡自由贸易协定》、2004 年《美国-澳大利亚自由贸易协定》、2006 年《美国-秘鲁贸易促进协定》、2007 年《美国-韩国自由贸易协定》均要求缔约国允许对期限进行调整。其适用情况有二：一是补偿专利授权过程中的不合理延误；二是对于涉及药品的专利应当调整专利期限，以补偿上市审批程序对专利期限的不合理削减，这与 DR-CAFTA 是基本相同的。不过，这些双边协定对"不合理延误"的定义不甚相同：2003 年《美国-新加坡自由贸易协定》和 2004 年《美国-澳大利亚自由贸易协定》所规定的"不合理延误"至少包括自申请日起 4 年后或审查申请日起 2 年后（以较晚日期为准）才授权的延误，② 2006 年《美国-秘鲁贸易促进协定》规定为自申请日起 5 年后或审查申请日起 3 年后，③ 2007 年《美国-韩国自由贸易协

---

① 分别参见《中华人民共和国和瑞士联邦自由贸易协定》第 11. 12 条第 1 款、《中华人民共和国政府和大韩民国政府自由贸易协定》第 15. 20 条第 1 款。

② 分别参见《美国-新加坡自由贸易协定》第 16. 7 条第 7 款、《美国-澳大利亚自由贸易协定》第 17. 9 条第 8 款。

③ 参见《美国-秘鲁贸易促进协定》第 16. 9 条第 6 款。

定》则规定为自申请日起 4 年后或审查申请日起 3 年后。①

3. 日本的双边条约

2009 年《日本-瑞士自由贸易与经济伙伴关系协定》规定，对于涉及药物或植物的专利，缔约国应当提供补偿期限，以补偿因上市审批程序而不能实施专利的时间。该补偿期限对日、瑞两国而言均最长为 5 年。② 该协定第 116 条第 4 款还要求缔约国对外观设计应提供至少 20 年的保护期。

二、专利权期限延长化在国内法演进中的体现

（一）英国专利法中的专利权期限

1. 英国专利权期限规则的演进

1623 年《垄断法案》规定，专利权的期限不得超过 14 年，从专利日或授予该特权的日期起算。该期限相当于专利权人可实在享受的特权期限。

1883 年《专利、外观设计和商标法案》第 17 条所规定的专利权期限与垄断法案相同，均为 14 年且从专利日起算。但是，该法案在其他条款中对专利期限进行了两处调整：其一，在第 13 条将"专利日"（Date of patent）定义为提出申请的日期，即申请日（The day of the application）；其二，在第 25 条增加了期限延长制度，规定专利权人在距离专利期满 6 个月之前，可以未从专利获得足够补偿为由，请求延长其专利期限，延长的时间不超过 7 年，在特殊情况下不超过 14 年。依照上述规定，专利权的期限最长可达自申请日起 28 年。1907 年《专利与外观设计法案》对专利权期限的规定与前者基本保持一致。

---

① 参见《美国-韩国自由贸易协定》第 18.8 条第 6 款。

② 参见《日本-瑞士自由贸易与经济伙伴关系协定》第 117 条第 5、6 款。

1949 年英国《专利法》进一步调整了专利权期限。一方面，其第 22 条规定每个专利的期限均延长为 16 年，从专利日起算，并且将专利日定义为完整说明书的提交日期。另一方面，增加了延长专利期限的理由并设置了相应延长期限。其中，未从专利获得足够补偿为由而申请延长的，将期限延长的时间调整为不超过 5 年，特殊情况下不超过 10 年。新增的延长理由是，因英国与他国的敌对关系而遭受损失或损害的（包括丧失经营或开发该专利的机会），可延长不超过 10 年的期限。①

1977 年英国《专利法》取代了 1949 年《专利法》，对专利权期限制度作了进一步修改。具体为其第 25 条将专利权期限确定为自申请日起 20 年，这实际上延长了一般情形下的专利权期限。不过该法同时也取消了专利期限延长制度。

1992 年英国颁布《专利规则》，规定按照欧洲经济共同体第 1768/92 号议会之规定给予药品专利最长 5 年的补充保护。② 上述关于专利期限的规定一直保持到现行的英国《专利法》中。

2. 英国注册外观设计权期限规则的演进

1883 年《专利、外观设计和商标法案》第 50 条规定，外观设计权的期限为自注册之日起 5 年。

1907 年《专利与外观设计法案》第 53 条在原有的 5 年期限之上增加了延长制度。其规定，如果在前述 5 年期限届满之前提出申请并交纳相应费用的，可以增加第二个 5 年期限，同理还可增加第三个。换言之，该法案中的外观设计权最长可享有 15 年的保护期。1949 年英国《注册外观设计法》维持了前述期限

---

① 参见 1949 年英国《专利法》第 23、24 条。

② "The Patents（Supplementary Protection Certificate for Medicinal Products）Rules 1992"，<http：//www. legislation. gov. uk/uksi/1992/3162/made> accessed 20 December 2017.

规定。

1988 年《著作权、外观设计与专利法》第 269 条在原有期限的基础上增加了第四、五次的 5 年延长期，从而使外观设计权的保护期限进一步延长为最长 25 年。该规定一直保留于现行的英国注册外观设计法中。

（二）美国专利法中的专利权期限

受当时英国立法的影响，1790 年美国《专利法》同样将专利权的期限规定为 14 年。

1836 年美国《专利法》沿用了 1790 年《专利法》的专利权期限，即 14 年，但加入了期限延长制度。其第 18 条规定，在特定情况下，专利权人可申请 7 年的期限延长。该特殊情况是，专利权人在没有疏忽或过错的情况下，相对于向发明投入的时间、精力和花费，未能从其发明的使用和销售中得到合理的补偿。在该情况下，法律规定官方有义务更新和延长该专利。这样可使当时的专利权享有最长达 21 年的保护期。

1930 年美国《专利法》在增加对植物专利的保护时，将该类专利权的期限规定为 17 年，但该期限是不可延长的。[1]

1952 年美国《专利法》第 154 条将专利权的期限延长为 17 年，与植物专利权的期限相同。并且，第 173 条将外观设计专利权的期限规定为 3.5 年、7 年或 14 年，由专利申请人自主选择。不过，该法取消了专利权的期限延长制度。值得注意的是，由于该法及之前的专利法规并未规定专利权期限的起算日，结合上下文理解，该期限应当为授予专利权后可实际享受的保护期。

相对于 1952 年《专利法》，现行的美国《专利法》第 154 条（a）（2）将专利权期限继续延长为 20 年，并且明确规定该

---

[1] SEss. Ⅱ. CH. 312. 1930.

期限从专利申请日起算。该期限也适用于植物专利。第 173 条则将外观设计专利权的期限延长为自授权之日起 15 年。

而且，该法增加了两种可对专利权期限产生延长效果的制度。

一是专利权期限调整制度。其主要内容是依照美国专利商标局或非申请人延误的时间，对专利权期限作适当调整。例如，其第 154 条规定，若因美国专利商标局的延误而导致专利在申请日后的 3 年内未能被授权的，则应将申请日满 3 年至授权日之间的这段时间加入专利权期限当中。因此在理想情况下，经调整后的专利期可以为自授权之日起 17 年。

二是专利权期限延长制度。依照其第 156 条，该制度针对的是在上市销售和使用之前，已经接受监管审查的产品、产品使用方法和产品制造方法的专利，并且该产品的上市销售和使用是首次的。可延长的时间为专利授权日至监管审查的整个期间，但最多延长 5 年，并且从产品许可上市起剩余的专利期限不超过 14 年。此外，一项专利只能获得一次期限延长。

（三）德国专利法中的专利权期限

1. 德国专利权期限规则的演进

1877 年德国《专利法》第 7 条规定专利期限为 15 年，从申请日起算。该法没有涉及延长专利期限的规定。1891 年德国《专利法》对此未作改动。

1936 年德国《专利法》第 10 条将专利期限延长至 18 年，仍从申请日起算。

1994 年德国《专利法》第 16 条进一步将专利期限延长至 20 年且从申请日起算。并且第 16a 条还规定，依照欧洲经济共同体的规定，给予药品专利以"补充保护"，即根据 1992 年欧洲经济共同体颁布的第 1768/92 号规定，提供自专利期限届满起最长 5

年的补充保护期，且自药品经批准后的剩余专利期加上补充保护期不得超过 15 年。

德国现行的《专利法》仍沿用以上规定。因此，德国《专利法》的发展历史显示出延长专利保护期限的明显趋势。

2. 德国注册实用新型权期限规则的演进

1986 年德国《实用新型法》第 23 条规定其保护期限为自申请日起 3 年，但可续展两次，第一次可续展 3 年，第二次可续展 2 年，故最长为 8 年。

1994 年德国《实用新型法》第 23 条调整了期限的续展方式。首次保护期仍为申请日起 3 年且第一次续展仍为 3 年，但其后的续展不限定次数，每次 2 年，总保护期不超过 10 年。

德国现行的《实用新型法》取消了期限的延展，将保护期限修改为：自申请日起算，至申请日所在月期满的 10 年结束。

3. 德国注册外观设计权期限规则的演进

1994 年德国《外观设计法》第 9 条规定，保护期限为自申请日起 5 年，每次可延长 5 年，最长至 20 年。

2014 年德国《外观设计法》第 27 条规定，外观设计的保护期限为自申请日起 25 年。

德国现行的《外观设计法》仍沿用了以上规定。

（四）日本专利法中的专利权期限

1. 日本专利权期限规则的演进

1871 年《专卖简则》规定，专卖许可的年限依发明的等级而定，第一等为 15 年，第二等为 10 年，第三等为 7 年，即最长达 15 年的垄断期限。

1885 年《专卖专利条例》将专利期限统一调整为 15 年，但该期限是从取得专利证书之日开始计算的。

1888 年《专利条例》又调整了专利期限。其第 6 条规定为 5

年、10 年、15 年 3 种，均自专利登记簿的登记日（即授权之日）起算。

1899 年日本《专利法》第 3 条将专利期限改回为 15 年，从专利登记簿的登记日起算。

1921 年日本《专利法》修改了专利期限的起算点。其第 43 条规定：在有申请公告的情况下，从申请公告日起算；在无申请公告的情况下，从专利日起算，期限仍均为 15 年。需说明的是，根据该法，专利局审查员对专利申请进行审查时，如果未发现拒绝的理由，必须作出申请公告的决定，并将专利内容等信息登载于专利公报，任何人自申请公告日起 2 个月内均可提出异议，由审查员在期满后审查决定该专利申请是否可成为专利。由于该法第 73 条第 3 款同时申明了实施专利的专有权利自申请公告之日起生效，因此不论是从专利日起算，还是从申请公告日起算，专利权人均可事实上享受 15 年的专利权。可见，专利期限并没有发生实质性的变化。

1959 年日本《专利法》进一步调整专利期限。其在保持专利期限自申请公告日起 15 年的前提下，第 67 条规定该期限最长不超过从申请日起 20 年的时间。

由于已取消申请公告制度，2016 年日本《专利法》大幅修改了专利期限。其第 67 条将专利期限调整为自专利申请日起 20 年。由于不受原先"自申请公告日起 15 年"所限，使得专利权的实际享受期限可能长于 15 年。同时，该法还增加了期限延长制度，其修订自 1988 年《专利法》。第 67 条第 2 款规定，当由确保安全等的相关法律所规定的审批，或者其他由内阁令指示的处分（考虑到该处分的目的和程序等，适当地执行该处分需要相当长的时间）对于实施专利而言为必需时，则专利权的期限可以依申请而延长不超过 5 年。

2. 日本注册实用新型权期限规则的演进

1905 年日本首部《实用新型法》第 10 条将实用新型权的期限规定为 3 年，但可延期 3 年，故总共可达 6 年。由于实用新型权自注册之日起发生，[①] 因而前述期限应自注册之日起算。

1959 年日本《实用新型法》第 15 条将实用新型权的期限延长为申请公告之日起 10 年，且不超过申请日起 15 年。其中的申请公告直接适用《专利法》中的相关规定。

日本现行的《实用新型法》第 15 条将实用新型权的期限调整为申请日起 10 年。

3. 日本注册外观设计权期限规则的演进

1888 年日本首部《外观设计法》第 6 条规定，外观设计权的期限为 3 年、5 年、7 年、10 年 4 种，自注册之日起算，即最长可达 10 年。

1959 年日本《外观设计法》第 21 条将外观设计权的期限延长为 15 年，同样自注册之日起算。

2015 年日本《外观设计法》第 21 条将权利期限延长为自注册之日起 20 年。

日本现行的《外观设计法》第 21 条将权利期限进一步延长为自申请日起 25 年。

（五）韩国专利法中的专利权期限

1. 韩国专利权期限规则的演进

1961 年韩国《专利法》第 46 条规定：有申请公告时，从申请公告日起算；无申请公告时，从专利日起算，专利期限为 12 年，并且该专利期限自申请日起不超过 15 年。根据该法规定，若审查员不能拒绝专利申请，则应发出申请公告，并将专利申请

---

① 参见 1905 年日本《实用新型法》第 9 条。

信息公布于专利公报中，任何人自申请公告之日起 2 个月内均可提出异议，由审查员在期限届满后决定该专利申请是否可成为专利。该法第 75 条第 3 款也规定，如有申请公告的，则认为专利权自申请公告之日起即产生效力。该制度与日本《专利法》的规定如出一辙。因此，专利权人实际享受的权利期限可能因申请公告的迟延发出而少于 12 年。

1986 年韩国《专利法》延长了专利期限。其第 53 条规定，专利期限为 15 年，当存在申请公告时，该期限自申请公告之日起算；若没有申请公告，则该期限自专利权登记之日起算。

1990 年韩国《专利法》为专利期限增加了上限。其第 88 条规定，专利期限仍然为自申请公告或登记日起 15 年，但上限为自申请日起不超过 20 年。同时，该法第 89 条增加了期限延长制度。该制度规定，如果为取得其他法律法规或总统令所规定的许可或登记（其需要花费大量时间进行活性和安全性实验），使得在 2 年或更长时间内不能实施专利的。根据不能实施专利的时间，可以申请不超过 5 年的专利期限延长。

1995 年韩国《专利法》取消了申请公告制度，故相应修改了专利期限，其为自专利申请日起 20 年。

1997 年韩国《专利法》进一步调整了专利期限的表述：专利权的期限自专利登记之日起算，直至专利申请日起满 20 年。

现行的韩国《专利法》沿用了上述专利期限及延长期限的规定。

2. 韩国注册实用新型权期限规则的演进

1961 年韩国《实用新型法》第 14 条规定的期限为自注册之日起 10 年，但不超过自申请日起 12 年。

在 1990 年韩国《实用新型法》中，由于第 15 条规定实用新型也适用《专利法》的申请公告制度，故保护期限也基于该制度进行了调整。其第 22 条第 1 款规定：有申请公告时，从申请公告日起算；无申请公告时，从注册日起算，保护期限为 10 年，并且该期限自申请日起不超过 15 年。

2017 年韩国《实用新型法》第 22 条第 1 款将保护期限修改为自注册日起算，直至实用新型申请日起满 10 年。该法第 22-2 条还规定了期限延长制度，如果实用新型的注册日晚于申请日起 4 年或提交申请请求起 3 年（以最晚日期为准），则保护期限可以加入延误的时间。

3. 韩国注册外观设计权期限规则的演进

1961 年韩国《外观设计法》第 15 条规定，外观设计权的保护期限为自注册之日起 8 年。

1990 年韩国《外观设计法》第 40 条仍然维持了以往的期限规定，即自注册之日起 8 年。

2017 年韩国《外观设计保护法》大幅度延长了保护期限，第 91 条规定该期限自注册之日起算，直至申请日起满 20 年。

三、专利权期限延长化趋势之概貌

（一）专利权期限历经延长并趋于稳定

从国际法规则可以看出，一些条约曾对专利权期限作过多次延长，并且已基本稳定为自申请日起 20 年。例如，TRIPS、NAFTA 等条约规定成员国至少应设定 20 年的专利权期限。此外，在涉及实用新型权期限或外观设计权期限的条约中，前者的期限一般为自申请日起 10 年，后者则为自申请日起 10 年（或至少 10 年）至 20 年（或至少 20 年）不等。

在国内法中，专利权期限同样曾展现出延长的趋势，但现行的专利权期限基本为自申请日起 20 年。而在现行的实用新型或外观设计制度中，实用新型权的期限均为自申请日起 10 年，外观设计权的期限则在自授权之日起 15 年至 25 年不等。

可以看出，尽管 TRIPS 等条约允许成员国对专利权设定更长的期限，但大多数国家依旧按照最低标准设定了保护期。实用新型权所授予的对象是发明，这一点与专利权是相似的，其权利期限也基本稳定在自申请日起 10 年。

与之不同的是，外观设计权的客体是设计，对技术领域的垄断性较弱，一些发达国家规定了较长的保护期限，如韩国为 20 年，英国、德国、日本等均为 25 年，这使外观设计权的保护期限制度具有一定的独特性。

（二）经济学模型与专利权期限的有限性

在知识经济时代，企业效益不仅来自商品销售的利润，还源于知识产品所带来的商业价值。根据世界银行对各国经济增长差异的分析结果，物质资本所导致的差异仅占 30% 不到，其他部分差异主要取决于构成全部要素生产率的无形因素，多为知识因素。据统计，20 世纪初，全世界技术对经济增长的贡献率为 5%~20%，20 世纪中叶上升至 50% 左右，80 年代继续上升至 60%~80%，这表明技术贡献已经高于资本和劳动对经济增长的贡献。美国、日本等国家通过实施知识产权战略，将知识经济在经济增长中的比重提升至 70% 左右，并且涉及知识产权的无形资产在大型企业总资产中所占比例超过 50%。正如温家宝同志 2004 年在山东考察时指出的："世界未来的竞争，就是知识产权的竞争，集中表现在一流的技术、一流的产品。"2009 年《国务院关于发挥科技支撑作用促进经济平稳较快发展的意见》也要求："实施国家技术创新工程是促进经济平稳较快发展的迫切要求，是加快国家创新体系建设的重大举措，是建设创新型国家的重要任务。"因此，刺激和推动技术创新已成为当今促进国民经济发展的重要途径。

Schumpeter 认为，为刺激创新，应当赋予创新者一定的市场力量，而专利制度就是赋予这种市场力量的制度安排。[1] 对于企业而言，物质资源、货币资源、人力资源和竞争资源是企业不可或缺的四种基本资源，其中专利权就是一项重要的竞争资源。持续投入技术研发，提升自主专利权的数量和质量，加强专利权的保护等措施，已成为企业参与市场竞争和获取竞争优势的主要手段。基于 Schumpeter 的"发明—创新—扩散"模型理论，发明创造带来了创新，创新的示范作用则使新技术在全社会范围内大面积扩散，最终推动全社会经济的高质量增长。因此，企业的研发和创新不仅是争取竞争优势地位的主要手段，也是推进社会经济增长的必要环节。

然而，企业研发是存在风险的，其不仅取决于企业的资金、人员投入和技术知识水平，还与学科技术成熟度、所属行业的工业化水平、相关法律环境等诸多因素有关，这就导致企业研发的成功概率较低，而研发成本却很高。专利制度需要考虑到企业在弥补研发投入和获取合理利润方面的诉求，这就包括对专利权设定适当的期限，从而确保企业可接受的收益现值。

对于应当如何设定专利权期限的问题，Nordhaus 认为，最优专利设计的本质在于创新激励和垄断扭曲之间的权衡，增强专利保护不仅会增加厂商利润并激励创新，也会增加社会福利的净损失，因而最优的专利权期限应当是有限的。[2] Scherer 也指出，增加专利权期限而产生的企业创新激励作用会越来越弱，同时导致

---

[1]　Schumpeter J A, "Capitalism, Socialism, and Democracy" (2009) 27 Political Studies, pp. 594-602.

[2]　Nordhaus, William D, *Invention, growth, and welfare; a theoretical treatment of technological change*, M. I. T. Press, Cambridge, Mass: 1969, pp. 220-245.

社会福利损失的提高，因而在通常情况下，最优的专利权期限应当是有限的。① 因此，专利权期限需合理安排发明创造的私人收益与社会收益之间的比例，使之能够最大限度地增加社会福利，其经济学模型如图 1 所示。

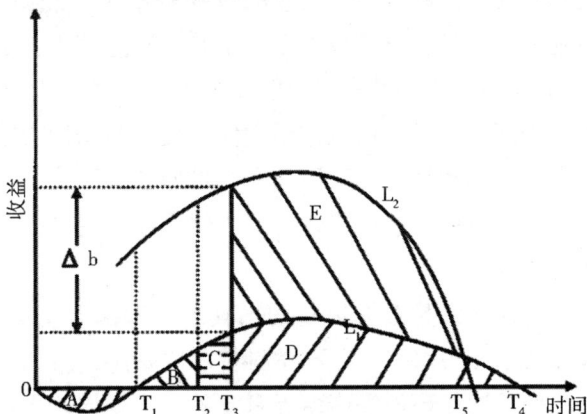

图 1　专利权期限—收益关系图

图 1 中：L_1 为个人收益曲线；L_2 为社会收益曲线；T_1 为专利产品进入市场的时刻；T_2 为收益补偿研发成本的时刻；T_3 为专利权期限结束的最优时刻，此时发明创造进入公有领域，市场回到完全竞争状态；T_4 是专利产品计划退出市场的时刻；T_5 是专利产品实际退出市场的时刻。T_1—T_3 是专利权期限的最优长度，T_1—T_4 是专利产品的生命周期长度。阴影 A 是专利产品的开发成本，阴影 B 是用于补偿成本的收益，因而 A＝B。阴影 C 是专利权人的净垄断利润，B＋C 为专利权人的收益。阴影 D 是

---

① Scherer F M, "Nordhaus' Theory of Optimal Patent Life: A Geometric Reinterpretation" (1972) 62 American Economic Review, pp. 422-427.

假设专利权在 T_3 后继续有效的情况下，专利权人可获取的垄断利润。阴影 E 则是假设专利权期限在 T_3 结束，由此使社会获得的总收益。在 T_3 处产生的专利权人私人利益与社会收益的差值为 Δb。

从图1可看出，专利权的保护期限越长，企业的收益现值越大，其能够支付的研发成本就越高。以经济学理论考量，其好处在于：企业愿意投入更多成本用于研发，从而可通过技术创新更进一步提升劳动生产率，降低生产成本，使在专利权期限内，专利权人能够获得更多的垄断利润，可增加生产者剩余，而在专利权期限届满后，市场价格下潜更大，可增加消费者剩余。其弊端则在于：企业的研发投入具有边际效用递减的特点，即研发投入达到一定程度后，生产成本难以得到更显著的降低，因而专利权期限过长对增加生产者剩余和消费者剩余并不能起到明显的效果。而且，专利权期限内的市场结构为完全垄断状态，其势必会损害一部分社会福利，那么专利权期限越长，完全垄断状态的持续时间就越长，对社会福利的损害也就越大。因此在图1中，当专利权期限的实际结束时刻越来越接近 T_4 时，私人收益 D 越大，社会收益 E 越小；若实际结束时刻延后至 T_5 甚至晚于 T_5，社会收益 $E=0$，这说明专利权期限的长度应当是有限的，不应无限制地延长。正如 Mergers 所言，尽管较长的专利权期限对专利权人有利，甚至提供了垄断市场，但若专利的保护期限进一步增加超过20年，那么社会损失的增加额将大大超过专利权人收益的增加额，对整个社会来说这种保护期限显然是不合理的。[①]

（三）不同类型专利对保护期的需求不同

研究表明，大部分专利产品在专利权期限内就已被其他企业

---

① Mergers R, Nelson R, *The complex economies of patent scope in the sources of economic growth*, Harvard University Press, Cambrige：2000, p. 59.

的类似产品所替代，导致失去了维持专利的必要。例如，Schankerman 等人早在 1986 年就指出，欧洲专利的价值每年顺次降低 20%。[①] Pakes 也在 1986 年报告指出，法国只有 7%的专利、德国只有 11%的专利维持至专利权期限届满。[②] Lanjouw 总结发现，德国仅有不足 50%的专利维持超过 10 年的时间。[③] 从前述统计结果来看，目前自申请日起 20 年的专利权期限已能满足大多数专利的需要。

在不同技术领域和行业，专利的盈利潜力各不相同，这导致企业收回研发成本所需的专利权期限也不一样。斋藤优指出，在电器、机械、化学工业等领域，能够在 15 年内全部收回研究开发资金的专利占总数的 72.4%。[④] 王争通过研究累积性创新框架中的软件专利保护得出结论，随着行业创新效率的增加，最优专利期限首先是增加的，但是在达到最大值后开始减少。[⑤] 因此，针对不同行业领域、不同研发效率和能力以及不同的专利收益率，应当给予适应性和差异化的专利权期限。特别是，随着基础理论研究进步和创新工具不断丰富，当前的创新效率越来越高，

① Schankerman M, Pakes A, "Estimates of the Value of Patent Rights in European Countries During the Post-1950 Period" (1986) 384 Economic Journal, pp. 1052-1076.

② Pakes A, "Patents as Options: Some Estimates of the Value of Holding European Patent Stocks" (1986) 54 Econometrica, pp. 755-784.

③ Lanjouw J O, "Patent Protection in the Shadow of Infringement: Simulation Estimations of Patent Value" (1998) 65 Review of Economic Studies, pp. 671-710.

④ ［日］斋藤优:《发明专利经济学》，谢燮正等译，专利文献出版社1990 年版，第 201 页。

⑤ 王争:《累积性创新、专利期限与企业 R&D 投资路径》，载《制度经济学研究》2005 年第 2 期，第 65~82 页。

专利申请量与日俱增，加之云计算和人工智能等快速迭代的 IT
技术蓬勃发展，最优专利权期限已有缩短之势。

在现实中，由于技术领域众多难以穷举且新兴行业不断涌
现，法律实践很难实现对所有行业领域的专利设定有针对性的专
利权期限。恰如 Nordhaus 等指出的，固定专利期限虽然在理论
上不是最优的，但在现实中却是不可避免的。[①] 因此，基于 20 年
专利权期限对大多数专利需求的满足，以及当前最优专利权期限
的缩减态势，延长固定专利权期限的必要性和迫切性并不明显。
当然，这不妨碍专利制度以特别规定的方式对特定行业或特定类
型的专利提供更长的专利权期限。

四、专利权期限延长表现之药品专利权期限

（一）药品专利的研发销售需更长的保护期限

制药产业的正常发展不可缺少专利制度的护佑。Edwin
Mansfield 调查了在 1982~1983 年若缺少专利权保护会导致多少
创新产品无法被顺利研发问世，结果发现，制药产业的产品约占
60%。[②] 然而，药品专利研发的高投入和高风险，意味着需要专
利制度给予额外的关注。

具体而言，新药研发需要巨额资金的投入。美国 1993 年生
物工程的研发经费约为 40 亿美元，一年后即上升至约 77 亿美
元。通常情况下，一个生物工程药品的平均开发费用为 1 亿至 3

[①] Nordhaus, William D, *Invention*, *growth*, *and welfare*; *a theoretical treatment of technological change*, pp. 220-245.

[②] Mansfield E, "Patents and innovation: an empirical study" (1986) 32 Management Science, pp. 173-181.

亿美元，有的甚至高达 6 亿美元，[①] 而且这一金额仍在不断上涨。根据对 1997 年至 2011 年的 14 年间全球制药巨头的研发费用统计数据，单个新药的研发费用已经远远超过 10 亿美元，其中阿斯利康公司新药的平均研发费用高达 118 亿美元，葛兰素史克公司新药的平均研发费用也达 82 亿美元，最低的安进公司的单个新药研发费用也有 37 亿美元。[②] 另外，从全球制药巨头的财报中也可看出：2016 年强生公司的制药业务收入为 334.6 亿美元，研发费用为 90.95 亿美元，占制药业务收入的 27.2%；罗氏公司的制药业务收入为 391.03 亿瑞士法郎，研发费用为 115.32 亿瑞士法郎，占制药业务收入的 29.5%。[③] 可见，如果没有雄厚的资金实力，新药的研发工作是难以正常开展的。

不仅如此，新药的研发过程还面临着巨大风险。一个新发现的药物成分需要经过临床前试验、一期临床试验、二期临床试验、三期临床试验等多个环节，每个环节都可能反馈出不良结果，使候选药物胎死腹中，之前的研发工作也前功尽弃。以药物化合物的筛选为例，每 4000 余种具有药物活性的化合物中，只能筛选出 5 种左右进行临床试验，最终能够成为药品的仅有一种，甚至一种也没有。[④] 例如，礼来公司为研发治疗阿尔茨海默病（俗称老年痴呆）的新药已投入 25 年共约 30 亿美元，但最终

---

① 刘海起：《医药市场：药品专利势在必行》，载《中国市场》1999 年第 10 期，第 27~29 页。

② 王静波：《单个新药研发费用已远超 10 亿美元》，载上海情报服务平台，http：//www. istis. sh. cn/list/list. aspx？id = 7371（最后访问时间：2017-12-20）。

③ 《16 家外资药企 2016 年核心产品销售数据》，载新浪网，http：//med. sina. com/article_ detail_ 103_ 2_ 20005. html（最后访问时间：2017-12-20）。

④ 尹新天：《专利权的保护》，专利文献出版社 1998 年版，第 263 页。

失败于三期临床试验阶段，不仅使前期投入都打了水漂，还令其股价大跌 10%。

综上所述，从经济学角度考虑，由于药品专利的研发工作具有高投入、高风险的特点，专利权人付出的巨大研发成本需要获得相应的高收益才能得以补偿，而延长专利权期限是确保专利权人获得足够收益的途径之一。同时，从药品销售的相关制度来看，由于临床试验和上市审批程序等占用了药品专利的一部分保护期，使得药品上市后实际享受的市场独占期通常远远短于药品专利权的期限，这使得制药企业对延长药品专利权期限的呼声也日益迫切。

（二）延长药品专利权期限的法律实践逐渐增多

在国际法方面，1993 年 NAFTA 允许成员国在适当情况下延长专利保护期，以补偿审批程序造成的延误。[①] 2005 年 DR-CAFTA 规定成员国对药品专利应设立期限调整制度，以补偿上市审批程序对专利期限的不合理削减。[②] 2016 年 TPP 和 2018 年 CPTPP 规定成员国应当及时处理药品的上市许可申请并避免不合理和不必要的延误，并且提供调整专利保护期的可能性，以补偿该延迟。[③] 2016 年《欧洲专利公约》相对于其 1973 年的文本增加了延长专利保护期的条款，[④] 其适用于需依法经行政许可程序才能投入市场的专利产品，这显然包括药品。

在国内法方面，美国《专利法》曾一度删除了延长专利权期限的规定，但最终还是在现行《专利法》中设立了专利权期限延长制度，其针对需要经过监管审查才能上市销售和使用的专

---

① 参见 NAFTA 第 1709 条第 12 款。
② 参见 NAFTA 第 15.9 条第 6 款。
③ 参见 TPP 第 18.48 条。
④ 参见 2016 年《欧洲专利公约》第 63 条第 2 款。

利产品,即包括药品。① 基于欧洲经济共同体于 1992 年颁布的第 1768/92 号规定,许多欧盟国家先后对药品专利提供专利权期限届满后最长 5 年的补充保护,包括前文已讨论的英国和德国。法国《专利法》在此之前就已规定了补充保护制度,专利权人可对符合规定条件的药品专利申请"补充保护证书",期限为自专利权期满日起不超过 7 年且自批准销售日起不超过 17 年。② 日本和韩国的《专利法》也均通过修订增加了专利权期限延长制度,适用于需经相关法律审批登记的专利产品。③ 事实上,WTO 有至少 18 个成员国提供了超过 TRIPS 要求的 20 年最低保护期限标准的保护,这一数量将随着将来更多的国家选择"专利期限延长"和更多的国家加入欧盟而增加。④

因此,随着时代变迁,已有越来越多的国际法规则对药品专利权的期限延长作出了规定。而且,一些专利制度较为成熟的国家也在国内法中逐步确立了相关制度。

(三) 延长药品专利权期限是利益冲突的博弈结果

药品专利权人主要是各大制药企业,它们希望药品专利的保护期限尽可能延长,从而保证其对相关药品拥有长期的市场垄断和丰厚收益。由此导致的问题是:医药产业较为发达的国家更倾向于在本国延长药品专利权的期限,以促进本国医药产业发展,提升医药科技水平,增加企业税收。同时,它们也希望其他国家延长药品专利权期限,以便让本国制药企业在国际市场获得更多的垄断利润。相反,医药产业欠发达或较为落后的国家则倾向于

---

① 参见美国《专利法》第 156 条。

② 参见法国《知识产权法典》第 L. 611-2 条。

③ 参见日本《专利法》第 67 条第 2 款、韩国《专利法》第 89 条。

④ Harvey E. Bale:《药品获得与药品开发》,姜丹明译,载《专利法研究》知识产权出版社 2002 年版,第 306~322 页。

在本国尽量缩短药品专利的期限，从而减少本国利益流失给外国制药企业，并能尽早使用专利过期后的药品技术来制造廉价的仿制药，以造福本国国民。这都是国家追求各自利益最大化的合理性结果，本身无可厚非，但两方的博弈势必对药物专利权期限产生深远影响。

一方面，对于医药产业较发达国家而言，其药品专利权人的垄断性权利仅限于对市场的垄断，医药产业欠发达国家的医药企业仍然可以通过药品专利的公开信息对其进行改进或二次创造以形成新的药品专利，从而可能逐渐替代原药品专利或者迫使药品专利权人同意交叉许可，这使得更长的专利权期限并不能完全确保药品专利权人获得预想的收益。例如，日本企业在面对欧洲在日申请的大量基础性技术专利时，采用了"外围专利"策略，围绕欧美的关键专利构筑了严密的外围专利网，使得欧美企业在外围专利的阻碍下不能实施其基础专利，只能同意向日本企业授予交叉许可。同样，在药品专利领域，也可以通过申请外围专利，如新的中间体、修饰物、代谢产物、盐、酯等衍生物、新晶型、新构型、新剂型或制剂辅料等，来占领原专利药品的市场份额或者要求交叉许可。日本武田制药通过对阿斯利康公司的专利药品奥美拉唑进行改进研究，在1986年得到了生物活性更好且毒性更低的新药品专利兰索拉唑，打破了阿斯利康的市场垄断。此外，医药产业欠发达国家还可通过强制许可等方式削弱或取消药品专利权人的垄断性权利。

另一方面，对于医药产业欠发达的国家而言，如果药品专利权的期限较短，药品专利权人为了在短期内实现其垄断利益，很可能提高药品的销售价格，这反而会增加当地国民的医疗负担。同时，较短的药品专利权期限不仅无法刺激该国制药企业的研发积极性，还会让它们满足于对已过期药品专利的仿制，这将使该国的药品研发科技水平难以得到提升，可能长久处于国际竞争的劣势地位。

由此可见，在各国为药品专利利益冲突进行博弈的过程中，要求尽可能延长专利权期限的呼声伴随着适当约束专利权期限的外在因素，而要求尽量缩短专利权期限的主张也包含着适当增加专利权期限的内在动力。如此博弈的结果表现为，以补偿为目的对药品专利权期限进行适当延长成为国际和国内法律实践的趋势。

五、专利权期限延长表现之外观设计专利权期限

在国际法规范层面，1993 年 TRIPS 规定注册外观设计权的保护期限应至少为 10 年。1977 年《班吉协定》规定注册外观设计权期限为 5 年，可延长为最长 15 年。2002 年《欧盟外观设计保护条例》规定注册外观设计的保护期限为自申请日起 5 年，可续展为最长 25 年。

而在国内法层面，英国的注册外观设计保护期限从 1883 年《专利、外观设计和商标法案》中的 5 年，增至 1907 年《专利与外观设计法案》中的最长 15 年，再增至 1988 年《著作权、外观设计与专利法》中的最长 25 年；美国的外观设计专利权期限从 1952《专利法》中的最长 14 年，增加为现行《专利法》中的 15 年；德国的注册外观设计权期限从 1994 年《外观设计法》中的 20 年，增加为现行《外观设计法》中的 25 年；日本的注册外观设计权期限从 1888 年首部《外观设计法》中的最长 10 年，增至 1959 年《外观设计法》中的 15 年，再增至 2015 年《外观设计法》的 20 年，并继续增至现行《外观设计法》的 25 年；韩国的注册外观设计权期限从 1961 年《外观设计法》中的 8 年，增加为现行《外观设计保护法》中的 20 年。

这些法律实践反映出，随着时间推移，各国对注册外观设计权期限的设定呈现出逐渐延长的趋势，在专利制度较为完善的国家中该现象尤为显著。

此外，尹新天在 1999 年对世界上实行外观设计制度的 34 个主要国家的外观设计保护期限进行了统计。根据该统计结果：保护期限长达 50 年的国家有 1 个，即法国；保护期限长达 25 年的国家有 5 个，分别是英国、冰岛、葡萄牙、土耳其和巴西；保护期限长达 20 年的有 2 个，分别是德国和西班牙；保护期限长达 15 年的国家有 19 个；除美国的保护期限为 14 年外，仅有 6 个国家的保护期限为 10 年，约占总数的 18%。① 显然，大部分国家对外观设计提供了 15 年以上的保护期限，保护期限为 10 年的国家仅在少数，且数量仍在不断减少。比如，1999 年还处于保护期限 10 年国家之列的芬兰，目前已提供 25 年的保护期限。因此，无论是从立法趋势看，还是从国家数量来看，延长注册外观设计权的保护期限都处于一个较为优势的地位。

第三节　专利权内容的扩充化趋势

一、专利权内容扩充化在国际法演进中的体现

（一）全球性多边条约中的专利权内容

1. 1883 年《巴黎公约》

《巴黎公约》虽未正向界定专利权内容，但从反向角度揭示了专利权的范围，包括：（1）不得以专利产品的销售或依专利

---

① 尹新天：《关于外观设计的保护期限》，载《专利法研究》1999年，第 29~30 页。

方法制造的产品的销售受到本国法律的禁止或限制为理由，而拒绝授予专利或使专利无效；① （2）专利权人将在本联盟任何国家内制造的物品进口到对该物品授予专利的国家的，不应导致该项专利的取消；② （3）一种产品输入到对该产品的制造方法有专利保护的本联盟国家时，专利权人对该输入产品应享有输入国法律对在该国依照专利方法制造的产品所享有的一切权利。③

关于专利标注权，《巴黎公约》第 5 条第 D 款规定，不应要求在商品上表示或载明专利、实用新型、商标注册或工业品外观设计保存，以作为承认取得保护权利的条件。换言之，公约将专利标注权视为权利而非义务。

《巴黎公约》未详细规定虚假标识行为，但第 10 条之二第 2 款将工商业事务中违反诚实的习惯做法的竞争行为列为不正当行竞争行为加以禁止，这实际上也涵盖了对假冒专利或实用新型、外观设计行为的禁止。

在权利限制方面，《巴黎公约》第 5 条之三规定了不视为侵犯专利权的行为：（1）本联盟其他国家的船舶暂时或偶然地进入本联盟国家的领水时，在该船的船身、机器、滑车装置、传动装置及其他附件上使用构成专利主题的装置设备，但以专为该船的需要而使用这些装置设备为限；（2）本联盟其他国家的飞机或陆上车辆暂时或偶然地进入本联盟国家时，在该飞机或陆上车辆的构造或操纵中，或者在该飞机或陆上车辆附件的构造或操纵中使用构成专利主题的装置设备。

同时，《巴黎公约》还确立了强制许可制度。第 5 条第 A 款

---

① 参见《巴黎公约》第 4 条之四。
② 参见《巴黎公约》第 5 条第 A 款，其同样适用于实用新型和外观设计。
③ 参见《巴黎公约》第 5 条之四。

规定缔约各国有权采取立法措施规定授予强制许可，以防止由于行使专利所赋予的专有权而可能产生的滥用，但前提条件是自提出专利申请之日起 4 年届满或自授予专利之日起 3 年届满，以最后届满的为准。如果强制许可还不足以防止滥用，则可以取消该专利，前提条件是首个强制许可授予之日起已满 2 年。

上述强制许可和取消权利的规定也准用于实用新型。而对于外观设计，《巴黎公约》第 5 条第 B 款禁止在任何情况下以不实施为由将其取消。

2. 1993 年 TRIPS

TRIPS 前言部分认为知识产权属于一种私权。其中，第 28 条规定专利权人享有以下独占权利：（1）若为产品专利，则有权阻止第三人未经所有权人同意而进行制造、使用、许诺销售、销售或为前述目的而进口该产品的行为；（2）若为方法专利，则有权阻止第三人未经所有权人同意而使用该方法的行为，并阻止使用、许诺销售、销售或为前述目的而进口至少是以该方法直接获得产品的行为；（3）有权转让或以继承方式转移其专利并订立许可合同。

TRIPS 对专利权的限制体现于第 31 条确认的强制许可制度中。

首先是公共利益强制许可。其适用于全国处于紧急状态或在其他极端紧急的情况下，或在公共非商业性使用的情况下，或者有必要为生产并出口药品至有资格进口的成员国。该成员国需符合 TRIPS 附件第 2 段的条件，具体为：（1）属于最不发达成员国，其被认为在医药行业没有或者缺乏足够生产能力；（2）该成员国已经证明其在医药行业没有生产能力，或在具有部分生产能力的情况下，该成员国经调查并发现，除专利权人拥有或控制的生产能力之外，其目前不足以满足自身需要。

其次是依申请单向强制许可。若拟使用者已经按合理商业条款和条件努力从权利持有人处获得授权，但该努力在合理时间内未获得成功的，则可依其申请授予许可。

最后是依申请交叉强制许可。如果第二专利的实施将侵害第一专利，那么第二专利的权利人可申请实施许可，其前提条件是第二专利相对于第一专利包含具有显著经济意义的重大技术进步。相应地，第一专利的权利人也可申请实施第二专利的许可。

对于外观设计权，TRIPS 第 26 条规定其有权阻止第三人未经许可而以商业目的制造、销售或进口具有某外观设计的产品，且该外观设计与受保护的外观设计相同或基本相同。不过，TRIPS 没有对外观设计权设立相应的限制规则，而是允许成员国在不会不合理地损害外观设计的正常利用、权利人的利益及第三人利益的前提下，可以对外观设计权进行限制。

（二）区域性多边条约中的专利权内容

1. 1973 年《欧洲专利公约》

1973 年《欧洲专利公约》第 64 条规定，欧洲专利在指定成员国生效后，与依照成员国国内法授予的专利具有同等效力；任何侵犯专利权的行为也应根据国内法解决。因此，《欧洲专利公约》并未对专利权的内容作具体规定，而是交由成员国国内法处理。

2. 2002 年《欧盟外观设计保护条例》

2002 年《欧盟外观设计保护条例》第 19 条规定，注册外观设计的权利人享有制造、许诺、投入市场、进口、出口、使用、存储包含注册外观设计产品的独占权利。但根据第 20 条，该权利不得延及：（1）私人行为且非商业目的；（2）为实验目的；（3）为引用或教学目的而实施；（4）临时进入欧盟区域的第三国船舶、飞机上的设备，为维修该船舶飞机而进口部件和零件，及其维修行为。

3. 1977 年《班吉协定》

1977 年《班吉协定》附件 1 第 1 条第 2 款正向界定了专利权的内容。对于产品专利，专利权人享有（1）制造、进口、许诺销售、销售和使用产品，以及（2）为许诺销售、销售和使用的目的而储存产品的独占权利。对于方法专利，专利权人则享有（1）使用该方法的独占权利，以及（2）前述针对产品专利的所有独占权利，只要该产品直接通过专利方法而制得。

在专利权限制方面，协定主要规定了强制许可制度，其包括三种类型。

一是公共利益强制许可。依照附件 1 第 55 条，如果专利对于国防、公共卫生或国家经济至关重要，成员国可在任何时候取得其依职权许可。另外，附件 1 第 56 条规定，成员国为国防所需，也可以在任何时候取得实施专利的许可。

二是依申请单向强制许可。根据附件 1 第 44 条，如果某专利自申请日起已满 4 年或自授权日起已满 3 年（以后届满的为准），他人可依如下理由申请该专利的强制许可：（1）在提出强制许可申请时，专利在成员国内没有实施；（2）专利在该成员国内的实施没有以合理条件满足公众需求；（3）专利在该成员国内的实施因专利产品的进口而被阻止或妨碍；（4）由于专利权人不以合理条件许可，导致该成员国国内工商业活动的建立或发展受到不公平的实质损害。

三是依申请交叉强制许可。附件 1 第 45 条规定，如果在后专利的实施将侵犯他人的在先专利，则在后专利权人有申请实施其专利必要范围内的强制许可，但前提条件是在后专利相对于在先专利具有重大技术进步。同时，在先专利权人也可以申请在后专利的强制许可。

1999 年《班吉协定》附件 1 第 7 条围绕 "实施" 一词，规定专利权人具有实施专利的独占权利，也有权阻止他人实施专利，并且明确了 "实施" 的含义。但专利权的内容并没有发生明显变化。

协定附件 1 第 30 条明确了相关专利之间的权利限制。如果在后专利与他人的在先专利有关，则在后专利的权利人不得实施其专利；反之，在先专利的权利人也不得利用在后专利。

协定附件 1 第 8 条还增加了不视为侵犯专利权的行为：（1）与专利权人或经许可之人已投放成员国市场的产品有关的行为；（2）临时或偶然进入成员国领空、领陆或领水的外国飞机、陆地车辆或船舶上使用物品的行为；（3）在科学技术研究过程中，为实验目的而进行的与专利有关的行为；（4）在专利申请日（或优先权日）以前，他人已善意地使用专利或做好了有效且真实的使用准备的，且仍处于实际或计划先用的性质或目的之内的行为。

此外，1999 年《班吉协定》调整了强制许可的有关规则。其中，公共利益强制许可的适用条件调整为，某专利对于国家经济、公共卫生或国防具有重大利益，或者该专利的不实施或不充分实施将严重损害国家需求的满足，则国家可颁发强制许可。[①]依申请交叉强制许可则要求，在后专利相对于在先专利应具有重大经济利益的显著技术进步。[②]

在实用新型方面，1977 年《班吉协定》附件 2 第 2 条对注册实用新型权的内容规定为：具有制造、进口、许诺销售、销售和使用实用新型，以及为许诺销售、销售和使用的目的而占有产品的独占权利。这与产品专利的专利权内容相同。1999 年《班

---

① 参见 1999 年《班吉协定》附件 1 第 56 条。
② 参见 1999 年《班吉协定》附件 1 第 47 条。

吉协定》附件 2 第 5 条对其稍有调整，将"进口"限定成"为许诺销售、销售和使用的目的"，使权利范围略微缩小。

在外观设计方面，1977 年《班吉协定》附件 4 第 1 条赋予其权利人以工商业目的利用外观设计以及销售或许诺销售包含外观设计的物品的独占权利。1999 年《班吉协定》则沿用了该规定。[①]

4. 1993 年 NAFTA

1993 年 NAFTA 第 1709 条第 5 款规定专利权人享有以下独占权利：（1）若为产品专利，则有权阻止第三方未经所有权人同意而进行制造、使用或销售该产品的行为；（2）若为方法专利，则有权防止第三方未经所有权人同意而使用该方法的行为，并阻止使用、销售或进口至少是以该方法直接获得产品的行为。与TRIPS 相比，其规定的专利权内容缺少了许诺销售。

在权利限制方面，NAFTA 规定了专利权的强制许可。第1709 条第 10 款允许成员国在未经权利人授权的情况下，许可政府自身或第三人来实施专利，但前提条件是：欲实施方已提供合理商业条件努力获得专利权人的授权，但在合理期间内未能成功，或者在国家紧急状态、其他极端紧急情况或公益非商业用途之情形。

对于外观设计权，NAFTA 第 1713 条第 3 款规定，权利人有权阻止第三人未经许可而以商业目的制造或销售具有某外观设计的产品，且该外观设计与注册外观设计相同或基本相同。第1713 条第 4 款则允许成员国在不会不合理地损害外观设计的正常利用、权利人的利益及第三人利益的前提下，可以对外观设计权进行限制。

---

① 参见 1999 年《班吉协定》附件 4 第 3 条。

5. 2005 年 DR-CAFTA

2005 年 DR-CAFTA 没有对专利权的内容及其限制作具体规定，仅允许成员国对专利权施加限制，只要该限制不会不合理地损害专利正常利用、权利人的利益及第三人利益。[①]

6. 1994 年《欧亚专利公约》

1994 年《欧亚专利公约》第 9 条规定，专利权人具有实施专利以及授权或禁止他人实施专利的独占权利。

2001 年《欧亚专利公约实施细则》第 17 条指出，侵犯专利权的行为包括：（1）对于专利产品的制造、使用、进口、许诺销售、销售或为前述目的进行任何形式的营销或储存行为；（2）对于专利方法的使用，或为该使用而许诺的行为；（3）对于由专利方法直接制得的产品，使用、进口、许诺销售、销售或为前述目的进行任何形式的营销或储存行为。这实际上也相应划定了专利权内容的范围。

在对专利权的限制上，《欧亚专利公约实施细则》第 19、20 条规定了不受专利权限制的例外情形：（1）临时或偶然进入成员国领水、领空或领土的非成员国的交通工具的构造或操作中使用专利；（2）为科研和实验而使用专利；（3）依照处方偶尔在药房配制药品而使用专利；（4）为私人且非经营目的而使用专利；（5）已由专利权人本身或其授权人投入市场的专利产品；（6）在专利申请日（或优先权日）以前，他人已善意使用相同技术方案或做好了使用准备的，可在原有范围内继续实施。

《欧亚专利公约》还规定了强制许可，其第 12 条允许成员国根据《巴黎公约》的规定向第三方颁发强制许可。

---

① 参见 DR-CAFTA 第 15.9 条第 3 款。

（三）双边条约中的专利权内容

1. 中国的双边条约

2013 年《中华人民共和国和瑞士联邦自由贸易协定》、2015 年《中华人民共和国政府和大韩民国政府自由贸易协定》、2015 年《中华人民共和国政府和澳大利亚政府自由贸易协定》和 2017 年《中华人民共和国政府和格鲁吉亚政府自由贸易协定》均允许缔约双方采取适当措施，以阻止权利人滥用知识产权或不合理地限制贸易、反竞争或对国际技术转让造成不利。[①] 这就包含了对专利权、实用新型权和外观设计权的限制。

此外，2015 年《中华人民共和国政府和大韩民国政府自由贸易协定》第 15.20 条还特别约定了注册外观设计的权利内容，其至少为阻止第三人未经同意而以商业为目的的制造、许诺销售、销售、进口带有或体现外观设计的物品。并且，允许缔约方在不会不合理地损害外观设计的正常利用、权利人及第三方的合法利益的前提下，对注册外观设计权设定有限的例外。

2. 美国的双边条约

2004 年《美国–澳大利亚自由贸易协定》第 17.9 条第 4 款规定，至少在专利权人已通过合同或其他方式限制进口的情况下，专利权人享有阻止对专利产品或由专利方法所制产品的未经许可进口行为的独占权利，且该权利不受限于该产品在国外的销售或分布。

2003 年《美国–新加坡自由贸易协定》第 16.7 条第 2 款规定，专利权人应享有转让或以继承转移专利以及订立许可合同的

---

① 分别参见《中华人民共和国和瑞士联邦自由贸易协定》第 11.1 条、《中华人民共和国政府和大韩民国政府自由贸易协定》第 15.2 条、《中华人民共和国政府和澳大利亚政府自由贸易协定》第 11 章第 1 条、《中华人民共和国政府和格鲁吉亚政府自由贸易协定》第 11 章第 1 条。

权利。

在限制专利权方面，2004 年《美国-澳大利亚自由贸易协定》第 17.9 条第 3 款允许缔约方对专利权规定有限的例外，只要该限制不会不合理地损害专利的正常利用、专利权人及第三人的合法利益。

具体而言，2004 年《美国-澳大利亚自由贸易协定》第 17.9 条第 6 款确认了一种不受专利权约束的情形，即缔约国可许可第三人使用专利以得到药品上市许可申请所必需的支持信息。但是，该缔约国同时应要求，通过该许可得到的任何产品不能因前述目的之外的用途而在该国内被制造、使用或销售，即 Bolar 例外。如果缔约国还许可该产品的出口，则在国外也应用于前述目的。2007 年《美国-韩国自由贸易协定》、2003 年《美国-新加坡自由贸易协定》和 2006 年《美国-秘鲁贸易促进协定》也记载了类似的规定。①

同时，2004 年《美国-澳大利亚自由贸易协定》第 17.9 条第 7 款还允许缔约国实行强制许可制度，但其规定的适用条件为：（1）对于已通过司法或行政程序确认的反竞争行为进行救济；（2）公益非商业性使用、国家紧急状态或其他极端紧急情况。该规定同样出现于 2003 年《美国-新加坡自由贸易协定》当中。②

3. 日本的双边条约

2009 年《日本-瑞士自由贸易与经济伙伴关系协定》第 117 条第 4 款将专利权内容界定为：（1）若为产品专利，有权阻止第

---

① 分别参见《美国-韩国自由贸易协定》第 18.8 条第 5 款、《美国-新加坡自由贸易协定》第 16.7 条第 5 款、《美国-秘鲁贸易促进协定》第 16.9 条第 5 款。

② 参见《美国-新加坡自由贸易协定》第 16.7 条第 6 款。

三人未经同意而制造、使用、许诺销售、销售或为前述目的而进口或出口该产品的行为；（2）若为方法专利，则有权阻止第三人未经同意而使用该方法，以及阻止使用、许诺销售、销售或为前述目的而进口或出口至少以该方法直接获得产品的行为。相比而言，其在 TRIPS 条款基础上增加了对出口的独占权。

对于外观设计的权利内容，2007 年《日本–泰国经济伙伴关系协定》照搬了 TRIPS 中的规定，[①] 而 2009 年《日本–瑞士自由贸易与经济伙伴关系协定》则在 TRIPS 的基础上增加了出口独占权。[②]

二、专利权内容扩充化在国内法演进中的体现

（一）英国专利法中的专利权内容

1. 英国专利权内容规则的演进

根据 1623 年《垄断法案》第 6 条的规定，发明人对专利享有 14 年的特权，该特权的内容是在领土之内独家经营或制作该新制品的权利（The sole working or makinge of any manner of new Manufactures within this Realme）。同时，法案对这一特权也附加了 4 项限制条件：一是特权不能违反法律，主要是指该特权基本且实质上源于新发明；二是特权不能提高国内商品价格来打击国家；三是特权不能损害贸易；四是特权不会带来普遍性的不便利。[③]

---

① 参见《日本–泰国经济伙伴关系协定》第 131 条第 3 款。
② 参见《日本–瑞士自由贸易与经济伙伴关系协定》第 116 条第 2 款。
③ Wallace，R W，*The Patents*，*Designs*，*and Trade Marks Act*，1883，W. Maxwell & Son，London：1884，pp. 93-95.

1883 年《专利、外观设计和商标法案》没有列明专利权的内容，但在第 46 条表述"特权"时引用了 1623 年《垄断法案》，可以认为其沿用了《垄断法案》对专利权的界定和限制。

此外，与《垄断法案》相比，《专利、外观设计和商标法案》增设了不受专利权约束的情形和强制许可制度。前者即第 43 条所规定的"专利不得妨碍外国船舶仅为航行而使用发明的行为"，即临时过境使用权。后者则包括国家征用，① 其第 27 条规定，国家本身或其下属机构或承包商等随时可在申请后使用发明以服务于国家。还包括依申请强制许可，其第 22 条规定，任何有利害关系的人都可依 3 种理由申请强制许可：（1）该专利未在英国实施；（2）公众对发明的合理需求未被供给；（3）任何人受到阻碍而不能最大限度地实施或使用其拥有的专利。

1907 年《专利与外观设计法案》对专利权内容的规定与前者基本相同，其中的差异主要在于依申请强制许可的申请理由减少为一种，即主张公众对发明的合理需求未被满足，并可以此为由申请撤销专利。

1949 年英国《专利法》修改了依申请强制许可制度。该法第 37 条规定，自专利授权之日起满 3 年，任何人可依 5 种理由申请强制许可：（1）在国内可商业性实施该专利的前提下，没有如此实施或其实施未达到合理可行的最大限度；（2）国内对专利产品的需求未能以合理条件得到满足，或是通过很大程度的进口才得以满足；（3）国内对专利的商业性实施因进口专利产品而受到阻止或妨碍；（4）由于专利权人拒绝以合理条件提供许可，使得国内制造的专利产品未供应给出口市场，或者对技术有重大贡献的其他专利的实施或有效实施受到阻止或妨碍，或者

---

① 由于国家征用与公共利益强制许可较为相似，为方便表述，本书将国家征用视为一种强制许可制度。

其国内工商业活动的建立与发展受到不公平损害（Unfairly preju-diced）；（5）由于专利权人对于授予专利许可、专利产品或方法的购买、租用或使用而强加条件，使得不受专利保护的材料的制造、使用或销售，或者其国内工商业活动的建立与发展受到不公平损害。

此外，针对特定种类的专利，第41条规定可依利害关系人的申请而直接给予其强制许可，且无须上述理由。这些专利具体为：可用作食品或药品或者用于食品或药品生产的物质，或者用于制造前述物质的方法，或者可用作外科或治疗设备或其部件的任何发明。

该法还扩大了国家征用的范围。一方面，该法第46条保留了原有规定，任何政府部门或其授权的任何人，均可制造、使用、实施任何专利以服务于国家。另一方面，该法第49条新增了一种征用情形，即在紧急情况下，政府部门或其授权的个人有权以基于部门所需或便利的任何目的来制造、使用、实施及销售专利。此外，该法第70条增加了对于航空器和陆上车辆的临时过境使用权。

1977年英国《专利法》第60条第1款至第3款列举了侵犯专利权的情形，划定了专利权内容的范围，可表述为：（1）当发明是产品时，不得制造、销售、许诺销售、使用或进口该产品，或为销售或其他目的储存该产品；（2）当发明是方法时，不得使用或许诺使用该方法；（3）当发明是方法时，不得销售、许诺销售、使用或进口直接由该方法得到的产品，或为销售或其他目的保存该产品；（4）向非被许可人或其他有权经营发明的人，提供或许诺提供用于实施发明的任何关键手段，并且其明知或有理由知晓这些手段适用于并意在用于实施发明。但不包括提供或许诺提供大宗商品的行为，除非该行为的目的是诱导他人实施侵权行为。其中，第四种情形属于对间接侵权的规定。

第 60 条第 4、5 款则规定了对专利权的限制，即不视为侵权的情形，包括：（1）1975 年《共同体专利公约》（Community Patent Convention）规定的专利权用尽；（2）仅供私人使用且非商业目的；（3）涉及发明主题的实验目的；（4）根据注册医师或牙医提供的处方在药房中为个人临时制备药品，或处理如此制备的药品；（5）临时或偶然进入英国内水或领海的船只中，仅为相关船只的需要而使用某产品或某方法；（6）临时或偶然进入或穿过英国的飞机、气垫船或车辆中，仅为相关飞机、气垫船或车辆而使用某产品或某方法；（7）使用合法已进入或正在穿过英国的飞机，或向英国进口、使用或贮存该飞机的任何部分或零件。需指出的是，上文提及的"专利权用尽"并未得到实施，原因在于《共同体专利公约》未能获得所有成员国批准而一直未能生效，导致该规定在 2004 年《专利法》中被删去。

关于依申请的强制许可制度，该法第 48 条对申请强制许可的理由进行了一些调整：将理由（3）修改为，在国内可商业性实施该专利的前提下，由于进口专利产品或者进口由专利方法制得或应用的产品而使该实施被阻止或妨碍；将理由（5）修改为，由于专利权人对于授予专利许可、专利产品的处置或使用或专利方法的使用而强加条件，使得不受专利保护的材料的生产、使用或处置，或者其国内工商业活动的建立与发展，受到不公平损害。但是，该法取消了针对食品药品、外科治疗设备等专利的强制许可规定。

2014 年英国《专利法》第 60 条增加了不受专利权限制的例外情形，分别为：（1）专利权人已向农民出售植物繁殖材料或授权其农用后，农民为自身的占有物而使用其收获的产品用于繁殖或增殖的行为；（2）在专利权人向农民出售构成或包含专利的种畜或其他动物繁殖材料或给予授权后，农民以农业目的使用动物或动物繁殖材料的行为；（3）为了申请人用药或兽药而进行研究、测试或试验，此属于 Bolar 例外的情形。

2. 英国注册外观设计权内容规则的演进

1883 年《专利、外观设计和商标法案》第 50 条将外观设计权表述为外观设计中的著作权，并且第 58 条规定了侵犯这种著作权的行为，包括：（1）未经权利人许可或书面同意，在该外观设计已注册的一个或多个商品类别中，任何人不得以销售为目的，对任何制品或任何人造、天然或部分人造部分天然的物质应用该外观设计或者其任何欺诈的或明显的模仿；（2）他人明知前述情况的，不得为销售而出版或公开前述制品或物质。该法第 54 条还对外观设计权设定了额外的限制，若外观设计权在注册后的 6 个月内仅在国外实施而未于国内实施的，权利将终止。

1907 年《专利与外观设计法案》仍将外观设计权表述为著作权，同时基本保留了原有的关于侵犯外观设计权以及权利限制的规定。[①]

1949 年《注册外观设计法》第 7 条正向界定了注册外观设计权利，其一方面仍规定该权利为一种著作权，另一方面则指出，该权利为以任何交易或商业目的为销售或使用而制造或进口，或者销售、出租、许诺销售或出租某产品的独占权利，以及从事任何活动以制得该产品的独占权利，该产品具有注册的外观设计或与其没有本质差异的外观设计。

而在权利限制方面，该法增设了强制许可制度，包括：国家征用，即为服务于国家或在紧急情况期间，任何政府部门及其书面授权的任何个人都可以使用注册外观设计；[②] 依申请单向强制

① 参见《专利与外观设计法案》第 60 条和第 58 条。
② 参见 1949 年《注册外观设计法》附表 1 第 1 条、第 4 条。

许可，即如果外观设计没有在英国国内通过产业工艺或方法应用于产品，则任何利害关系人可以申请强制许可。①

1988 年《著作权、外观设计与专利法》修改了外观设计的权利性质，将原有的著作权内容剥离（在该法中归为"原创外观设计的外观设计权"），从而不再将外观设计权视为著作权，而是一种独立的权利，表述为"注册外观设计"的权利。

具体而言，该法第 268 条第 1 款同时从正面和反面界定了外观设计权的内容。其正面规定权利内容为，为了销售或出租或为了以交易或商业目的使用而制造或进口某产品，或者销售、出租、为销售或出租而许诺或公开某产品的独占权利，该产品具有注册的外观设计或与其没有本质差异的外观设计。同时，其通过反面划定侵犯该权利的行为，进一步明确了权利范围，即未经权利人许可，（1）实施了属于前述独占权利的行为；（2）生产了使前述产品得以制造的任何东西；（3）若成套产品属于前述产品，实施了涉及配套组件的与成套产品有关的任何行为，或生产了促使配套组件得以制造或组装的任何东西。

2015 年英国《注册外观设计法》第 7 条将外观设计权界定为使用注册的外观设计或对使用者未产生不同整体印象的任何外观设计的独占权利，其内容包括：制造、许诺、投入市场、进口、出口或使用包含或应用有外观设计的产品的权利，以及为前述目的而储存产品的权利。相应地，依据第 7A 条，未经权利人同意而实施上述独占权利的行为，属于侵犯外观设计权的行为。

与此同时，该法增加了对外观设计权的限制。一方面，其第 7A 条增设了不受外观设计权限制的例外情形，包括：（1）仅供私人使用且非商业目的的行为；（2）为实验目的而实施的行为；

---

① 参见 1949 年《注册外观设计法》第 10 条。

（3）在满足（a）复制行为符合公平交易习惯且不会过度损害外观设计的正常利用，以及（b）的条件下，为教学或引用目的而复制的行为；（4）临时进入英国的外国船舶或飞机中使用的装置；（5）为维修前述船舶或飞机而向英国国内进口零部件或配件；（6）对前述船舶或飞机实施的维修行为；（7）产品已经在欧洲经济区域内投入市场或取得权利人同意的前提下实施的行为；（8）在具有外观设计的组件被用于修复复杂产品以使其恢复原状的前提下，使用该组件的行为。另一方面，其第7B条增设了先用权。如果他人在申请日以前已善意使用或为此做了认真有效的准备，则该人可在前述目的之下继续使用该外观设计。不过，该法在保留国家征用制度的基础上，删除了其他强制许可制度的条款。

（二）美国专利法中的专利权内容

1790年美国《专利法》第1条规定专利权是独占和排他的权利，并具体列出该权利为制造、建造、使用或销售给他人使用的自由。同时，该法第4条还列出了侵犯专利权的行为：若任何人设计、制造、建造、使用、应用或销售任何技术、制品、引擎、机器或设备而未经专利权人同意的，将被处以罚款。

1836年美国《专利法》第5条修改了专利权内容的相关表述，强调其为"完整"且排他的权利，具体为制造、使用、销售给他人使用的自由。对于侵犯专利权的行为，该法第14条规定，有损于受专利保护的制造、使用或销售物品的独占权利的行为，应支付实际损失额至该实际损失额3倍范围内的赔偿。

1952年美国《专利法》第154条再次修改专利权内容的规定，其指出专利权是排除他人制造、使用、销售发明的权利。该定义同样适用于外观设计专利。而针对植物专利，该法第161条规定，植物专利权是指排除他人无性繁殖该植物或者销售或使用由此繁殖的植物的权利。

该法第 271 条（b）（c）扩大了侵犯专利权行为的范围，其在保留"未经授权不得制造、使用或销售任何专利"规定的基础上，增加了间接侵权的规定：（1）教唆侵权，指积极教唆他人侵犯专利权的行为；（2）任何人销售属于专利关键部分的专利机器、制品、组合或组合物的部件或者用于实施专利方法的材料或装置，并且知晓其特别被制造或采用以用于专利侵权而不是适用于非侵权用途的民生商品或大宗贸易商品。

此外，该法第 272 条还规定了不受专利权限制的例外情形：临时或偶然进入美国的船只、飞机或车辆中使用任何发明都不构成侵犯专利权，即临时通过使用权。

2017 年美国《专利法》一方面调整并扩展了专利权的内容：第 154 条（a）（1）加入了许诺销售权，将专利权表述为排除他人制造、使用、许诺销售、销售或进口该发明的权利，以及当发明是方法时，排除他人使用、许诺销售、销售或进口由该方法制得的产品的权利。第 163 条则将植物专利权表述为应当包括排除他人无性繁殖该植物，以及使用、许诺销售、销售由此繁殖的植物或其任何部分，或进口由此繁殖的植物或其任何部分的权利。另一方面增加了不属于专利侵权的例外情形：（1）根据管理药品和兽医生物制品的制造、使用或销售的联邦法律，仅用于研发和提交信息的制造、使用、许诺销售、销售或进口专利产品的行为（但不包括主要使用重组 DNA、重组 RNA、杂交瘤技术或其他涉及位点特异性遗传操作技术的方法而制造的新兽药或兽医生物制品）；① （2）在专利的有效申请日或属于现有技术除外情况的公开日两者中较早日期的 1 年之前即开始的商业使用，这是一

---

① 参见 2017 年美国《专利法》第 271 条（e）（1）。

种特殊的先用权；① （3）如果专利权人已经对专利产品进行销售或实施其他处置行为，则其权利已经穷竭，即专利权用尽。② 此外，根据第287条（c）（1），对于医疗工作者从事医疗活动构成专利侵权的，专利权人的法律救济不得对抗与该医疗活动有关的医疗工作者或医疗机构，即可免除侵权责任。

（三）德国专利法中的专利权内容

1. 德国专利权内容规则的演进

1877年德国《专利法》第4条规定：专利的效果是，未经专利权人许可，他人无权制造、投入市场或许诺销售（feilzuhalten）该发明的对象。如果发明的对象是方法、机器或其他操作设备、工具或其他工作器具，专利还具有这样的效果，即未经专利权人的许可使用，他人无权使用该方法或发明对象。

同时，该法第5条规定了限制专利权的情形，包括：（1）先用权，即在专利权人提出专利申请之时，某人已经使用了该发明或做好了使用的准备；（2）临时国境使用权，即临时进入德国领土的车辆上的装置；（3）强制许可制度，即国家征用，其规定德国首相因公共福利而决定将发明用于陆军、海军等。

1891年德国《专利法》调整了针对专利权内容的表述：专利的效果是，专利权人具有制造、投入市场、许诺销售或使用该发明的排他权利。如果专利是一种方法，则专利的效果还涉及由该方法直接得到的产品。与原先的规定相比，该法增加了专利权人使用发明的独占权利，但未改动有关专利权限制的规定。

1936年德国《专利法》未对专利权内容的表述作实质修

---

① 参见2017年美国《专利法》第273条。

② 参见2017年美国《专利法》第273条（d）。

改,① 但增加并扩张了对专利权的限制。首先,该法扩大了国家征用制度的范围。第8条规定,德国政府为推进"民族共同体"的福利以及"帝国"总理或下属主管为国防目的而使用发明的决定,不受专利权的干预。这一调整扩大了政府对发明的使用权,其可以不限于军用(陆军、海军等)。其次,该法完善了强制许可制度,其具体包括:(1)公共利益强制许可,"帝国"及其公共交通机构有权由自身或许可他人来使用发明而不受专利权的限制。② 这种对政府权力的扩张是当时纳粹德国集权统治的部分体现。(2)依申请单向强制许可,如果他人愿意支付合理报酬并提供担保,专利权人仍拒绝许可其使用专利的,则该人在两种情况下有权使用该专利———一是德国政府宣布为保护"民族共同体"的利益而给予许可,二是专利自授权之日起已满至少3年。③ 该法第15条第2款还规定了依申请撤销专利的制度:如果专利仅在或主要在德国之外实施,则在不违背条约的前提下可撤销该专利。只有在强制许可2年后且必须依申请才能进行撤销,并且德国政府宣布"民族共同体"的利益未能因强制许可得到满足。

此外,该法第55条对专利权人的标记权作出了一定限制:任何人在其提供的商品或其包装上或者在相关公共广告、招牌、推荐卡或类似宣传中,使用了表明其受专利保护的标记的,根据享有了解法律情况的合法利益的任何人的要求,有义务向其提供该标记所基于的专利信息。

1994年德国《专利法》第9条规定,专利权的效果是只有专利权人有权使用授予专利的发明。未经专利权人同意,他人不

---

① 参见1936年德国《专利法》第6条。
② 参见1936年德国《专利法》第7条第2款。
③ 参见1936年德国《专利法》第15条第1款。

得：（1）制造、许诺（Offering）、投入市场或使用专利产品，或为前述目的进口或储存该专利产品；（2）使用专利方法，或者第三人知道或应当知道未经许可不得使用该专利方法，却仍许诺他人使用该方法的；（3）许诺、投入市场或使用直接由专利方法得到的产品，或为前述目的进口或储存该产品。值得注意的是，该法第 10 条还规定了间接侵权行为：未经专利权人同意，任何第三人不得向无权实施该专利的人提供或许诺提供与发明的必需要素有关的手段以供其使用，当其知道或应当知道这些手段适合并专用于该发明。但该手段为大宗商品时除外，除非该第三人诱导他人实施侵权行为。对这些间接或协助侵犯专利权的行为加以禁止，使专利权的范围更为广阔。

在对专利权的限制方面，该法第 11、12 条增加了不受专利权限制的诸多例外情形，具体包括：（1）私人行为且非商业目的；（2）涉及专利主题的实验目的的行为；（3）在药房中根据处方临时且个别地制备药品或者与该药品有关的行为；（4）对于临时或偶然进入领土范围水域内的船只，在其船体、机器、器械、装置或其他配件上使用专利，并且该专利的使用仅满足船只的需要；（5）对于临时或偶然进入领土范围的飞机或地面车辆，在它们的建造或操作中使用专利或使用其配件；（6）在专利申请时，已经在国内投入使用或为其做好了必要准备的，有权为自身经营而在自己或他人的工厂中使用该发明。

对于强制许可制度，第 13 条将国家征用制度修改为，联邦政府为公共福利而使用发明的决定，不受专利权的约束。该法第 24 条第 1 款还调整了依申请单向强制许可，其适用条件与 1936 年《专利法》类似，区别在于取消了专利授权满 3 年的情形，只有在满足公共利益的情况下才能颁发强制许可。

2016 年德国《专利法》未修改专利权内容的界定，但对专利权的限制规定作出了多处调整。

一方面，第 9c、11 条进一步增加并明确了不视为侵犯专利权的行为：（1）专利权人或被许可的第三人已向农民出售植物繁殖材料以供农用的，农民有权使用其收获的产品用于繁殖或增殖；（2）专利权人或被许可的第三人已向农民出售牲畜或动物繁殖材料的，农民有权以农业目的使用该牲畜或动物繁殖材料；（3）以繁殖、发现和研发新植物品种为目的而使用生物材料；（4）为获得在欧盟或欧盟成员国范围内销售医药产品的许可所必需的研究、实验及由此导致的现实需要，即 Bolar 例外。

另一方面，该法的强制许可制度更加完善，其将依申请强制许可分为依申请单向强制许可和依申请交叉强制许可两种类型。依据第 24 条的规定，前者的适用条件为，他人在合理期限内未能以合理的商业条件获得专利权人的使用许可，并且公共利益需要颁发强制许可，此种情况下可向该他人颁发强制许可。适用该强制许可还有两种特别情形：一是在半导体技术领域，当有必要消除专利权人被认定为限制竞争的行为时，可颁发该种强制许可；二是若专利未在或未主要在德国国内实施的，为确保专利产品在德国市场中有充足供应，也可颁发该种许可。后者的适用条件为，若不侵犯专利权人的在先专利，他人的在后专利就不能实施，并且他人在合理期限内未能以合理商业条件获得专利权人的许可，且他人拥有的发明与在先专利相比具有重大技术进步和经济意义，此种情况下的他人和专利权人均可要求对彼此专利的交叉许可。

2. 德国注册实用新型权内容规则的演进

1986 年德国《实用新型法》第 11 条规定，只有实用新型的权利人有权使用实用新型。未经权利人许可，他人不得制造、许诺、投入市场或使用实用新型的产品，或为前述目的进口或储存该产品。并且，未经权利人同意，任何第三人不得向无权实施该实用新型的人提供或许诺提供与发明的必需要素有关的手段以供其使用，当其知道或应当知道这些手段适合并专用于该发明。可见，实用新型权也可延及间接侵犯其权利的行为，这与德国专利法的规定相似。

关于对实用新型权的限制，首先，第12条确定了不受其约束的例外情形：（1）私人行为且非商业目的；（2）涉及实用新型主题的实验目的的行为；（3）船舶、飞机和地面车辆的临时过境使用，即专利法第11条第4款至第6款的规定。并且第13条规定专利法中的先用权和国家征用制度也适用于实用新型。其次，第20条要求对实用新型适用当时《专利法》第24条第1款规定的依申请单向强制许可制度。最后，第30条规定对实用新型的标记权施加限制，其有义务向申请人提供实用新型的标记所基于的信息。这也与《专利法》的规定是相似的。

2017年德国《实用新型法》第20条根据《专利法》相应地调整了实用新型的强制许可制度，使其可适用《专利法》第24条规定的两种依申请强制许可制度，即依申请单向强制许可和依申请交叉强制许可。

3. 德国注册外观设计权内容规则的演进

2014年德国《外观设计法》第38条第1款规定，外观设计的权利人具有使用该外观设计以及阻止他人未经许可使用的独占权，其中的"使用"具体包括制造、许诺、投入市场、进口、出口、使用外观设计产品，或为前述目的而储存该产品。

依据第40、41条，对外观设计权的限制包括以下情形：（1）私人行为且非商业目的；（2）以实验为目的的行为；（3）为引用或教学目的的复制行为，只要该复制行为符合公平交易惯例且不会不正当损害外观设计的正常利用，并且提及其来源；

（4）临时过境的船舶或飞机上的设备；（5）为了对临时过境的船舶或航空器维修或实施维修而进口的备件或配件；（6）先用权。

德国现行的《外观设计法》沿用了上述规定。

（四）日本专利法中的专利权内容

1. 日本专利权内容规则的演进

1871 年《专卖简则》并没有列明专卖许可的具体权利内容，但顾名思义，这种垄断性权利即"专卖"，即某些人享有的独占售卖权。另外，"专卖"一词通常还可译为"垄断"。

1885 年《专卖专利条例》同样未列明专利权的内容，但第 1 条写道"欲专卖之人可申请专利"，将"专利"直指"专卖"之权。同时，该条例第 5 条设立的国家征用制度，即被认定为军用或广泛使用所必需的发明，将实施或撤销专利并给予相应补偿。

此外，根据该条例第 20 条至第 22 条中禁止的侵犯专利权犯罪行为，也可以从反面勾勒出专利权的部分内容，分别为：（1）禁止他人仿造或从外国进口专利产品，以及禁止他人窃用专利方法；（2）禁止他人在由专利机器或方法制得产品的同类产品上使用专卖人标识或易混淆的标识；（3）禁止他人明知为前两种违法行为的物品却仍然销售。

1888 年的《专利条例》第 1 条规定，专利使发明人有权让他人在取得其同意后制造、使用或销售发明。换言之，若不经过发明人同意，他人不得从事前述活动。与之前的"专卖"之权相比，专利权的内容得到大幅扩充。但是，该条例没有对专利权所对应的专利类型加以区分，使得诸如"制造"方法发明的含义模糊不清。

同时，与 1885 年的《专卖专利条例》相比，《专利条例》增加了不完全的依申请交叉许可制度。根据第 8 条规定，若他人对在先专利进行改进并希望获得在后专利的，应与专利权人协商以寻求其同意并提出专利申请。若专利权人不同意，则官方可依该专利申请向改进发明授予专利并允许其使用在先专利。可见，依照该条例，在后专利的授予即表明其使用在先专利的合法性，实际上获得了依申请强制许可的效果。

1899 年《专利法》直接阐明了专利权的内容，其第 1 条第 2、3 款明确规定，对于产品专利，专利权的效力为制造、使用、销售、扩布的权利，对于方法专利，专利权人有使用、扩布的权利，但其效力及于由同一方法制造的产品。"扩布"（拡布）是指投入流通，含义相当于英、德《专利法》中的投入市场（德语为 in Verkehr zu bringen，在上文中已提及）。

1921 年《专利法》调整了专利权内容的表述，其第 35 条规定，专利权人拥有制造、使用、销售或扩布该专利产品的独占权，而对于方法专利，专利权人则拥有使用、销售、扩布由该方法制得的产品的独占权。相对于 1899 年《专利法》的相关表述，该法主要明确了专利权人对方法专利的权利内容，并增加了由专利方法制得产品的独占销售权。而且，该法还确立了专利标注权。其第 64 条规定，产品应当附上专利标识，根据产品的性质附在产品上或产品的容器或包装上。该规范将专利标注权表述为"应当"履行，更是一种带有义务性质的权利。

与此同时，在第 40 条保留了因军用或公共利益必要而限制、征用、撤销或实施专利的例外情形的基础上，第 36、37 条增加了诸多限制专利权的情形，具体为：（1）为研究或实验而实施专利的；（2）仅通过领土的交通工具或其装置；（3）申请专利时国内已经存在的物品；（4）在专利申请之时，他人已善意地实施该发明为业或具有商业设施的，有权在业务目的和发明范围内实施该发明，即先用权。

该法还完善了强制许可制度。一方面，该法第 41 条规定，若授予专利后满 3 年以上无正当理由未在国内适当实施的，根据公共利益的需要，利害关系人可申请实施权或撤销该专利，或者官方依职权撤销该专利。该规定实际上包含了依申请的单向强制许可制度。另一方面，该法第 49 条规定，当专利权人因不得实施他人专利而使其不能实施自己的专利时，若该他人无正当理由不同意实施或无法得到该他人的同意，则可提出实施申请，但专利权人的专利权未满 3 年的除外。该规定确立了交叉强制许可的一部分内容，即涉及将在先专利对在后专利的强制许可。

1959 年《专利法》对专利权内容的表述更为体系化。其第 2 条规定：（1）对于产品发明，有权对该产品进行制造、使用、转让、出租，或者为转让、出租而展示，或进口；（2）对于方法发明，有权使用该方法；（3）关于产品生产方法的发明，除前项权利外，有权对由该方法制得的产品进行使用、转让、出租或为转让、出租而展示，或者进口。与 1921 年《专利法》相比，该法增加了出租、展示、进口等权利，扩大了专利权内容。

而且，该法明确了"视为"侵害专利权的行为，即间接侵权行为。第 101 条规定：（1）对于专利产品，制造、转让、出租，为转让、出租而展示、进口任何产品的行为，且该产品仅用于生产该专利产品为业；（2）对于专利方法，制造、转让、出租，为转让、出租而展示、进口任何产品的行为，且该产品仅用于该专利方法的使用为业。这些行为虽然没有直接侵犯专利权，但由于对侵犯专利权的行为有协助作用，因而也受到专利权的限制，使专利权的效力得到延长。此外，该法还明确了虚假标识行为，其第 188 条规定了 4 种行为类型：（1）禁止他人在有关专利产品之外的产品或其包装上附上专利标识或易混淆的标识；（2）对于附有（或包装上附有）专利标识或易混淆标识的有关专利产品之外的产品，禁止他人转让、出租，或为转让、出租而进行展示；（3）禁止他人为制造、使用、转让、出租有关专利产品之外的产品，而在广告中附上表明该产品与专利有关的标识或易混淆的标识；（4）禁止他人为使用、转让、出租有关专利方法之外的方法，而在广告中附上表明该方法与专利有关的标识或易混淆的标识。

　　该法规定的不视为侵犯专利权的行为包括：第一，第69条将原来的"交通工具或其装置"调整为"船只或飞行器或其使用的机器、器具、装置或其他物品"。由于"交通工具"的概念相对于"船只或飞行器"还应包括陆上交通工具，因而前述调整实际上取消了陆上交通工具的临时通过豁免，这反过来扩展了专利权的效力区域。第二，调整了先用权。该法第79条规定，在专利申请之时，若他人在日本国内已经实施该发明或为实施该发明做准备的，在该发明及已实施或准备的业务目的范围内，拥有通常实施权。而该法第78条将通常实施权规定为，在法律规定或许可合同设定的范围内，有权实施该专利为业。强制许可制度也更加完备，第83、92、93条较为全面地规定了依申请强制许可，其包括：（1）依申请单向强制许可，即若专利连续3年以上未在日本国内适当实施，或者专利的实施对公共利益而言特别有必要，希望实施专利者与专利权人协商不成或不能协商的，可向专利局申请通常实施权；（2）依申请交叉强制许可（部分），即在后专利的专利权人为实施他人的在先专利（或实用新型、外观设计）而与他人协商不成或不能协商的，可向专利局申请通常实施权。此外，该法取消了自1885年《专卖专利条例》以来，政府以军用或公共利益的必要为由而实施或撤销专利的规定。

　　2016年《专利法》修订自1959年《专利法》，但专利权内容的定义有所不同。其第2条的具体规定为：（1）对于专利产品（包括计算机程序等），有权对该产品进行制造、使用、转让等

（包括转让和出租，以及当产品为计算机程序时，包括通过电信线路提供），出口或进口，或为转让等许诺（包括为转让等目的而展示）；（2）对于方法专利，有权使用该方法；（3）对于产品的生产方法专利，除前述权利外，有权对由该方法生产的产品进行使用、转让等，出口或进口，或为转让等许诺。[①] 与1959年《专利法》相比，该法一方面将"出租"调整为"转让等"，将"为转让、出租而展示"调整为"为转让等许诺"，采用更宽泛的概念对原有行为加以概括；另一方面还增加了出口权，这些改动均使专利权内容的覆盖面得以扩大。

同时，由于该法对第101条进行大幅扩充，被"视为"侵犯专利权的行为明显增多，具体包括：（1）对于专利产品，制造、转让等，进口或为转让等许诺任何产品的行为，且该产品仅用于生产该专利产品为业；（2）对于专利产品，制造、转让等，进口或为转让等许诺任何产品（在日本广泛流通的除外）的行为，该产品用于生产专利产品且对于该专利产品解决技术问题是不可或缺的，并且行为人知晓其为专利产品且该产品用于专利产品的实施为业；（3）对于专利产品，以转让等或出口专利产品为业的目的，而占有该专利产品的行为；（4）对于专利方法，制造、转让等，进口或为转让等许诺任何产品的行为，且该产品仅用于该专利方法的使用为业；（5）对于专利方法，制造、转让等，进口或为转让等许诺任何产品（在日本广泛流通的除外）的行为，该产品用于专利方法的使用且对于该专利方法解决技术问题是不可或缺的，并且行为人知晓其为专利方法且该产品用于专利方法的实施为业；（6）对于生产产品的专利方法，以转让等或出口由该专利方法制得的产品为业的目的，而占有该产品的行

---

① "特許法 施行日：平成二十九年五月三十日"，<http：//law. e-gov. go. jp/htmldata/S34/S34HO121. html> accessed 20 December 2017。

为。可见，相对于 1959 年《专利法》，该法增加了 4 种被"视为"侵犯专利权的行为，使专利权内容得到进一步扩充。

另外，该法基于其专利权内容的表述变更，对虚假标识行为的表述进行了相应调整。具体为：（1）禁止他人在非专利产品或其包装上附上专利标识或易混淆的标识；（2）对于附有（或包装上附有）专利标识或易混淆标识的非专利产品，禁止他人转让等，或为转让等目的而进行展示；（3）禁止他人为制造、使用、转让等非专利产品的目的，而在广告中附上表明该非专利产品与专利有关的标识或易混淆的标识；（4）禁止他人为使用、转让、出租非专利方法的目的，而在广告中附上表明该非专利方法与专利有关的标识或易混淆的标识。

在限制专利权方面，第 69 条增加了一种不受专利权限制的例外情形：对于由两种或更多种药物混合制得的专利药物（涉及用于诊断、治疗、处理或预防人类疾病的产品），或者对于通过混合两种或更多种药物来制备药物的专利方法，其效力不及于根据医师或牙医的处方制备药物的行为以及根据医师或牙医的处方所制备的药物。与此同时，该法使强制许可制度更为完备。一方面，第 83 条向依申请单向强制许可增加了限制条件，以连续 3 年以上未在日本适当实施为由申请许可的，该专利还需要自申请日起满 4 年，这在一定程度上减少了对专利权的限制。另一方面，对于依申请交叉强制许可，第 92 条第 2 款增加了在先专利（或实用新型、外观设计）的权利人（即前文中的"他人"）对在后专利申请通常实施权的程序，这就使交叉强制许可的内容更加完整。

2. 日本注册实用新型权内容规则的演进

1905 年《实用新型法》第 9 条明确，实用新型权是制造、销售、扩布或使用实用新型产品的独占权利。

1959 年《实用新型法》对实用新型权的内容作了一定程度的扩充。第 16 条规定，实用新型权是指实施实用新型为业的独占权利。依照第 2 条第 3 款，"实施"是指制造、使用、转让、出租，或者为转让、出租而展示，或进口实用新型产品的行为。此外，第 28 条还规定，对仅用于生产实用新型产品为业的产品进行制造、转让、出租，为转让、出租而展示、进口的行为，也属于侵权行为。将不直接侵犯前述独占权利的行为也归为侵权，使实用新型权的范围更大。

该法第 52 条还明确了虚假标识行为：（1）在非实用新型产品或其包装上附上实用新型标识或易混淆的标识；（2）对附有（或包装上附有）实用新型标识或易混淆标识的非实用新型产品进行转让、出租，为转让、出租而展示的行为；（3）为制造、使用、转让、出租非实用新型产品而在广告中附上表明该产品与实用新型有关的标识或易混淆的标识。这与专利法中的有关规定相近。

同时，该法也增加了对实用新型权的限制规定。首先，该法第 17 条明确了在后的实用新型权可能受到的限制，如果该实用新型利用了他人在先申请的实用新型、专利或外观设计，则在后实用新型的权利人不得实施该在后实用新型为业。其次，该法设立了较为成熟的强制许可制度，其包括依申请单向强制许可，若实用新型连续 3 年以上未在日本国内适当实施，或者实用新型为公共利益特别所需，希望实施之人在与权利人协商不成或不能协商的情况下可以申请通常实施权；① 还包括不完全的依申请交叉强制许可，即在后实用新型的权利人为实施他人在先的专利、实用新型或外观设计而与该他人协商不成或不能协商的，也可申请

_____

① 参见 1959 年日本《实用新型法》第 21 条、第 23 条。

通常实施权。① 此外，当年《专利法》第 79 条所规定的先用权也适用于实用新型权。

　　2015 年《实用新型法》通过扩张解释"实施"的含义而进一步增加了实用新型权的内容。其第 3 条规定，"实施"是指制造、使用、转让、出租、出口或进口、为转让或出租而许诺（包括为转让或出租而展示的行为）产品的行为。相应地，被视为侵权的行为也得以扩大，在第 28 条规定为：（1）制造、转让等（包括转让和出租，当产品为计算机程序时，包括通过电信线路提供），进口或为转让等许诺（包括为转让而展示）任何产品的行为，且该产品仅用于生产实用新型产品；（2）制造、转让等，进口或为转让等许诺任何产品（在日本广泛流通的除外）的行为，该产品用于生产实用新型产品且对于该实用新型产品解决技术问题是不可或缺的，并且行为人知晓其为实用新型产品且该产品用于实用新型产品的实施；（3）以转让、出租或出口实用新型产品的目的而对其实施占有的行为。

　　此外，该法继续完善了强制许可制度。其中，根据第 21 条，对依申请单向强制许可，以连续 3 年以上未实施为由提出申请的，还需满足该实用新型已自申请日起满 4 年的条件。而根据第 22 条第 2 款，对于依申请交叉强制许可，则增加了在先实用新型（或专利、外观设计）的权利人（即"他人"）对在后实用新型申请强制许可的程序。

　　3. 日本注册外观设计权内容规则的演进

　　1888 年《外观设计法》中并没有提及外观设计权的内容或侵犯该权利的有关行为。

　　与专利法和实用新型法类似，1959 年《外观设计法》同样

---

　　①　参见 1959 年日本《实用新型法》第 22 条。

以"实施"一词为核心，界定了外观设计权的内容。该法第 23 条规定，外观设计权是指实施注册外观设计和相似外观设计的独占权利，第 2 条第 3 款将"实施"定义为制造、使用、转让、出租，为转让、出租而展示，或进口的行为。并且依照第 38 条，对于仅用于生产具有注册外观设计或相似设计的产品为业的产品进行制造、转让、出租，为转让、出租而展示、进口的行为，虽然没有直接侵犯前述独占权利，但同样被视为侵权行为。

该法还规定了涉及外观设计的虚假标识行为。第 65 条规定，对于与注册外观设计或其相似外观设计无关的产品而言，以下行为均属于虚假标识行为：（1）对前述产品附上注册外观设计标识或易混淆的标识；（2）对附有（或包装上附有）注册外观设计或易混淆标识的前述产品进行转让、出租，为转让、出租而展示的行为；（3）为制造、使用、转让、出租前述产品，而在广告中附上表明该产品与注册外观设计或其相似外观设计有关的标识或易混淆的标识。

关于对外观设计权的限制：第一，该法第 26 条规定了对在后外观设计权的限制。如果在后外观设计利用了他人在先的外观设计、专利或实用新型，则在后外观设计的权利人不得实施该在后外观设计以及与其相似的外观设计为业。第二，该法第 29 条规定了外观设计的先用权。如果在外观设计提出申请之时，他人在不知情的情况下创造或得知了与之相同或相似的外观设计，并且已经实施该外观设计或相似设计或者已做好了实施准备的，有权在该外观设计和业务目的范围内继续实施。第三，该法第 33 条增设了不完全的依申请交叉强制许可。如果在后外观设计的权利人希望实施他人的在先外观设计、专利或实用新型且与该他人协商不成或无法协商的，可以申请通常实施权。

2015 年《外观设计法》第 2 条第 3 款扩大了"实施"的内

容，其包括制造、使用、转让、出租、出口或进口，为转让或出租而许诺（包括为转让或出租而展示）产品的行为。相应地，第 38 条将视为侵权的行为扩充为两种情形：（1）制造、转让等（包括转让和出租，当产品为计算机程序时，包括通过电信线路提供），进口或为转让等许诺（包括为转让而展示）任何产品的行为，且该产品仅用于生产具有注册外观设计或相似外观设计的产品；（2）以转让、出租或出口为目的而对具有注册外观设计或相似外观设计的产品实施占有行为。

同时，该法第 33 条第 2 款使依申请交叉强制许可制度更加完整，使在先外观设计（或专利、实用新型）的权利人，即前文中的"他人"，也可对在后外观设计申请强制许可。

（五）韩国专利法中的专利权内容

1. 韩国专利权内容规则的演进

1961 年韩国《专利法》明确界定了专利权内容。其第 39 条第 1 款规定，专利权人具有制造、使用、销售或分销（类似于日本《专利法》当中的"扩布"）专利产品的独占权利，使用专利方法以及使用、销售或分销由该专利方法制得的产品的权利。

在限制专利权方面，该法第 40、41 条规定了不视为侵犯专利权的行为，包括：（1）为研究或测试而实施专利；（2）仅通过国家的运输或其设备；（3）专利申请之日在国内业已存在的物品；（4）在专利申请之时，任何人已实施该专利为业或拥有业务设施的，则其在该发明的业务目的范围内有权实施该专利，即先用权。

该法还较为全面地规定了强制许可制度。其中，该法第 44 条体现了国家征用和公共利益强制许可，其规定若专利为国防或公共利益所需，政府可限制、征用、撤销或实施该专利，或交由政府之外的单位实施。第 45 条规定了依申请单向强制许可，如果专利授权满3年以上，专利权人无正当理由未在韩国国内实施的，他人可申请强制许可。第52条则规定了依申请交叉强制许可，如果专利权人不使用他人的专利（或实用新型、外观设计）就不能实施自己的专利，且该他人无正当理由拒绝同意或不能协商的，则专利权人可提出实施请求，但他人的专利权未满3年的除外。同样，该他人在未能得到专利权人同意的情况下，也可申请实施其专利的许可。

1973年韩国《专利法》扩充了专利权内容，其第45条加入了进口权，使专利权人对专利产品的权利扩展为制造、使用、销售、进口或分销该产品为业的独占权利，对专利方法的权利则扩展为使用该专利方法以及使用、销售、进口或分销由该专利方法制得的产品的独占权利。此外，该法增加了被视为侵犯专利权的行为，进一步扩大了专利权的范围。第64条具体列举为：（1）对于专利产品，制造、销售、使用、进口或分销任何产品，且该产品仅用于生产专利产品；（2）对于专利方法，制造、销售、进口或分销任何产品，且该产品仅用于专利方法的实施。

该法在1961年《专利法》的基础上增加了两种不视为侵犯专利权的行为。其一，若在后专利使用了他人的在先专利，则在后专利的专利权人不得通过使用在先专利来实施其在后专利，除非得到许可，即依申请交叉强制许可。[①] 其二，对于已出口或核准的货物，或为出口已登记出口清关的货物，不得以专利侵权为由申请禁令、临时扣押或没收令。[②] 然而，该法将原先可豁免的"运输或其设备"具体限定为"运输机器、装置或其设备"，这在某种程度上缩减了可豁免的范围。另外，该法扩展了强制许可制度的适用情形，第51条在保留了原有依申请单向强制许可规

---

① 参见1973年韩国《专利法》第45条第3款。
② 参见1973年韩国《专利法》第46条第2款。

定的情况下，以第 52 条增加了以限制专利权滥用为目的的单向强制许可措施。这些专利权滥用行为包括：（1）专利授权满 3 年以上，无正当理由而未在韩国国内以显著业务规模实施的；（2）专利授权 3 年后，无正当理由而未能以合理程度和条件满足国内对专利产品、专利植物、专利技术或专利方法的需求的；（3）专利授权 1 年后，无正当理由而未能以合理程度和条件满足出口对专利产品、专利植物、专利技术或专利方法的需求的；（4）专利权人不正当地拒绝许可，对产业、国家或国民的业务造成损失的；（5）对于方法专利，以不属于该方法范围内的方式生产产品，对他人造成不合理损失的；（6）通过不正当地主张不属于专利权范围内的权利，妨碍他人的生产和销售。针对上述专利权滥用的行为，根据利害关系人的请求，专利局可授予强制许可，甚或撤销该专利。

　　1986 年韩国《专利法》第 46 条第 2 款增加了一种不受专利权约束的情形：由混合两种或更多种药物而制备的专利药物（用于诊断、治疗、缓解、处理或预防人类疾病）或通过混合两种或更多种药物来制备药物的专利方法。与此同时，该法第 46 条第 1 款第 2 项将享受临时过境豁免的"运输机器、装置或其设备"进一步限定为"船舶、飞机、车辆或其中使用的机器、装置或其他设备"，缩小了豁免的适用对象范围。

　　关于强制许可制度。一方面，该法第 51 条修改了依申请单向强制许可制度，取消了专利权滥用行为的相关表述，将其内容调整为：若自专利申请之日起已满 4 年且符合以下 3 种情形之一：（1）专利未在韩国国内实施达 3 年以上，且不存在自然灾害、不可抗力或其他正当理由的；（2）专利连续 3 年以上未能以显著业务规模在韩国国内实施，或未能以合理程度或条件满足国内需求或出口需求的；（3）专利权人不正当地拒绝许可，对产业、国家或国民的业务造成损失的，若欲实施该专利之人与专利权人协商不成或不能协商，可申请专利局批准强制许可。另一方面，该法第59条修改了依申请交叉强制许可，增加了限制条件，即在后专利相对于在先专利应具有重大技术进步。与原规定相比，依申请单向强制许可的适用情形相对减少，同时依申请交叉强制许可又新增了限制条件，从而总体上使强制许可制度的适用范围有一定程度的限缩。

1990年韩国《专利法》围绕"实施"一词重新界定了专利权的内容。第94条确立了专利权人具有实施专利为业的垄断性权利，并在第2条中将"实施"界定为：产品发明，是指制造、使用、转让、出租、进口或展示（为转让或出租）该产品的行为；方法发明，是指使用该方法的行为；而产品生产方法发明，除前项行为外，还指使用、转让、出租、进口或展示由该方法制得的产品的行为。

值得注意的是，在"实施"的定义中，原有的"销售"（판매）被调整为"转让"（양도）。销售（Sell）指"将某物给他人以换取金钱"（to give something to someone else in return for money），[1] 而转让（Assign）则是指"使用法律程序给予财产、金钱或权利"（to give property, money, or rights using a legal process），[2] 可以是有偿的或无偿的，即对方可不需支付对价。因此，相较而言，修改后的"转让"所涵盖的含义更加宽泛。

基于专利权内容的调整，该法第127条相应修改了视为侵犯专利权行为的有关规定，具体表述为：（1）对于专利产品，制

---

① "sell"，<https：//dictionary. cambridge. org/dictionary/english－chinese-simplified/sell> accessed 20 December 2017.

② "assign"，<http：//dictionary. cambridge. org/dictionary/english－chinese-simplified/assign> accessed 20 December 2017.

造、转让、出租、进口或展示产品的行为，且该产品仅用于生产专利产品；（2）对于专利方法，制造、转让、出租、进口或展示产品的行为，且该产品仅用于实施专利方法。

该法第223条还规定了权利人的标记权。如果产品是专利产品或者由专利方法制得，则专利权人（以及独占许可、普通许可人）均可在产品上标注专利标识。假如不能在产品上进行标注的，则该标识可在容器或包装上。针对该标记权，该法第224条对虚假标识行为以单独条款规定了4种行为：（1）对于非专利或非专利申请产品，或由非专利或非专利申请方法制得的产品，或其容器或包装，附上专利标识或专利申请标识或容易混淆标识的行为；（2）对前述的标识产品进行转让、出租或展示的行为；（3）为制造、使用、转让或出租前述标识产品，而在广告、招牌或标签中附上表明该产品为专利、专利申请，或由专利方法或专利申请方法制得，或容易混淆的标识；（4）为使用、转让、出租非专利或非专利申请方法，而在广告、招牌或标签中附上专利标识、专利申请标识或容易混淆的标识。

在限制专利权方面，该法第106条将国家征用及公共利益强制许可制度的前提条件"因国防或公共利益所需"限缩为"因国防所需"，缩小了该制度的适用范围。

对于依申请单向强制许可，该法第107条将其适用条件修改为：（1）专利未在韩国国内实施达3年以上，且不存在自然灾害、不可抗力或其他正当理由的；（2）专利连续3年以上未能以显著业务规模在韩国国内实施，或未能以合理程度或条件满足国内需求的；（3）实施该专利是公共利益特别所需，前两项条件的适用前提是专利自申请之日起已满4年。通过比较可知，前述修改取消了"未满足出口需求"以及"专利权人不正当地拒绝许可而造成损失"的适用情形，而新加入的"公共利益所需"

本就来自原先的公共利益强制许可，因而整体上缩小了强制许可的适用范围。

1995年韩国《专利法》调整了"实施"一词的含义，[①]采用"为转让或出租等许诺"这一更宽泛的表述概括了"为转让或出租而展示"，使专利权内容得到相对扩充。同时，该法第127条相应地调整了视为侵犯专利权行为的表述，具体为：（1）对于专利产品，制造、转让、出租、进口、展示，为转让或出租而许诺产品的行为，且该产品仅用于生产专利产品；（2）对于专利方法，制造、转让、出租、进口、展示，为转让或出租而许诺产品的行为，且该产品仅用于专利方法的实施。

在专利权限制方面，该法第106条对适用国家征用及公共利益强制许可的前提条件"因国防所需"作进一步限定，只有在战时、国家危机或相应的紧急情况下，才能以国防所需为由对专利权采取征用、实施或许可他人实施等措施。该法第107条向依申请单向强制许可增加了适用条件：（4）为补救依司法或行政程序判定的不公平贸易行为而需要实施专利，并将适用条件（3）所规定的"公共利益所需"限定为"以非商业目的"而实施。

2017年韩国《专利法》第94条对专利权内容的具体规定为：专利权人享有实施专利为业的独占性权利。[②]其中第2条将"实施"一词定义为：对于专利产品，其为制造、使用、销售、出租、进口，为销售或出租而许诺（包括为销售或出租而展示）的行为，对于专利方法，其为使用行为，而对于生产产品的专利

---

① "특허법"，<http：//www.lawnb.com/lawinfo/link_view.asp？cid=302E7714FF59411F91A1ADFD64FF321C> accessed 20 December 2017.

② "특허법"，<http：//www.lawnb.com/lawinfo/link_view.asp？cid=AE467A635FDA4811AF8EBD114912F15A#J94> accessed 20 December 2017.

方法，除使用该方法的行为外，还有使用、销售、出租、进口，为销售或出租而许诺由该方法制得的产品的行为。

　　基于"实施"一词含义的调整，第 127 条将视为侵犯专利权行为相应修改为：（1）对于专利产品，制造、销售、出租、进口，为销售或出租而许诺产品的行为，且该产品仅用于生产专利产品；（2）对于专利方法，制造、销售、出租、进口，为销售或出租而许诺产品的行为，且该产品仅用于专利方法的实施。第 224 条规定的虚假标识行为中的"转让"也相应修改为"销售"。

　　对于不视为侵犯专利权的行为，该法第 96 条明确了"研究或测试"的含义，其应包括根据《药事法》为获得药品许可或报告药物或者根据《农药管制法》为登记农药而进行研究或测试。该法对先用权未做实质性修改。[①]

　　另外，该法将原本合为一条的国家征用和公共利益强制许可制度加以分别规定。其中，关于国家征用，第 106 条规定政府在战时、事变或类似紧急情况下可因国防所需而征用专利；关于公共利益强制许可，第 106-2 条规定由于全国性或极端的紧急情况，或为公共利益，政府可非商业性地实施专利，可由政府实施，也可由政府授权他人实施。该法第 107 条还向依申请单向强制许可增加了一种适用情形：（5）由于他国欲进口药品以治疗威胁该国大多数公民的疾病，有必要实施专利以向该国出口该药品的。药品则包括专利药品、专利方法制得的药品、用于制造药品的必要有效成分以及使用药品的诊断试剂盒。另外，第 138 条对依申请交叉强制许可的适用加以限制，将要求在后专利相对于在先专利应"具有重大技术进步"，提升为"具有显著经济价值的重大技术进步"。

---

　　①　参见 2017 年韩国《专利法》第 103 条。

2. 韩国注册实用新型权内容规则的演进

1961 年《实用新型法》第 10 条第 2 款规定，其权利人拥有制造、使用、销售或分销实用新型产品为业的独占权利。

同时，该法也规定了对上述权利的诸多限制。首先，《专利法》不视为侵犯专利权的行为可以适用于实用新型权。[①] 其中第 11 条特别规定了先用权，在实用新型申请之时，他人已经实施该实用新型为业或拥有业务设施的，有权在实用新型和业务目的范围内继续实施。其次，该法确定了对在后实用新型权的限制。依照第 10 条第 3 款，如果在后的实用新型与他人在申请日以前申请的实用新型（或专利、外观设计）存在冲突，则在后的实用新型权利人不得未经允许而实施其实用新型。最后，该法规定了依申请交叉强制许可制度。第 15 条规定，若权利人需要实施他人的实用新型或外观设计才能使自己的实用新型得以实施，且他人无正当理由拒绝同意或不能协商的，则可提出实施申请。不过，他人的实用新型和外观设计授权未满 2 年的除外。相应地，若该他人希望实施权利人的实用新型但未能得到许可的，也可提出申请。另外，根据该法第 44、45 条，《专利法》中的国家征用、公共利益强制许可制度和依申请单向强制许可制度也适用于实用新型。

1990 年《实用新型法》围绕"实施"明确了权利内容。在第 23 条规定了权利人"具有实施实用新型为业的垄断性权利"的基础上，第 2 条第 3 款将其中的"实施"定义为对产品进行制造、使用、转让、出租、进口或展示（仅限于为转让或出租）的行为。

该法第 30 条还将不直接侵犯实用新型权的某些行为也规定

---

① 参见 1961 年韩国《实用新型法》第 40 条。

为视为侵权行为，具体是制造、转让、出租、进口或展示产品的行为，且该产品仅用于生产实用新型的相关产品。此外，该法将《专利法》中有关标记权和虚假标识行为的条款也适用于实用新型权。[①]

在权利限制方面，不视为侵犯专利权的行为不再直接援引《专利法》，而是由第24条加以列举：（1）为研究或测试而实施实用新型；（2）仅通过国家的船舶、飞机、车辆或其使用的机器、器械、装置或其他附属品；（3）申请日时在国内业已存在的物品。但是，先用权仍需适用《专利法》的规定。[②] 该法第25条基本沿用了对在后实用新型权利的限制规定，但在第33条对依申请交叉强制许可进行了调整。其一方面明确了申请许可的范围，增加了针对专利的许可申请，不过所申请的许可均应在实施其实用新型所需的范围内；另一方面则增加了申请许可的限定条件，即在后实用新型相对于他人的实用新型或专利应具有"显著的技术进步"。与此同时，《专利法》中的国家征用、公共利益强制许可制度和依申请单向强制许可制度仍适用于实用新型。[③]

2017年《实用新型法》进一步调整了权利内容，第23条规定权利人"具有以商业或工业目的实施实用新型的独占权利"。第2条中的"实施"含义则扩充为制造、使用、转让、出租、进口，为转让或出租而许诺（包括为转让或出租而展示）的行为。基于"实施"含义的调整，第29条中被视为侵权的行为相应调整为：以商业为目的制造、转让、出租、进口，为商业或工业转让或出租而许诺产品的行为，且该产品仅用于生产实用新型相关产品。

---

① 参见1990年韩国《实用新型法》第223、224条。
② 参见1990年韩国《实用新型法》第103条。
③ 参见1990年韩国《实用新型法》第106、107条。

权利限制方面，不受实用新型权约束的例外情形基本维持不变。① 依申请交叉强制许可的适用条件更加严格，其第 32 条规定，在后实用新型相对于他人的实用新型或专利应具有"显著经济价值的重大技术进步"。另外，《专利法》中的国家征用、公共利益强制许可制度和依申请单向强制许可制度依然适用于实用新型。②

3. 韩国注册外观设计权内容规则的演进

1961 年《外观设计法》第 12 条第 2 款将外观设计权的内容规定为"权利人具有制造、使用、销售或分销外观设计产品为业的独占权利"。

不视为侵犯专利权的行为包括先用权。第 13 条规定，在外观设计申请以前，他人已经实施该外观设计为业或拥有业务设施的，有权在外观设计和业务目的范围内继续实施。

在权利限制方面，包括对在后外观设计权的限制。第 12 条第 4 款规定，如果外观设计与他人在申请日以前申请的专利、实用新型存在冲突，则该在后的外观设计权利人不得未经允许而实施其外观设计。

对权利的限制还包括强制许可制度。第 16 条规定了依申请交叉强制许可制度：若权利人需要实施他人的专利、实用新型或外观设计才能使自己的外观设计得以实施，且该他人无正当理由拒绝同意或不能协商的，则可提出实施申请。但是，他人的专利、实用新型或外观设计授权不满 2 年的除外。不过，由于该法没有赋予该他人针对在后外观设计权人申请强制许可的途径，这种交叉强制许可制度是不完全的。另外，该法第 44、45 条还规

---

① 参见 2017 年韩国《实用新型法》第 24 条。
② 参见 2017 年韩国《实用新型法》第 106、107 条。

定，《专利法》中的公共利益强制许可制度和依申请单向强制许可制度也适用于外观设计权。

1990 年《外观设计法》第 41 条规定，权利人具有实施外观设计或相似设计的独占权利。同时，第 2 条第 3 款将其中的"实施"界定为对产品进行制造、使用、转让、出租、进口或展示（仅限于为转让或出租）的行为。对于实施某产品的行为，且该产品仅用于生产外观设计相关产品的，该法第 63 条将其认定为视为侵权的行为。

此外，该法第 79 条规定了外观设计的标记权，其内容是：外观设计权人（以及独占许可、普通许可人）均可在与外观设计相关的产品上或其容器或包装上标注外观设计标识。为保护上述标记权，该法第 80 条界定了虚假标识行为，包括：（1）对于非外观设计或其容器或包装，附上外观设计标识或申请标识或容易混淆标识的行为；（2）对前述的标识产品进行转让、出租或展示的行为；（3）为制造、使用、转让或出租前述标识产品，而在广告、招牌或标签中附上表明该产品为外观设计、申请或容易混淆的标识。

该法对外观设计权的限制主要涉及以下制度。

首先是不受外观设计权约束的例外情形，包括：（1）先用权，即在外观设计申请之时，他人在国内也创作了该外观设计，或者从创作者处得知该外观设计并已实施或已做好实施准备的，有权在外观设计和业务目的范围内继续实施；[①]（2）为研究或测试而实施外观设计；（3）仅通过国家的船舶、飞机、车辆或其使用的机器、器械、装置或其他附属品；（4）申请日时在国内业已存在的物品。[②]

---

① 参见 1990 年韩国《外观设计法》第 50 条。
② 参见 1990 年韩国《外观设计法》第 43 条。

其次是对在后的外观设计权的限制。第 45 条规定，若外观设计或相似外观设计与他人在申请日以前申请的专利、实用新型存在冲突，则该在后的外观设计权利人不得未经允许而实施其外观设计或相似设计。即与原先的规定相比，增加了对相似外观设计的实施的限制。

最后是强制许可制度。第 70 条规定了依申请交叉强制许可，申请的实施许可范围被限定在实施其外观设计所需的范围内。而且，若被申请强制许可的他人希望实施申请人的外观设计而未能得到同意的，也可以提出实施申请，这使得交叉强制许可制度更完整了。此外，依申请单向强制许可制度被取消。

2017 年《外观设计保护法》对"实施"的内容稍作扩充。第 92 条规定，权利人具有商业性地实施外观设计或相似外观设计的独占权利。同时，第 2 条第 7 款将"实施"含义调整为制造、使用、转让、出租、出口、进口，为转让或出租而许诺（包括为转让或出租而展示）产品的行为。相应地，第 114 条将视为侵权行为的情形调整为：制造、转让、出租、出口、进口某产品，或为转让或出租而许诺某产品，且该产品仅用于生产注册外观设计或相似外观设计的相关产品。

在权利限制方面，增加了涉及相似外观设计的不视为侵权行为，包括：在第 100 条的先用权中加入了对相似外观设计的实施权，即先用权人既可实施外观设计，也可实施相似外观设计；第 94 条扩大了为研究测试而实施外观设计的范围，其对象不仅可以是注册外观设计，也可以是相似外观设计。同时，该法第 123 条取消了国家征用、公共利益强制许可制度，仅保留了依申请交叉强制许可制度。

三、专利权内容扩充化趋势之概貌

在国际法层面，1993 年 TRIPS 之前，除区域性多边条约《班吉协定》外，鲜见有条约对专利权内容加以界定，通常是由成员国国内法加以确认的，比如 1973 年《欧洲专利公约》。但在 TRIPS 对专利权内容明确界定后，开始陆续有区域性多边条约和双边条约以之为参照，在文本中加入了专利权内容的相关条款，包括 1993 年年末的 NAFTA、1994 年的《欧亚专利公约》及其实施细则、2002 年《欧盟外观设计保护条例》等区域性多边条约，以及《中华人民共和国政府和大韩民国政府自由贸易协定》《美国–澳大利亚自由贸易协定》《日本–泰国经济伙伴关系协定》《日本–瑞士自由贸易和经济伙伴关系协定》等双边协定。尽管有许多区域性多边条约和双边协定的出现，但由于 TRIPS 的专利权内容基准尚未被新的全球性多边条约取代，因此界定专利权内容仍主要以 TRIPS 条款为准。虽然一些条约在界定专利权内容时存在一定差异，但大多数是比较细微的，且多数情况为增加专利权内容。例如，与 TRIPS 相比，《班吉协定》增加了"储存"独占权，《欧亚专利公约》增加了"营销"独占权，《日本–瑞士自由贸易和经济伙伴关系协定》增加了"出口"独占权，等等。

关于权利内容的限制，1883 年《巴黎公约》已规定了诸多限制专利权内容的条款，包括不视为侵犯专利权的行为和强制许可制度，为专利权内容限制规则的后续发展提供了参考和基础。然而，在 TRIPS 之前，同样只有极少数条约（如《班吉协定》）对此进行了具体规定，仍然需要成员国国内法的规范。TRIPS 将《巴黎公约》的强制许可制度细化为公共利益强制许可、依申请单向强制许可和依申请交叉强制许可三种形式。此后，NAFTA、《欧亚专利公约》、《欧盟外观设计保护条例》、DR-CAFTA 等区域性多边条约以及中瑞、中韩、中澳自由贸易协定，美澳自由贸易协定等双边条约中也包含了限制专利权内容的相关条款。这些条款涉及的内容各有不同，有的只涉及强制许可制度，如 NAF-TA；有的只涉及不受专利权约束的例外，如《欧盟外观设计保护条例》；有的仅笼统地允许成员国对专利权施加限制，如 DR-CAFTA 和一些双边条约。但总体而言，不视为侵犯专利权的行为有所增多，强制许可制度则基本维持在 TRIPS 的限制水平。具体来看，相对于《巴黎公约》所规定的不视为侵犯专利权的行为，《欧亚专利公约》增加了"为科研和实验而使用专利""偶尔配制药品而使用专利""为私人非营利目的使用专利"等情形，《欧盟外观设计保护条例》增加了"私人行为且非商业目的""为实验目的""为引用或教学目的而实施"，等等。而相对于 TRIPS 所规定的强制许可制度，只有《班吉协定》达到了与之相当的细化程度，且修订后的《班吉协定》使强制许可制度的适用条件更为严苛。这表现为，1977 年《班吉协定》要求依申请交叉强制许可的条件是，在后专利相对于在先专利具有重大技术进步；但修订后的《班吉协定》不仅要求有技术进步，还需具有重大经济利益，导致其适用范围相对缩小。

因此，在国际法的框架下，TRIPS 已确立了专利权内容的基准，随后制定的区域性多边条约和双边条约通常只是在该基准的基础上进行引用或稍作扩充，基本上保持着稳中有增的趋势。同时，国际法对专利权内容的限制主要体现在强制许可制度和不视为侵犯专利权的行为两个方面。前者一般保持在 TRIPS 规定的限制水平，甚至有些微弱，而后者则呈现出增加的趋势。

在国内法层面，英国 1977 年《专利法》开始明确专利权内容，其涉及制造、销售、许诺销售、使用、进口、保存的独占权，并且涵盖了对间接侵权行为的约束。并且，英国于 1949 年

《注册外观设计法》正式针对"注册外观设计"提供保护，其涉及制造、进口、销售、出租、许诺销售或出租的独占权，1988年《著作权、外观设计与专利法》增加了"公开"独占权；2015年《注册外观设计法》则删去"公开"，增加了"出口""储存"的独占权。美国1790年《专利法》列明专利权为制造、建造、使用或销售给他人使用的自由，1952年《专利法》将专利权扩及外观设计专利和植物专利并涵纳禁止间接侵权行为的权能，2017年《专利法》又增加了"许诺销售"独占权。德国1877年《专利法》将专利权内容界定为制造、投入市场、许诺销售、使用的独占权；1994年《专利法》增加了"进口""储存"独占权，并增设了禁止间接侵权行为的规定，并且其关于实用新型权和外观设计权内容的规定与之相似。日本1871年《专卖简则》规定专利权即独占售卖权；1888年《专利条例》将其扩张为制造、使用、销售独占权；1899年《专利法》增加"扩布"独占权；1959年《专利法》又删除"扩布"，增加"出租""展示""进口"独占权，并扩展至禁止间接侵权行为的权利；2016年《专利法》增加了"出口"独占权，将"出租"调整为"转让等"，将"展示"调整为"许诺"，并且大幅扩充了可禁止的间接侵权行为，其关于实用新型权和外观设计权内容的规定与之类似。韩国1961年《专利法》将专利权内容界定为制造、使用、销售、分销的独占权；1973年《专利法》增加"进口"独占权，并扩展至对间接侵权行为的禁止；1990年《专利法》增加"出租""展示"独占权；1995年及2017年《专利法》则增加"许诺"独占权，同时相应扩展了间接侵权的情形，其关于实用新型权和外观设计权内容的规定与之情况相仿。

在权利限制方面，英国自1623年《垄断法案》便规定了限制专利权内容的条款，包括不能违反法律、不能损害贸易等内容，但尚未形成现代意义上的限制规则；1883 年《专利、外观设计和商标法案》加入了不视为侵犯专利权的行为和强制许可制度，1949 年、1977 年、2014 年英国《专利法》相继对这些限制规则进行扩张或完善。就注册外观设计权的限制而言，1883 年《专利、外观设计和商标法案》对外观设计权设定了未实施即终止权利的限制，1949 年《注册外观设计法》增设了强制许可制度，2015 年《注册外观设计法》则增设了不视为侵犯专利权的行为。美国 1952 年《专利法》规定了不视为侵犯专利权的行为，2017 年《专利法》对其进行了扩充。德国在 1877 年《专利法》中规定了强制许可制度和不视为侵犯专利权的行为，1936 年、1994 年、2016 年《专利法》相继扩充或完善了这些限制规则；其关于实用新型权和外观设计权内容的限制规定也与之相似。日本于 1885 年开始规定类似于强制许可制度的国家征用制度，1888 年《专利条例》、1921 年《专利法》、1959 年《专利法》以及 2016 年《专利法》陆续增加了不视为侵犯专利权的行为，同时完善了强制许可制度，对实用新型权和外观设计权内容的限制规定也大同小异。韩国 1961 年《专利法》规定了不视为侵犯专利权的行为和强制许可制度，1961 年、1986 年、1990 年、1995 年及 2017 年《专利法》相继增加或完善了这些限制规则，它对实用新型权和外观设计权内容的限制规定与之相类似。

从国内法的发展历程来看，各国在界定专利权内容方面比 TRIPS 更早开始，经过多次修订后，已经扩充到与 TRIPS 所确定的内容相当甚至比它更多。尽管各国在限制专利权范围方面的规定也普遍早于 TRIPS，但强制许可制度已经较为完善，无外乎 TRIPS 中的公共利益强制许可、依申请单向强制许可和依申请交叉强制许可三种模式。另外，虽然不视为侵犯专利权的行为不断增加，但这些情形要么是与专利市场垄断权无关的非经营行为，要么是为了国家公共利益而在特定领域设定的限制，对专利权内容的影响并不显著。

总体而言，国际法和国内法在历史上都呈现出扩大专利权内容的趋势，但由于 TRIPS 的示范作用和"锚定"效应，当前大多数国际条约或国内法与 TRIPS 规定的内容保持相当或仅稍有扩张。尽管不视为侵犯专利权的行为也有所增加，但总体上对专利权内容的约束相对有限。另外，强制许可制度已日臻完善，并趋于稳定。因此可以预见，专利权内容未来将呈现出稳定并稍微扩张的趋势。在这种情况下，各国陆续出台的专利间接侵权制度尤为值得关注。

四、专利权内容扩充表现之专利间接侵权制度

在国际法层面，签署于 1989 年卢森堡会议的《共同体专利公约》要求"禁止间接利用发明"，其第 26 条将专利间接侵权行为界定为：第三人未经专利权人允许，向共同体领域内无权实施该专利之人，提供或许诺提供与发明的关键要素有关的手段以实施该发明，且该第三人知晓或应当知晓这些手段适合且意图用于实施该发明。然而，遗憾的是该公约并未最终生效。迄今为止，除该公约外，笔者尚未发现其他国际条约规定有专利间接侵权制度。

在国内法层面，许多国家对于间接侵权行为有详细的规定。比如，英国 1977 年《专利法》第 60 条第 2、3 款规定了间接侵权行为：向非被许可人或其他有权经营发明的人，提供或许诺提供用于实施发明的任何关键手段，并且其明知或有理由知晓这些手段适用于并意在用于实施发明；但是不包括提供或许诺提供大宗商品的行为，除非该行为的目的是诱导他人实施侵权行为。美国 1952 年《专利法》第 271 条（b）、（c）规定了间接侵权行为：

（1）教唆侵权，指积极教唆他人侵犯专利权的行为；（2）任何人销售属于专利关键部分的专利机器、制品、组合或组合物的部件或者用于实施专利方法的材料或装置，并且知晓其特别被制造或采用以用于专利侵权而不是适用于非侵权用途的民生商品或大宗贸易商品。德国1994年《专利法》第10条规定了间接侵权行为：未经专利权人同意，任何第三人不得向无权实施该专利的人提供或许诺提供与发明的必需要素有关的手段以供其使用，当其知道或应当知道这些手段适合并专用于该发明；但该手段为大宗商品时除外，除非该第三人诱导他人实施侵权行为。这一规定也存在于德国《实用新型法》中。日本1959年《专利法》第101条规定了"视为侵害专利权的行为"，即间接侵权行为：（1）对于专利产品，制造、转让、出租，为转让、出租而展示、进口任何产品的行为，且该产品仅用于生产该专利产品为业；（2）对于专利方法，制造、转让、出租，为转让、出租而展示、进口任何产品的行为，且该产品仅用于该专利方法的使用为业。2016年日本《专利法》第101条将间接侵权行为扩充为六种：（1）对于专利产品，制造、转让等，进口或为转让等许诺任何产品的行为，且该产品仅用于生产该专利产品为业；（2）对于专利产品，制造、转让等，进口或为转让等许诺任何产品（在日本广泛流通的除外）的行为，该产品用于生产专利产品且对于该专利产品解决技术问题是不可或缺的，并且行为人知晓其为专利产品且该产品用于专利产品的实施为业；（3）对于专利产品，以转让等或出口专利产品为业的目的，而占有该专利产品的行为；（4）对于专利方法，制造、转让等，进口或为转让等许诺任何产品的行为，且该产品仅用于该专利方法的使用为业；（5）对于专利方法，制造、转让等，进口或为转让等许诺任何产品（在日本广泛流通的除外）的行为，该产品用于专利方法的使用且对于该专利方法解决技术问题是不可或缺的，并且行为人知晓其为专利方法且该产品用于专利方法的实施为业；（6）对于生产产品的专利方法，以转让等或出口由该专利方法制得的产品为业的目的，而占有该产品的行为。日本的实用新型法和外观设计法中也均有类似的间接侵权的规定。韩国 1973 年《专利法》在第 64 条增加了间接侵权制度，包括两种行为：（1）对于专利产品，制造、销售、使用、进口或分销任何产品，且该产品仅用于生产专利产品；（2）对于专利方法，制造、销售、进口或分销任何产品，且该产品仅用于专利方法的实施。这一规定在 1990 年、1995 年和 2017 年《专利法》中因专利权内容的表述变化而进行了相应调整。此外，在韩国的《实用新型法》和《外观设计法》（《外观设计保护法》）中也有相应的间接侵权规定，并作过类似修改。

　　国际法律实践显示，尽管国际法仍未确立专利间接侵权制度的相关规范，但一些代表性国家的国内法已经相继明确规定了这一制度。这些国内法的规定反映了当前专利间接侵权行为的特点：首先，该行为不仅涵盖实际提供的行为，还包括"表示愿意提供"的许诺行为；其次，行为对象是专门用于专利产品或方法的手段或构成发明关键部分的手段；再次，行为人需要具有主观上的认知，即知道或应该知道其行为可能被他人用于侵犯专利权；最后，大多数国家的相关法律都规定间接侵权行为的成立需要基于直接侵权行为的发生。

第三章　专利权扩张化直接推动侵犯专利权行为的犯罪化

第一节　犯罪化与非犯罪化的关系及趋势

一、犯罪化与非犯罪化的关系

犯罪圈，是指刑法规定的犯罪范围。具体而言，是指国家通过制定及修改刑法对需要追究刑事责任的犯罪行为所划定的范围。陈兴良教授认为，一个行为是被刑法定义为犯罪的，因此犯罪定义是指刑法所确定的犯罪范围，即通常所说的犯罪圈。这是一个形势政策问题，也是刑事法治的一个基础性问题。[①] 犯罪圈的设定并非一成不变，而是被不断调整以适应治理犯罪需求。这样的犯罪圈并不是静止不动的，而是随着社会发展进行动态变化，吐故纳新。"吐故"是"非犯罪化"，"纳新"是"犯罪化"。[②] 因此，犯罪圈的扩大和缩小，在动态上表现为犯罪化和非犯罪化。

[①]　陈兴良：《犯罪范围的合理定义》，载《法学研究》2008 年第 3 期，第 141~143 页。

[②]　张笑英、谢焱：《动态犯罪圈的完善——以刑法修正案的实体考量为视角》，载《法学杂志》2009 年第 3 期，第 87~90 页。

犯罪化（Criminalization），是指将不是犯罪的行为在法律上作为犯罪，使其成为刑事制裁的对象，其包括立法上的犯罪化和刑罚法规解释、适用上的犯罪化。① 也有观点认为，犯罪化又称入罪化，是指因时代与环境的影响，某种行为过去不认为是犯罪，或者过去无法判断，或者因科学技术发展，而现在认为有给予刑罚处罚必要的行为。② 尽管对犯罪化的定义有所不同，但其核心理念是相同的，即犯罪化是将更多行为囊括进犯罪圈，并使之成为刑罚的施加对象。

与犯罪化相对的概念是非犯罪化（Decriminalization），指将迄今为止作为犯罪加以处罚的行为不作为犯罪，停止对其处罚。因此，它包括变更从来都是作为犯罪科处刑罚的现状，而代之以罚款等行政措施加以处罚的情况。③ 根据这一定义，非犯罪化可以包括三种类型：一是原先法律规定为犯罪的行为变成了合法行为，二是原先法律规定为犯罪的行为被降格为行政违法行为，三是通过司法程序对具体危害行为不作为犯罪进行处理。

人类文明始终不断前进发展，社会关系也呈现出持续变化的复杂态势，但立法者的主观认识能力毕竟受所处社会发展阶段的制约，不可能对所有的行为都作出是否构成犯罪的准确评价。因此，原有的犯罪圈必然会被不断突破，以适应层出不穷的新事物和新关系。在社会转型的过程中，立法者的立法目的和价值取向会随一国政治经济文化的发展而产生相应变化，民众的权利意识开始逐渐觉醒，以往的犯罪圈可能已无法满足国家治理和权利保

---

① 陈兴良：《刑事法评论》，中国政法大学出版社2000年版，第418页。

② 游伟、谢锡美：《非犯罪化思想研究》，载《刑事法评论》2002年第10期，第344~419页。

③ ［日］大谷实：《犯罪化和非犯罪化》，黎宏译，载《刑事法评论》2000年第6期，第418~429页。

护的需要，这也会使犯罪圈突破原有的大小。因此，犯罪化源自两种思路：一种思路是保护社会免受新型犯罪的侵害，这些犯罪通常是与新技术联系在一起的，这种政策可以称为现代化的政策；另一种思路是确认新的权利并加以保护，这种犯罪化的刑事政策可以称为保护的政策。[①] 有学者由此认为，犯罪圈的不断扩张是目前社会形势下刑法发展与嬗变的主旋律。[②]

然而，人类社会的不断发展同样催生了非犯罪化的现象。有层出不穷的新事物和新关系，就会有不断被更替淘汰的旧事物和旧关系，如封建主和农民之间的关系，因社会结构变化，与之有关的犯罪规范必将随之废除。立法者价值观的改变，也会导致以前被视为犯罪的行为不再认为是犯罪，从而使该部分的犯罪圈相应缩小。因此，非犯罪化在人类文明进化的过程中也是一种普遍的现象。

所谓"犯罪化"，并不意味着将大量行为作为犯罪处理，在刑法上增设一个新罪也属于犯罪化。同样，所谓的"非犯罪化"，也不意味着将现行法上的大量犯罪作无罪处理。[③] 对犯罪化和非犯罪化的理解不能走极端，而应视作犯罪圈为满足公众行为的规制需要而进行动态调整的双向过程。由此看来，在某个时代阶段，犯罪化和非犯罪化并非彼此排斥、互不兼容，而是可共存于刑事制度的构建与完善过程之中。譬如，在现代社会，就犯罪化而言，假如没有现代金融工具和结算方式的出现，就不会有

---

① ［法］米海依尔·戴尔玛斯-马蒂：《刑事政策的主要体系》，卢建平译，法律出版社 2000 年版，第 243 页。

② 段丽：《犯罪圈的扩张及其合理限制——以我国刑事立法的变迁为视角》，载《山西高等学校社会科学学报》2012 年第 5 期，第 74~77 页。

③ 张明楷：《犯罪定义与犯罪化》，载《法学研究》2008 年第 3 期，第 143~145 页。

洗钱行为的犯罪化；假如没有音像制品的出现，就不会有组织播放淫秽音像制品行为的犯罪化；假如没有计算机的发明，也不会有破坏计算机信息系统罪等行为的犯罪化。同理，就非犯罪化而言，同性恋行为曾因宗教传统长期被认为是犯罪，但随着社会世俗化和文化多样化，目前除伊朗、苏丹和也门等少数国家外，大部分国家已不再将其作为犯罪加以苛责。此外，随着君主制度的瓦解，冒犯君主罪、弑君罪等罪名业已鲜见。社会环境不断变化，道德观念不停变迁，人们的价值观也在持续革新，都会持续影响犯罪圈大小的设定，"入罪化"与"除罪化"是历史发展过程中的必然现象。[①]

当然，犯罪化与非犯罪化的共存并不代表没有倾向性。若社会频发失范，违法行为屡禁不止，国家往往倾向于严密法网，对个人自由施加限制，更多地介入社会生活，即表现为犯罪化倾向。例如，在犯罪频发时，西方国家的刑法机能甚至会超出保障个人权利、自由的范围，同时注意保护国家、社会或集团的利益；当两者不能兼顾时，则舍个人权利而保护国家、社会或集团的利益。[②] 然而，若犯罪化过分压制了个人权利和自由，阻碍了社会良性发展，则会呈现出非犯罪化的倾向。纵观历史，秦朝推行严刑峻法，"刑弃灰于道者"，然二世而亡。相比之下，[③] 唐朝宽刑慎罚，采用"三复奏""五复奏"的死刑复核制度，成就了贞观之治和开元盛世。因此，犯罪化和非犯罪化在历史长河中始终在动态变化，当任意一方在某一时期居主导地位时，将表现出

①　游伟、谢锡美：《非犯罪化思想研究》，载《刑事法评论》2002年第10期，第344~419页。

②　游伟、谢锡美：《非犯罪化思想研究》，载《刑事法评论》2002年第10期，第344~419页。

③　《史记·七十列传·李斯列传》。

犯罪化或非犯罪化的倾向或思潮。

二、犯罪化与非犯罪化的发展趋势

西方资本主义的发展史伴随着犯罪化与非犯罪化的交替流转。在资产阶级革命爆发前夕，封建地主统治阶级为了维护早已不适合发展要求的旧有政治经济体系，对资产阶级进行残酷镇压，实施严刑峻法，大量罗织罪名，频繁使用肉刑和死刑，企图以暴力手段威慑民众以维护自身的统治地位。尽管此举在刑法领域表现为犯罪化，但这种阻挡历史车轮前进的愚昧行径无异于螳臂当车。

西方资产阶级夺取政权后，在刑法领域倡导自由、平等的价值理念，要求政府尊重契约自由，减少刑法在日常生活中的介入，并且反对严刑峻法，主张实施人道且正义的刑罚。该时期在刑法上主要表现为非犯罪化，其与自由市场经济发展相适应，使资产阶级的实力得以壮大。

然而，随着资本主义经济的不断发展，资本主义社会的各种矛盾逐渐达到最尖锐的程度，由此爆发了第一次经济危机。在经济危机期间，人民生活水平下降，社会矛盾日益突出，犯罪率陡然上升。此时有观点认为，以往的"报应论"强调有罪必罚、罪当其罚，只满足了正义的恢复和人类的报复情感，却不能预防犯罪的再度发生，因而"报应论"不能有效遏制犯罪率剧增的问题。于是，"预防论"应运而生。其主张刑法的目的不是对犯罪的事后惩戒，而是教育、挽救、改造犯罪人，最终使犯罪人回归社会。因此，"预防论"将行为人的人身危险性作为定罪和量刑的主要依据。相对于已现实发生的犯罪而言，"人身危险性"这一概念的外延更广，这使得刑法再次显示出犯罪化的倾向。较为极端的例子是，墨索里尼在1930年修改的《意大利刑法典》和希特勒在1935年修改的《德国刑法典》通过认定"对社会有危险的人""依人民的健全正义感应受处罚者"等一些基于"人身危险性"的判断，扩大了政治犯的范围，使之成为排除异己的工具。特别是在进入 20 世纪后，资本主义社会的各种矛盾和利益冲突愈演愈烈，杀人、抢劫等传统犯罪数量居高不下，贩毒、洗钱等新型犯罪也层出不穷。尽管西方国家一再严密法网，甚至发生了美国 FBI 以诱导教唆等非法方式调查取证的"Abscam 事件"，表现出从崇尚个人利益到限制个人利益的矫枉过正的现象。然而，高度犯罪化的措施仍然未能解决社会犯罪频发、监狱人满为患的问题，反而使社会陷入一片死气沉沉的危局之中。马克斯·韦伯对此感叹道："整个社会成了只有规则和秩序而忽视个人意志的铁笼。前景黯淡，令人沮丧。"①

　　20 世纪五六十年代，受当时司法改革浪潮和个人主义以及法益保护思想的影响，欧美国家普遍兴起非犯罪化的思潮。② 由于价值观多元化的宽容社会理念日益深入人心，加之心理学、精神医学等自然科学的进步所提供的实证依据，公众对犯罪的认识发生了变化，理解和宽容的成分慢慢增多，许多犯罪不再等同于邪恶堕落或道德沦丧。这些犯罪主要集中于因伦理或有伤风化而成立的道德犯罪，包括通奸、卖淫、赌博等行为。例如，英国于 1959 年、1961 年、1967 年相继实现了猥亵、自杀、堕胎、同性性交行为的非犯罪化。美国各州已普遍允许堕胎，同性恋在许多州已合法化；③ 并且自 1963 年开始，许多州已将一种或一种以上

---

　　① 黎宏、王龙：《论非犯罪化》，载《法商研究》1991 年第 2 期，第 68~74 页。

　　② ［德］汉斯·海因里希·耶施克：《世界性刑法改革运动概要》，何天贵译，载《环球法律评论》1981 年第 1 期，第 18~25 页。

　　③ ［美］E. 博登海默：《法理学——法哲学及其方法》，邓正来、姬敬武译，华夏出版社 1987 年版，第 365 页。

的赌博合法化。德国 1975 年《刑法典》删除了通奸、堕胎、决斗、男子间单纯猥亵等罪名。奥地利也在 1975 年《刑法典》中对同性性行为和堕胎行为非犯罪化。从世界各国刑法的发展中可以发现，许多传统的犯罪已在现代刑法典中消失了，特别是那些无直接被害人的犯罪，即使仍被保留在刑法典中，其处罚也越来越轻。① 德国学者耶施克指出，非犯罪化进入了刑法的中心领域并引起了显著的变化。② 日本学者大谷实认为，非犯罪化论批判了从国家的道义观或家父式统治的立场出发，以刑罚手段强制推行道德等过剩犯罪化的倾向，主张在以法和道德的峻别为前提的多种价值观共存的宽容社会中，只有在具体侵犯了个人利益的场合，即只有在认可了某种被害的场合下，犯罪和刑罚才能被正当化。③ 可见，非犯罪化的作用就在于纠正这种过剩犯罪化的倾向，根据刑法谦抑性来划定适当的犯罪圈。

如果说 20 世纪 50 年代至 70 年代非犯罪化占上风的话，80 年代以后，犯罪化再次呈现出明显的生机。④ 从世界范围看，各国为了适应社会的发展，都在对危害社会的行为进行适度的犯罪化处理，有的甚至是力度很大的犯罪化处理。⑤ 例如，英国在 20 世纪 70 年代通过多部法律创设了大量新的罪名，由"非犯罪化"

---

① 游伟、谢锡美：《非犯罪化思想及其借鉴》，载《江苏警官学院学报》2003 年第 2 期，第 104~110 页。

② ［德］汉斯·海因里希·耶施克：《世界性刑法改革运动概要》，何天贵译，载《环球法律评论》1981 年第 1 期，第 18~25 页。

③ ［日］大谷实：《犯罪化和非犯罪化》，黎宏译，载《刑事法评论》2000 年第 6 期，第 418~429 页。

④ 卢建平、刘传稿：《法治语境下犯罪化的未来趋势》，载《政治与法律》2017 年第 4 期，第 36~53 页。

⑤ 李瑞生：《论后劳教时代的社会与刑事立法之应对——关于犯罪化问题的研究》，载《新疆财经大学学报》2014 年第 2 期，第 52~61 页。

转向"犯罪化"。① 德国的非犯罪化倾向在 20 世纪 70 年代前半期已经结束，从 70 年代后半期开始，明显出现了可谓"新犯罪化"的立法倾向。② 这表明，在经历了一段时期的非犯罪化思潮后，犯罪化又逐渐占据上风。对此，张明楷教授认为，非犯罪化的范围是有限的，只是将极少数"无被害人的犯罪""自己是被害人的犯罪"不再作为犯罪处理。③ 相比之下，世界范围内的刑事立法正处于"高潮期"，此乃引人注目的现象。④ 由此，当今刑法理论又表现出较为显著的犯罪化思潮。

第二节　专利权扩张化对侵犯专利权 行为犯罪化的直接推动机制

一、专利立法是侵犯专利权行为犯罪化的重要途径

根据前文中陈兴良教授对犯罪化所作的定义，⑤ 犯罪化有立法上的犯罪化和刑罚法规解释、适用上的犯罪化。日本刑法学者大谷实的观点与之基本相同，他认为犯罪化的形式有立法上的犯罪化和法律适用解释上的犯罪化两种。其中，立法上的犯罪化是

---

① 张明楷：《论刑法的谦抑性》，载《法商研究》1995 年第 4 期，第 55~62 页。

② ［日］宫泽浩一：《联邦德国刑事法律的变迁与展望》，张明楷译，载《环球法律评论》1989 年第 5 期，第 40~45 页。

③ 张明楷：《犯罪定义与犯罪化》，载《法学研究》2008 年第 3 期，第 143~145 页。

④ 冯军：《和谐社会与刑事立法》，载《南昌大学学报（人文社会科学版）》2007 年第 2 期，第 70~73 页。

⑤ 陈兴良：《刑事法评论》，中国政法大学出版社 2000 年版，第 418 页。

指犯罪和刑罚应以法律规定为当然前提，"即什么样的行为是犯罪，对其应当科处什么样的刑罚，均应在国会所制定的法律即狭义的法律中加以明确规定"；解释适用上的犯罪化，是指"在解释、适用刑罚法规之际，将本刑罚法规适用于迄今为止没有被作为犯罪予以取缔的事实"，包括变更解释的情况（解释上的犯罪化）和取缔方针变更的情况（适用上的犯罪化）。① 相应地，犯罪化的途径也应分为立法途径和法律适用解释途径两大类。有学者将其表述为立法层面、司法解释层面、司法适用层面三个层面的犯罪化，② 有的则概括为立法上的犯罪化和司法上的犯罪化。③

笔者认为，立法上的犯罪化不应局限于刑事立法。诚然，对刑法进行适当调整和完善是以立法途径实现犯罪化的主要方式，"刑事立法的实质就是犯罪化和非犯罪化"，④ "从犯罪对策的角度来看，刑法是区分犯罪化和非犯罪化基准的支柱"，⑤ "尤其是在罪刑法定原则成为刑法的铁则的法治环境下，犯罪化应是或主要是指刑事立法上的犯罪化已成共识，而立法上的犯罪化主要通过刑法的增加或修改来成就"。⑥ 但是，我们不能就此认为修改

---

① ［日］大谷实：《犯罪化和非犯罪化》，黎宏译，载《刑事法评论》2000 年第 6 期，第 418~429 页。

② 赵运锋：《犯罪化的路径选择与合理规制》，载《中国海洋大学学报（社会科学版）》2008 年第 4 期，第 81~85 页。

③ 侯为大：《浅议我国的犯罪化与非犯罪化之路》，载《法制与经济旬刊》2013 年第 9 期，第 51~52 页。

④ 方泉：《犯罪化的正当性原则——兼评乔尔·范伯格的限制自由原则》，载《法学》2012 年第 8 期，第 111~121 页。

⑤ ［日］大谷实：《犯罪化和非犯罪化》，黎宏译，载《刑事法评论》2000 年第 6 期，第 418~429 页。

⑥ 曲伶俐：《犯罪化基准论纲》，载《法学论坛》2009 年第 3 期，第 47~51 页。

刑事立法是犯罪化立法途径的唯一方式。梁根林教授指出，所谓立法上的犯罪化，是指通过正式的立法程序将实质的犯罪规定为法律上的犯罪。[①] 该立法程序可以是刑事立法的程序，也可包括其他法律的立法程序。同样，大谷实所阐述的"什么样的行为是犯罪……均应在国会所制定的法律即狭义的法律中加以明确规定"，也没有将所述"法律"限定为刑法。因此，将立法上的犯罪化完全等同于刑事立法而不及其他立法的观点是缺乏根据的。

实际上，由于空白罪状的存在，其具体犯罪构成要件及要素的认定必须以其他相关法律法规的前置性判断为前提，使得这些法律法规的调整也会促成犯罪化，成为犯罪化立法途径的一种方式。例如，法国《刑法典》第322-5条规定，"由于不履行法律（2000年7月10日第2000-647号法律）或条例强制规定的安全或审慎义务，引起爆炸或火灾，致使属于他人的财产受到非故意毁坏、破坏或损坏的，处1年监禁并科1.5万欧元罚金"[②]。就该规定而言，一旦其引用的法律或条例所强制规定的义务范围扩大，就会有更多行为落入犯罪圈范围，从而呈现犯罪化的现象。又如，德国《经济刑法》第1条规定，"违反下列法规之一的，处5年以下自由刑或罚金刑：1. 经济保障法第18条；2. 运输保障法第26条；3. 食品保障法第22条……"[③] 假如前述"经济保障法"等法律中的相关条款规定的违法行为增多，也会使更多行为被涵盖到犯罪圈中，同样表现为犯罪化。同样地，我国刑法中也不乏空白罪状。比如，我国《刑法》第128条规定"违反枪支管理规定，非法持有、私藏枪支、弹药的……"构成非法持

---

① 梁根林：《刑事法网：扩张与限缩》，法律出版社2005年版，第3~4页。

② 《法国新刑法典》，罗结珍译，中国法制出版社2003年版，第124页。

③ 《德国刑法典》，徐久生译，中国方正出版社2002年版，第227页。

有、私藏枪支、弹药罪；第 131 条规定"航空人员违反规章制度，致使发生重大飞行事故，造成严重后果的"，构成重大飞行事故罪；第 253 条之一规定"违反国家有关规定，向他人出售或者提供公民个人信息的"，构成侵犯公民个人信息罪；等等。在这些条款所涉及的相关规定扩大强制性义务或违法行为范围的情况下，以往不属于犯罪的行为很可能因此被划入犯罪圈，从而被犯罪化。事实上，相较于其他国家的刑法，我国《刑法》中的空白罪状作为"违法性判断的前提条件"的表述繁杂，条文众多，所涉及法律、法规范围广泛，[①] 这将导致刑法之外的其他法律法规在犯罪化立法途径中所起的作用更加显著。

根据以上讨论，专利立法在某种程度上可视为犯罪化的一种途径。更确切地说，是侵犯专利权行为犯罪化的一种途径，其推动犯罪化的主要形式是扩大犯罪构成要件要素的内涵。

具体而言，根据梁根林教授提出的犯罪化作业过滤机制理论，刑法干预作为第二次法制约，"只有那些符合第二次法调整要求的不法行为，才能被立法者纳入刑法干预的范围，赋予刑事制裁的法律效果，并通过正式的立法程序予以犯罪化"[②]。而"第二次法调整要求"是由刑法的犯罪构成确定的，其规定了该行为成立犯罪所应具备的所有主客观要件以及这些要件之下的具体要素，并且反映了某一行为的社会危害性，是"犯罪社会危害性的法律标志或者法律表现形式"。[③] 由此可以认为，在实践中是否应对某种行为进行犯罪化，应当依照犯罪构成要件及其要素

---

① 王瑞君：《空白罪状研究——以司法分析为视角》，载《法学论坛》2008 年第 4 期，第 74~81 页。

② 梁根林：《刑事法网：扩张与限缩》，法律出版社 2005 年版，第 50、66 页。

③ 张明楷：《刑法学》，法律出版社 2011 年版，第 123 页。

加以确定。

犯罪构成要件是刑法规定的，行为成立犯罪所必须符合的违法类型。[①] 犯罪构成要件在学界中存在以我国和苏联为代表的四要件说，以德国和日本等为代表的大陆法系国家的三要件说（三阶层说）以及英美法系国家的双层次说。[②] 犯罪构成要件并不是立法者的主观臆想，尽管其属于法律上的抽象概念，但在运用中需要具象化以便与现实行为发生关联。所谓构成要件，是指将违法并有道义责任的行为予以类型化的观念形象（定型），是作为刑罚法规中科刑根据的概念性规定。[③] 构成要件是从众多行为中，将值得作为犯罪给予刑罚处罚的类型性的法益侵害与威胁，以法的形式规定下来的东西。[④] 因此，不论是"四要件说"、"三阶层说"还是"双层次说"，犯罪构成要件都是由各自的具体要素（内容）所组成的，称为犯罪构成要件要素。客观性要素包括行为、行为主体、行为对象、结果、因果关系等，主观性要素则包括故意、过失、动机等。以我国的假冒专利罪为例，在具体条款"假冒他人专利，情节严重的，处三年以下有期徒刑或者拘役，并处或者单处罚金"当中，"假冒"为行为要素，"他人专利"为行为对象要素，"情节严重"则为结果要素。

犯罪构成要件要素的集合组成犯罪构成要件，犯罪构成要件又决定着犯罪化的具体实现。因此，若是某个犯罪构成要件要素的内涵发生变化，就可能会在一定程度上影响犯罪构成，进而增

---

① 张明楷：《刑法学》，法律出版社 2011 年版，第 117 页。

② 陈兴良：《口授刑法学》，中国人民大学出版社 2007 年版，第 109~113 页。

③ ［日］小野清一郎：《犯罪构成要件理论》，王泰译，中国人民公安大学出版社 2004 年版，第 17 页。

④ 张明楷：《刑法学》，法律出版社 2011 年版，第 120 页。

强或减弱其犯罪化的程度。显然，当扩大犯罪构成要件要素的内涵时，犯罪构成要件所涵盖的行为增多，势必增强犯罪化；反之，当缩小犯罪构成要件要素的内涵时，犯罪构成要件涵盖的行为减少，则会减弱犯罪化甚至导致非犯罪化。以我国的假冒注册商标罪为例，《刑法》第213条的规定为未经注册商标所有人许可，在同一种商品上使用与其注册商标相同的商标，情节严重的，构成该罪。依照该规定，这一罪名的行为对象要素是与注册商标相同的商标，即在图形和文字方面均应当与注册商标完全吻合。然而，2004年《最高人民法院、最高人民检察院关于办理侵犯知识产权刑事案件具体应用法律若干问题的解释》第8条将"相同的商标"扩张解释为不但包括与注册商标完全相同的情况，还包括与注册商标在视觉上基本无差别、足以对公众产生误导的商标。这一司法解释的出台，扩大了"与注册商标相同的商标"这一犯罪构成要件要素的内涵，从而将使用与注册商标"存在差别"的商标的行为也纳入了假冒注册商标罪的范畴，实现了对该行为的犯罪化处理。

这种机制同样适用于侵犯专利权行为的犯罪化进程。举例来说，2016年日本《专利法》第196条规定对侵犯专利权之人判处非法实施专利罪，但究竟何谓"侵犯专利权"，还需依照《专利法》的其他相关条款来判断。除了需考察某一行为的方法（或手段）是否属于专利权内容的范畴，还需看行为的对象是否为专利权客体，以及行为的时间是否处于专利权期限之内，这些要求缺少其一便无法构成侵犯专利权。相应地，若《专利法》对专利权内容、客体或期限加以扩张，使犯罪构成要件中的行为方法要素、行为对象要素或行为时间要素之内涵得以相应扩大，就会表现出犯罪化的趋势。又如，2017年美国《专利法》第292条规定，"未经专利权人同意，任何人在其制造、使用或销售的任何物品上标记、贴附或在相关广告中使用专利权人的名称或其仿名、专利号，或'专利''专利权人'等类似用词，意图伪造或仿造专利权人的标识，或意图欺骗公众使其相信该物品是由专利权人或经专利权人同意而制造或销售的"构成犯罪。虽然其对行为方法和对象作了较详细描述，但仍需判断行为的时间是否在专利权期限内，因而专利法对专利权期限的调整也会影响行为时间要素的成立，进而影响犯罪化。再如，仍以我国的假冒专利罪为例，刑法条文本身并未解释"假冒他人专利"的含义，而是需要结合《专利法》及其实施细则的规定加以明确，其同样离不开对专利权内容、客体和期限的考察。从而，由《专利法》所导致的犯罪构成的行为方法、对象和时间要素内涵的扩大，也会促使犯罪化的实现。总而言之，通过调整与专利权内容、客体和期限有关的条款，专利立法可以分别扩大侵犯专利权犯罪构成要件中的行为方法、行为对象和行为时间要素的内涵，从而实现侵犯专利权行为的犯罪化。这也再次表明，专利立法是侵犯专利权行为犯罪化的有效途径。

二、专利权客体拓展化对犯罪化的直接推动

张明楷教授认为，特定的行为状况与条件、特定的行为时间与地点、特定的行为对象与手段，均可以说是某些犯罪的构成要件要素。[①] 曲新久教授进一步指出，犯罪客观方面要件是确立犯罪的必要的客观事实特征，包括人在实践活动中行之于外的举止及其结果，以及与人的举止相关的时间、地点、环境、对象等实在的情况，因而犯罪客观方面要件一般包括危害行为、行为对象

---

① 张明楷：《刑法学》，法律出版社 2011 年版，第 132 页。

以及犯罪的时间、地点和其他环境要件。① 因此，行为对象是一种犯罪构成要件要素，更具体地属于犯罪客观方面要件中的要素。

行为对象，是指危害行为所直接作用的具体的人或物。首先，行为对象是人或物。人包括自然人和拟制人（如法人），如故意伤害罪中的自然人属于危害行为直接指向的人，损害商业信誉、商品声誉罪中的法人也属于危害行为直接指向的人；物则包括有形物和无形物，如盗窃罪的行为对象通常为有形的财物，而侵犯商业秘密罪的行为对象为无形的秘密信息。其次，行为对象是被危害行为直接作用的客观存在。如果没有人或物被危害行为直接作用，就没有行为对象。譬如脱逃罪、偷越国（边）境罪、组织、领导、参加恐怖组织罪等并不存在危害行为直接作用的客观对象。最后，行为对象本身未必受到危害行为的损害。例如，在非法制造危险物质罪中，行为人非法制造毒害性、放射性等危险物质必然会对公共安全造成威胁，但对行为对象即危险物质本身并不会带来损害。

专利权客体即专利，是经专利主管机关依照法定程序审查批准后的发明创造，因而是一种抽象且无形的技术信息。与此同时，他人未经许可而实施专利的行为虽通常在外观上作用于专利产品（或由专利方法直接得到的产品），但实质上直接作用于专利产品或专利方法中所蕴含的专利技术，这也是"实施专利"的应有之义。既然专利权客体（专利）是客观存在的无形物（信息），又是非法实施专利行为所直接作用的对象，那么就符合行为对象要素的定义，并且至少可作为非法实施专利罪构成要件中的行为对象要素。由此，专利权客体的拓展化势必会引发行

---

① 曲新久：《刑法学》，中国政法大学出版社 2011 年版，第 83~84 页。

为对象要素之内涵的扩大，继而尤其会导致专利侵权行为的犯罪化。比如，随着植物发明、疾病诊断治疗方法以及其他类型的发明创造逐渐被接纳为专利权客体，与植物或医疗相关的生产经营行为也将被相应地犯罪化。以德国为例，在 1999 年之前，与植物相关的生产经营行为是不可能构成非法实施专利罪的，因植物发明并不受德国专利法保护。然而自 1999 年《欧洲专利公约实施细则》对不受限于特定植物品种的植物发明的可专利性予以确认之后，德国《专利法》也加入了相应规定，使前述与植物相关的生产经营行为也可能被划入非法实施专利罪的规制范围之内。此外，一旦某国开始为疾病诊断治疗方法提供专利保护（如美国自 1954 年 Ex parte Scherer 案开始），那么从事医疗服务的行为也可能构成非法实施专利罪。

假冒专利罪的行为对象可以是任意产品，甚至可以是产品之外的包装、广告宣传或商业合同等，因而专利权客体对行为对象要素的影响机制并不能推进假冒专利行为的犯罪化。然而，这并非意味着专利权客体的拓展与假冒专利罪毫无联系。实际上，专利权客体拓展化让更多领域的发明创造成为专利，为原先不易假冒他人专利的产业或行业（如植物相关产业或医疗服务行业等）提供了更多可供假冒的专利，在一定程度上为假冒专利罪的发生提供了更多的行为对象。

三、专利权期限延长化对犯罪化的直接推动

根据前文张明楷教授和曲新久教授的观点，行为时间也是一种犯罪构成要件要素，具体来说是犯罪客观方面要件中的要素。

任何人类行为都不可能脱离时间的限制，所有的危害行为都是在特定的时间实施的。尽管大多数犯罪的构成对行为时间不作特殊限定，如无论何时实施杀人、抢劫、盗窃等行为，均不会对

犯罪的构成与否造成影响，但对某些犯罪而言，行为时间是构成该罪不可或缺的条件。换言之，行为时间成为判断罪与非罪的关键性要素。例如，我国《刑法》第340条规定了非法捕捞水产品罪，其构成要件要素之一就是在"禁渔期"捕捞水产品。类似的还有非法狩猎罪中的"禁猎期"，资敌罪、战时故意提供虚假敌情罪和战时造谣扰乱军心罪等罪名中的"战时"等。事实上，我国的强奸罪也存在行为时间要素，即对不满十四周岁的幼女实施奸淫的，该奸淫行为不必达到强奸（采用暴力胁迫手段）的程度，同样以强奸罪论处。

同样，侵犯专利权犯罪的构成也以行为时间作为要素之一。尽管在国际、国内对侵犯专利权犯罪设置的刑事条款中，鲜有明确规定侵犯专利权时间条件的，但由于侵犯专利权犯罪在本质上是对专利权的侵犯，而专利权期限是专利权有效存在的必要前提，故侵犯专利权犯罪的构成实际暗含了对侵权行为的时间要求，即侵权行为应实施于专利权期限之内。若专利权期限延长，那么就会相应地将更多侵权行为，尤其是那些发生于专利权原有期限之后的行为纳入侵犯专利权犯罪的犯罪圈，从而产生犯罪化的效果。

如前文所述，在专利权期限方面，尽管总体趋于稳定，但在个别领域（如药品专利、外观设计等）仍存在延长的倾向。这种情况导致某些生产经营行为因行为时间要素内涵的扩大而被犯罪化。以德国为例，在1936年以前，专利权期限为自申请日起十五年，他人在专利申请日后第十六年实施该专利的行为不可能构成非法实施专利罪，但1936年后专利权期限延长为自申请日起十八年，前述行为便转而可构成非法实施专利罪了。而依据现行德国《专利法》，即使他人在专利申请日后第二十四年才实施该专利，只要该专利是药品专利且享有五年的补充保护期，那么仍会使非法实施专利罪的行为时间要素成立。类似地，在 1992 年之前，我国《专利法》规定的发明专利权期限为自申请日起十五年，若他人在专利申请日起第十六年才在商品上标注他人专利号，由于此时专利权已终止，该行为只能归为冒充专利行为而无法构成假冒专利罪。但《专利法》于 1992 年将发明专利权期限延长为二十年后，前述行为便满足了行为时间要素，从而可能构成假冒专利罪。

四、专利权内容扩充化对犯罪化的直接推动

行为方法或手段同样为犯罪客观方面要件的要素。采用何种方法从事危害行为，一般不会影响犯罪的成立，如故意杀人罪、放火罪、侵占罪等，只要实施了杀人、放火或侵占财产的行为，不论该行为以什么方法或手段实施，都不妨碍罪与非罪的判断。但是，对于某些犯罪而言，行为方法是构成犯罪的要素之一。例如，我国《刑法》第 202 条规定的抗税罪中"以暴力、威胁方法"实施不缴纳税款的行为，第 244 条的强迫劳动罪中"以暴力、威胁或限制人身自由的方法"实施强迫他人劳动的行为，第 277 条的妨害公务罪中"以暴力、威胁方法"实施阻碍国家机关工作人员执行公务的行为，第 282 条的非法获取国家秘密罪中"以窃取、刺探、收买方法"获取国家秘密的行为等，均是构成相应犯罪的行为方法要素。

行为是人的身体活动或动作，是物质的、外在的客观表象，包括积极的活动和消极的活动。关于行为与行为方法之间的关系，张明楷教授指出，行为离不开一定的方法或手段，可以认为，方法事实上是对身体活动内容的描述，方法不同，行为也就不同。不仅如此，从某种意义上说，方法或手段与行为甚至是同义语。当某些犯罪的成立要求特定的方法或手段时，是对行为本

身的要求，而不是对行为之外的其他要素的要求。① 基于该观点，行为方法不应从行为要素中抽离出来作为一个单独的要素，否则会使行为要素本身成为空洞的概念。

笔者认为，行为方法固然是行为的一部分，但单独讨论行为方法要素并不至于架空行为本身。首先，行为方法要素现实存在于刑事条款之中。如上文谈及，在抗税罪、强迫劳动罪等某些犯罪的法律条文中明确限定了行为的实施方法，行为方法成为判断犯罪成立与否的标准之一，有必要得到关注。其次，强调行为方法要素无损于行为要素。从"行为"和"行为方法"这两个表述便可知，行为是行为方法的前提，行为方法无法脱离行为而独立存在。讨论行为方法要素，意在考察行为方法在个罪构成中所起的作用，并不会且不可能否认其从属于行为的本质，因而对行为方法要素的肯定就是对行为要素的肯定。最后，对行为要素和行为方法要素的判断彼此并不冲突。以抗税罪为例，其行为要素是拒不缴纳税款的行为，但具体到该行为的实施方法，还应满足"暴力、威胁方法"的行为方法要素。可见，对于限定行为方法的犯罪条款来说，行为要素和行为方法要素的考察是渐进式的，只看行为而无视行为方法是否符合，或者只看行为方法而不顾行为是否成立，都无益于准确判断犯罪的构成。基于上述理由，行为方法要素的存在是客观、合理的。

当然，行为和行为方法两个概念的划分并非固定不变，可能因划分基准不同而发生转化。比如，我国《刑法》第114条以危害公共安全的行为作为基准，将放火、决水、爆炸、投放危险物质称为危险方法（行为方法要素），但对于放火罪而言，放火本身又是行为要素。在本书中，侵犯专利权犯罪主要为非法实施专

---

① 张明楷：《刑法学》，法律出版社 2011 年版，第 162 页。

利罪和假冒专利罪，其禁止的行为分别是非法实施他人专利的行为和假冒他人专利的行为。以此为基准，实施他人专利和假冒他人专利的具体方法则属于行为方法要素，这也是各国相关法律实践的主要区别。因此，笔者不仅认同行为方法要素的存在，还将由此分析专利权内容与行为方法要素的联系。

具体而言，在非法实施专利罪的构成要件中，其行为方法要素，即非法实施他人专利的具体方法，通常相当于专利权人实施专利的独占权内容，如制造、销售专利产品、使用专利方法等。一旦专利权内容被扩充，则行为方法要素的内涵得到相应扩大，就会让更多与专利相关的行为被犯罪化。以日本为例，其1921年《专利法》规定的专利权内容仅包括制造、使用、销售或扩布专利产品的独占权，他人为销售而展示专利产品的行为并不会构成非法实施专利罪。但是，由于1959年日本《专利法》在专利权内容中加入了为转让而展示产品的独占权，使得前述行为变成了非法实施专利罪的规制对象。

同理，假冒专利罪的行为方法要素即假冒他人专利行为的具体方法，对应于专利权的占有权内容。假如该部分专利权内容得以扩充，同样会扩大假冒专利罪的行为方法要素内涵，促使相关行为的犯罪化。比如，1952年美国《专利法》第292条规定，假冒他人专利行为的具体方法是制造、使用或销售附有专利权人的名称或专利号等的物品，但2017年美国《专利法》将"制造、使用或销售"扩展为"在国内制造、使用、许诺销售或销售，或向国内进口"，[①] 由此相应增加了假冒他人专利的行为方式。又如，1888年日本《专利条例》第38条将假冒专利的方法限定为"销售具有专利标识或相似标识的产品，以及明知而受托

---

① 　美国《专利法》第292条。

贩卖该产品"，但 1959 年《专利法》第 130 条将广告宣传中的假冒行为也纳入行为方法要素之中，这也会导致假冒他人专利行为的犯罪化。

综上所述，就侵犯专利权犯罪而言，专利权客体、期限和内容分别与犯罪构成要件中的行为对象、行为时间和行为方法要素有着对应性的密切联系。行为对象、时间和方法均为犯罪客观方面要件中的要素，而犯罪客观方面则是区分罪与非罪的重要依据，因为若不具备犯罪构成的客观方面，就失去了构成犯罪和承担刑事责任的客观基础。[1] 因此，专利权客体的拓展化、专利权期限的延长化和专利权内容的扩充化均会对相应犯罪构成要件要素产生直接影响，即导致犯罪构成要件要素内涵的扩大，进而表现为侵犯专利权行为的犯罪化。易言之，专利权的扩张化对侵犯专利权行为犯罪化具有直接推动作用。

第三节　国际法律实践中的侵犯专利权行为犯罪化

一、国际法中的侵犯专利权犯罪圈

（一）全球性多边条约中的刑事保护条款

1. 1993 年 TRIPS

1993 年 TRIPS 要求成员国应规定至少将适用于具有商业规模的蓄意假冒商标或盗版案件的刑事程序和处罚，可使用的救济则应包括足以起到威慑作用的监禁和/或罚金，且应与适用于同等严重性的犯罪所受到的处罚水平一致。同时，TRIPS 第 61 条

---

[1]　王作富：《刑法》，中国人民大学出版社 2009 年版，第 51 页。

也建议成员国制定适用于其他知识产权侵权案件的刑事程序和处罚，特别是蓄意并具有商业规模的侵权案件，这就涵盖了对侵犯专利权（以及实用新型权、外观设计权）的刑事规制。因此，尽管 TRIPS 没有规定针对侵犯专利权行为的刑事条款，但至少是在推动这方面的立法，而非反对。

2. 2016 年 TPP 和 2018 年 CPTPP

2016 年 TPP 和 2018 年 CPTPP 的第 18.71 条均要求成员国应保证其国内法中包括执法程序，以便对任何侵害专利权等知识产权的行为采取有效行动，包括防止侵权的迅速救济措施和对未来的侵权造成威慑的救济措施。虽未明确指出，但这些救济措施理应包括刑事措施。与此同时，TPP 第 18.77 条规定了对具有商业规模的故意假冒商标或侵犯版权或相关权利的行为适用刑事程序和刑罚，但这只是一个最低标准，并不排除成员国对诸如专利权的其他知识产权进行刑事保护。因此，TPP 在继承 TRIPS 规则的同时，也为专利权的刑事保护制度提供了广阔空间。

（二）区域性多边条约中的刑事保护条款

1. 1977 年《班吉协定》

1977 年《班吉协定》规定了非法实施专利罪和假冒专利罪。

其中，附件 1 第 58 条规定，通过专利产品的制造或专利方法的使用而侵犯专利权的，构成非法实施专利罪。但是，若该专利自授权日起的 5 年内都没有在某个成员国内得到实施的，则不构成侵权。附件 1 第 59 条还规定，若他人在某个成员国内明知而接收、销售，为销售展示或引进一个或多个侵权物品的，也构成非法实施专利罪。依照附件 1 第 58、61 条，该罪的法定刑为 5 万至 30 万西非法郎的罚金，构成累犯的并处 1 个月至 6 个月有期徒刑，其中累犯是指在 5 年内再犯的。1999 年协定文本附件 1 第 58 条取消了非法实施专利罪的例外情形，并将罚金提高为 100

万至 300 万西非法郎。

协定文本附件 1 第 37 条规定，非专利权人通过招牌、招贴、计划书、海报、标记或印记假装专利权人身份的，构成假冒专利罪。其法定刑为 5 万至 15 万西非法郎的罚金，累犯罚金翻倍。1999 年协定文本附件 1 第 42 条将假冒专利罪的罚金提升至 100 万至 300 万西非法郎。

在实用新型方面，1977 年《班吉协定》也相应规定了非法实施注册实用新型罪和假冒实用新型罪，这两罪的构成特征分别与前述专利犯罪基本相同。[①] 区别主要在于，不构成非法实施注册实用新型罪的例外情形是，实用新型注册后 3 年内没有在某成员国内实施。非法实施注册实用新型罪的法定刑为 3 万至 18 万西非法郎的罚金，累犯并处 15 日至 3 个月的有期徒刑；假冒实用新型罪的为法定刑为 5 万至 15 万西非法郎的罚金，累犯罚金翻倍。根据附件 2 第 38 条，这里的累犯是指 2 年内再犯的。1999 年协定文本附件 2 第 41、42 条取消了非法实施注册实用新型罪中的例外情形，并将其法定刑提高为 100 万至 600 万西非法郎的罚金，累犯并处 1 个月至 6 个月的有期徒刑。同时，附件 2 第 37 条将假冒实用新型罪的法定刑提高为 100 万至 300 万西非法郎的罚金，累犯翻倍。

在外观设计方面，根据附件 4 第 32、33 条，1977 年《班吉协定》仅规定了非法实施外观设计罪，即他人明知而侵犯协定所赋予权利的行为，均构成此罪。法定刑为 5 万至 30 万西非法郎的罚金，累犯并处 1 个月至 6 个月有期徒刑，累犯是指 5 年内再犯的。1999 年协定将罚金提高为 100 万至 600 万西非法郎。

---

① 参见 1977 年《班吉协定》附件 2 第 28、35 条。

2. 1993 年 NAFTA

在刑事规范方面，1993 年 NAFTA 沿用了 TRIPS 的规定。[①]

（三）双边条约中的刑事保护条款

2013 年《中华人民共和国和瑞士联邦自由贸易协定》、2015 年《中华人民共和国政府和大韩民国政府自由贸易协定》和 2017 年《中华人民共和国政府和格鲁吉亚政府自由贸易协定》均在 TRIPS 规则框架下，要求缔约国应至少对具有商业规模的蓄意假冒商标或盗版案件进行刑事处罚，并未减小对侵犯专利权行为施加刑事处罚的空间。[②]

类似地，在美国双边条约中，2003 年《美国-新加坡自由贸易协定》、2004 年《美国-澳大利亚自由贸易协定》、2006 年《美国-秘鲁贸易促进协定》和 2007 年《美国-韩国自由贸易协定》也基本沿用了 TRIPS 规则。[③]

在日本，除 2007 年《日本-智利经济伙伴关系协定》和 2008 年《日本-越南经济伙伴关系协定》沿用了 TRIPS 规则之外，[④] 2006 年《日本-菲律宾建立经济伙伴关系协定》、2007 年《日本-泰国经济伙伴关系协定》、2009 年《日本-瑞士自由贸易与经济伙伴关系协定》均在 TRIPS 规则基础上有所发展，即明确规定了缔约国应对具有商业规模的蓄意侵犯专利、实用新型和

---

① 参见 NAFTA 第 1717 条。

② 分别参见《中华人民共和国和瑞士联邦自由贸易协定》第 11.21 条、《中华人民共和国政府和大韩民国政府自由贸易协定》第 15.27 条、《中华人民共和国政府和格鲁吉亚政府自由贸易协定》第 17 条。

③ 分别参见《美国-新加坡自由贸易协定》第 16.9 条第 21 款、《美国-澳大利亚自由贸易协定》第 17.10 条第 26 款、《美国-秘鲁贸易促进协定》第 16.11 条第 26 款、《美国-韩国自由贸易协定》第 18.10 条第 26 款。

④ 分别参见《日本-智利经济伙伴关系协定》第 164 条、《日本-越南经济伙伴关系协定》第 95 条。

外观设计有关权利的案件适用刑事程序和处罚。①

二、国内法中的侵犯专利权犯罪圈

(一) 英国的侵犯专利权犯罪圈

1883 年《专利、外观设计和商标法案》第 105 条规定了针对虚假表示产品为专利的刑罚 [该条位于"犯罪"（Offences）部分]，即假冒专利罪，其具体指任何人将其销售的未被授予专利的任何物品表示为专利物品的行为。其中，如果某人销售以盖印、雕刻、压印或其他方式附有"专利"、"专利的"（Patented）或者其他表达或暗示已取得专利用语的物品，则视为"表示为专利物品的行为"。显然，假冒他人专利的行为作为假冒专利的特殊情形被涵盖其中，以犯罪行为加以处置。

1907 年《专利与外观设计法案》保留了假冒专利罪，未增设其他侵犯专利权的犯罪。其第 89 条第 2、3 款规定，任何人虚假地将其销售的任何物品表示为专利物品的，应为其犯罪负责，并且未改变"表示为专利物品行为"的判断标准。关于假冒外观设计罪的规定也无变化。

1949 年英国《专利法》仍沿袭了其以往关于假冒专利罪及判断"表示为专利物品行为"的规定。②

1977 年英国《专利法》调整了假冒专利罪的构成特征，其第 110 条将原有的"任何人将其销售的……"修改为"任何人将其为价值而处置的……"扩大了行为人对物品的处置状态特

① 分别参见《日本-菲律宾建立经济伙伴关系协定》第 129 条第 3 款、《日本-泰国经济伙伴关系协定》第 140 条第 1 款、《日本-瑞士自由贸易与经济伙伴关系协定》第 125 条第 1 款。

② 参见 1949 年英国《专利法》第 91 条。

征，既可以为销售，也可以为租赁、许诺销售等。

在外观设计方面，1883 年《专利、外观设计和商标法案》第 105 条规定了假冒外观设计罪。若任何人将其销售的未注册外观设计的产品表示为已注册，包括以盖印等方式附上"已注册"或其他暗示其注册有外观设计的用语，即构成此罪。

1949 年英国《注册外观设计法》第 35 条保留了假冒外观设计罪，若他人虚假地表示其销售的产品具有注册外观设计的，即成立该罪。虚假表示行为包括以盖印、雕刻、压印或其他方式加上"已注册"或者其他表达或暗示已取得注册外观设计的用语。

（二）美国的侵犯专利权犯罪圈

有观点认为美国没有专利犯罪的规定，权利人专利权受到侵害的只能提起民事诉讼，通过民事救济来获得赔偿，这是不准确的。美国《专利法》将冒充专利行为与假冒他人专利行为规定在一起，都作为犯罪处理。[①]

1952 年美国《专利法》规定了虚假标识罪，其第 292 条具体规定了三种情形：（1）未经专利权人同意，任何人在其制造、使用或销售的任何物品上标记、贴附或在相关广告中使用专利权人的名称或其仿名、专利号，或"专利""专利权人"等类似用词，意图伪造或仿造专利权人的标识，或意图欺骗公众使其相信该物品是由专利权人或经专利权人同意而制造或销售的；（2）任何人为欺骗公众，在非专利物品上标记、贴附或在相关广告中使用"专利"或暗示其为专利的其他用词或数字的；（3）任何人为欺骗公众，在未申请专利的物品上标记、贴附或在相关广告中使用"已申请专利"、"专利审查中"（Patent pending）或暗

---

① 赵秉志：《侵犯知识产权犯罪研究》，中国方正出版社 1999 年版，第 23 页。

示已经申请专利的其他用词的。其中的第一种情形即属于假冒专利罪。

2017 年美国《专利法》第 292 条扩大了虚假标识罪的构成特征范围。对于上文的情形（1），将行为人对物品的处置状态从"制造、使用或销售"扩展为"在国内制造、使用、许诺销售或销售，或向国内进口"。

需注意的是，美国《专利法》包括外观设计专利和植物专利，因而上述犯罪规定也适用于这两种类型的专利权。

（三）德国的侵犯专利权犯罪圈

1877 年德国《专利法》规定了两类侵犯专利权犯罪。其中，第 34 条规定了非法实施专利罪，即任何人违反第 4 条（禁止未经许可的制造、投入市场、许诺销售或使用行为，具体可参看前文）和第 5 条的规定而使用发明的，将被科以刑罚，并且有义务赔偿受害人。第 40 条则规定了假冒专利罪，构成该罪的行为分为两种情形：一是在物品或其包装上附上标记，且该标记会导致误认其为受专利保护的物品；二是在公共广告、招牌、推荐卡或其他宣传中使用标记，且该标记会导致误认其为受专利保护的物品。当上述标记为专利权人的名称、专利号或其他使公众误认为是他人专利的内容时，即属于假冒专利罪。

由于 1891 年德国《专利法》第 35 条将专利权内容扩及由专利方法直接得到的产品，因而相应地，非法实施专利罪的构成范围也得到扩充。其还指出，若行为人侵犯的专利涉及生产新物质的方法，则具有与其相同性质的任何物质均视为由该专利方法制得，除非有相反证据。

1936 年德国《专利法》大幅修改了其中的犯罪条款。一方面，该法保留了非法实施专利罪，突出主观故意要件，在第 49 条规定任何人故意违反第 6 条（该条规定禁止未经许可的制造、投入市场、许诺销售或使用发明的行为，具体可参看前文）、第7条和第8条的规定而使用发明的，应处以徒刑。另一方面，该法取消了原有的假冒专利罪的规定。

1994年德国《专利法》对非法实施专利罪的相关规定加以细化。第142条明确了构成该罪的三种行为：（1）制造、许诺、投入市场或使用专利产品，或为前述目的进口或储存该专利产品；（2）使用或许诺使用专利方法的；（3）前述第一种行为也适用于由专利方法直接制得的产品。以上行为在主观上必须是故意为之，并且包括未遂犯。但是，该法没有恢复1936年之前对假冒专利罪的惩处。

对于侵犯实用新型权的犯罪，1986年德国《实用新型法》第25条规定了非法实施实用新型罪（类似于非法实施专利罪），其是指未经权利人允许而实施以下行为：（1）制造、许诺、投入市场或使用实用新型产品，或为前述目的进口或储存该产品的；（2）因实施在后申请的专利权而侵害实用新型权的。

对于侵犯外观设计权的犯罪，2014年德国《外观设计法》第51条规定了非法实施外观设计罪，即因使用外观设计而侵害该法所界定的外观设计权的行为。

（四）日本的侵犯专利权犯罪圈

1888年日本《专利条例》在第36、38条增加了对侵犯专利权犯罪行为的规制，具体为：（1）禁止他人仿造、使用、销售专利产品，明知而使用、受托贩卖仿造产品；（2）禁止窃用专利技术；（3）禁止他人在明知产品侵犯专利权的情况下，仍进口、使用、销售该产品，以及明知而使用、受托贩卖该进口产品；（4）禁止他人销售具有专利标识或相似标识的产品，以及明知而受托贩卖该产品。上述第（1）至第（3）项行为可划为非法实施专利罪，行为（4）则可划为假冒专利罪。

1899 年日本《专利法》略微缩小了侵犯专利权行为的犯罪圈。第 45 条将非法实施专利罪的行为调整为：（1）禁止他人仿造专利产品，以及明知而使用或销售仿造产品；（2）禁止他人窃用专利方法，以及明知而使用或销售该窃用制造的产品；（3）禁止他人明知产品侵权的情况下仍进口该产品，以及明知而使用或销售该进口产品。同时，第 47 条将假冒专利罪调整为：禁止他人在产品上使用专利标识或容易混淆的标识，以及明知而销售该产品。相比之下，其主要取消了对受托贩卖行为的刑事处罚。

1921 年日本《专利法》对侵犯专利权犯罪的范围加以扩张。其中，对于非法实施专利罪，第 129 条规定的犯罪行为包括：（1）禁止他人侵犯专利权（如前文所述，该法将专利权的内容规定为制造、使用、销售、扩布等的独占权）；（2）禁止他人进口或运入侵犯专利权的物品；（3）存在专利的情况下，禁止他人在认定专利前侵犯基于申请公告的权利（相当于专利权）；（4）存在专利的情况下，禁止他人在授予专利前进口或运入侵犯基于申请公告权利的产品。与原先的规定相比，由于专利权内容的相对扩充，以及对申请公告后的专有权利的保护，使非法实施专利罪的适用范围也得到相应扩充。

关于假冒专利罪，第 130 条将行为模式分为四种类型：（1）禁止他人在与专利有关的产品或其容器或包装上附上专利标识或容易混淆的标识；（2）禁止他人销售或扩布附有专利标识或容易混淆标识的产品或其容器或包装；（3）对于与专利有关的产品或与专利有关的方法制得的产品，禁止他人为制造、使用、销售、扩布而在广告、招牌、宣传单等附上表明其产品与专利产品或方法有关的标识或容易混淆的标识；（4）对于与专利有关的方法，禁止他人为使用、销售、扩布而在广告、招牌、宣传单等附上表明其方法与专利方法有关的标识或容易混淆的标识。相比之下，假冒专利罪主要增加了对广告宣传中使用虚假标识行为的规制。

由于 1959 年日本《专利法》对专利权的内容及虚假标识行为均分别以独立条款的形式作了明确规定，因而侵犯专利权的刑事条款的表述被相应简化。第 196 条规定非法实施专利罪为侵害专利权或专用实施权（即独占许可）的行为，或侵害基于申请公告权利的行为，且该专利已登记。第 198 条则规定假冒专利罪即为违反虚假标识行为。与 1921 年《专利法》相比，由于专利权内容和虚假标识行为中增加了对出租、展示等行为的限制，进一步扩大了犯罪圈。

2016 年日本《专利法》取消了申请公告制度，使得因申请公告而获得的专利权被相应取消，因而该法删去了侵害该权利而成立犯罪的相关条款。值得注意的是，该法将视为侵犯专利权的行为纳入刑事规范加以规制。① 由此，修改后的非法实施专利罪为侵害专利权或专用实施权的行为，或视为侵害前述权利的行为，而假冒专利罪则仍为该法单独规定的虚假标识行为。

在实用新型方面，1905 年《实用新型法》第 46 条和第 48 条分别规定了非法实施实用新型罪和假冒实用新型罪。前者的构成特征为伪造、仿造具有实用新型的产品或者对伪造品、仿造品进行销售、扩布或使用，或者明知物品与具有实用新型的产品相同或相似却仍从外国进口的行为。后者则是指他人虚假地在产品或其包装上附上实用新型标识或易混淆标识，或明知而销售该产品，或者为销售、扩布而在广告、招牌、宣传单等附上实用新型标识或易混淆标识。

---

① 参见 2016 年日本《专利法》第 196-2 条。自 2008 年《专利法》加入该条款。

1959 年《实用新型法》保留了上述两项罪名。不过，第 56 条将非法实施实用新型罪简化表述为侵害实用新型权或专用实施权的行为，或侵害基于申请公告权利的行为，且该实用新型已注册。另外，由于该法已用专门条款规定了虚假标识行为，故第 58 条将假冒实用新型罪直接指向了虚假标识行为。

2015 年《实用新型法》已不存在申请公告制度，因而取消了侵犯申请公告权利而构成犯罪的规定，除此之外基本未调整这两项罪名的构成特征。[①]

在外观设计方面，1888 年《外观设计法》第 23 条规定了两种侵犯外观设计权的罪名：非法实施外观设计罪和假冒外观设计罪。前一项罪名是指，他人在同一产品上应用其明知为注册外观设计并销售的或明知前述情况而受托贩卖的，或者他人明知产品侵权外观设计权却仍从外国进口并销售的，或明知该情况而受托贩卖的。后一项罪名是指，他人虚假地在产品上附上外观设计标识或相似标识并销售的，或他人明知该情况却仍受托贩卖的。

1959 年《外观设计法》保留了上述两项罪名。由于该法较充分地界定了外观设计权的内容以及虚假标识行为，故非法实施外观设计罪简要地表述为侵犯外观设计权或专用实施权的行为，假冒外观设计罪则是实施虚假标识的行为。[②]

2015 年《外观设计法》第 69 条之二在原有的非法实施外观设计罪和假冒外观设计罪的基础上，将视为侵权的行为也纳入犯罪，使相关犯罪圈得以扩大。

（五）韩国的侵犯专利权犯罪圈

1961 年韩国《专利法》将侵犯专利权的犯罪分为两类。一

---

① 参见 2015 年日本《实用新型法》第 56、58 条。
② 参见 1959 年日本《外观设计法》第 69、71 条。

类是非法实施专利罪，其规定于该法第 150 条，具体情形有：
（1）侵犯专利权；（2）进口侵犯专利权的产品的行为；（3）在
申请公告后侵犯专利权。另一类是假冒专利罪，其规定于第 151
条，具体情形包括：（1）在非专利产品或其容器或包装上附上
专利标识或容易混淆的标识；（2）销售或分销附有专利标识或
容易混淆标识的非专利产品或其容器或包装；（3）为制造、使
用、销售、分销非专利产品或非专利方法的目的，而在广告、招
牌中附上专利标识或容易混淆的标识；（4）为使用非专利方法，
而在广告、招牌中附上专利标识或容易混淆的标识。

　　1973 年韩国《专利法》对非法实施专利罪进行了较大调整。
首先，基于专利权内容的调整，该法取消了对进口侵犯专利权产
品行为的单独列项规定，将其纳入侵犯专利权的行为当中。其
次，该法取消了原先侵犯申请公告后独占权利行为的入罪条款。
最后，对该法确定的被视为侵犯专利权的行为加以刑事规制。因
此，该法第 158 条将非法实施专利罪的适用情形调整为两种，即
侵犯专利权的行为，以及被视为侵犯专利权的行为。

　　1986 年韩国《专利法》对非法实施专利罪的修改具有反复
性，其第 158 条一方面取消了对被视为侵犯专利权行为的定罪，
另一方面又加回对侵犯申请公告的独占权利的定罪，即推翻了
1973 年《专利法》的部分规定，使非法实施专利罪的适用情形
为：（1）侵犯专利权；（2）侵犯申请公告后的独占权利，但前
提是专利权已登记。此外，该法第 160 条还修改了假冒专利罪的
规定：（1）在非专利产品或非专利申请产品或其容器或包装上
附上专利标识或专利申请标识；（2）销售或分销附有专利标识
或专利申请标识或容易混淆标识的非专利或非专利申请产品或其
容器或包装；（3）为制造、使用、销售、分销非专利或非专利
申请产品或非由专利或专利申请方法而制得的产品，而在广告、

招牌或标签中附上专利标识或专利申请标识或容易混淆的标识；
（4）为使用非专利或非专利申请方法，而在广告、招牌或标签
中附上专利标识或专利申请标识或容易混淆的标识。上述修改使
虚假标识犯罪延及专利申请标识，扩张了相关犯罪圈。但是，该
修改并未改变假冒专利罪在保护专利权方面的限度。

由于 1997 年已取消申请公告制度，2017 年韩国《专利法》
中已不存在对侵犯申请公告后独占权加以规制的刑事条款。因
此，非法实施专利罪仅涉及一类行为，即侵犯专利权的行为。

在实用新型方面，1961 年《实用新型法》第 29、30 条规定
了非法实施实用新型罪和假冒实用新型罪两项罪名。前者的构成
特征是：（1）制造、使用、销售、分销与实用新型相同的产品；
（2）制造、使用、销售、分销与实用新型相似的产品；（3）进口
与实用新型相同或相似的产品。后者的构成特征则是：（1）在非
实用新型产品或其容器或包装上附上实用新型标识或易混淆的标
识；（2）销售或分销附有实用新型标识或易混淆标识的非实用新
型产品或其容器或包装。

1990 年《实用新型法》第 48 条中将非法实施实用新型罪简
要地定义为：（1）侵犯实用新型权（或独占许可）；（2）侵犯申
请公告后的独占权利，但前提是实用新型权已注册。第 50 条将
假冒实用新型罪简化为实施了《专利法》第 224 条第 1 款至第 3
款的虚假标识行为。

由于韩国自 1997 年取消了实用新型的申请公告制度，故
2017 年《实用新型法》中的非法实施实用新型罪仅限于侵犯实
用新型权（或独占许可）的行为。[1] 假冒实用新型罪的规定则基
本未变。[2]

---

① 参见 2017 年韩国《实用新型法》第 45 条。
② 参见 2017 年韩国《实用新型法》第 48 条。

在外观设计方面，1961 年《外观设计法》第 29、30 条规定了非法实施外观设计罪和假冒外观设计罪。前者的构成特征是：（1）制造、使用、销售、分销与他人外观设计相同或相似的产品；（2）进口与外观设计相同或相似的产品。后者的构成特征为：（1）在非外观设计产品或其容器或包装上附上外观设计标识或易混淆的标识；（2）销售或分销附有外观设计标识或易混淆标识的非外观设计产品或其容器或包装；（3）为制造、使用、销售、分销非外观设计产品目的，而在广告、招牌中附上外观设计标识或容易混淆的标识。

1990 年《外观设计法》第 82 条将非法实施外观设计罪简化为侵犯外观设计权（或独占许可）的行为，第 84 条则将假冒外观设计罪简化为实施虚假标识的行为。

三、犯罪化在侵犯专利权犯罪法律实践中的体现

在国际法层面，《巴黎公约》、TRIPS 及 CPTPP 等全球性多边条约均没有针对侵犯专利权行为设立刑事条款。在区域性多边条约中，1977 年《班吉协定》规定了非法实施专利罪、假冒专利罪、非法实施注册实用新型罪、假冒注册实用新型罪，以及非法实施注册外观设计罪。[①] 并且 1999 年协定文本未对专利权内容作实质性改动，只是取消了不构成非法实施专利罪或非法实施注册实用新型罪的例外情况，即专利或实用新型在特定年限内没有得到实施，并未显现出明显的犯罪化。

然而在国内法层面，侵犯专利权行为的犯罪化倾向比较显著。英国在 1883 年《专利、外观设计和商标法案》中设立假冒

① 分别参见 1977 年《班吉协定》附件 1 第 58、59 条，附件 1 第 37 条，附件 2 第 35 条，附件 2 第 28 条，附件 4 第 32 条。

专利罪和假冒注册外观设计罪;① 1977 年《专利法》将假冒专利罪中的"销售行为"扩展为"为价值而处置的行为",② 使之可涵盖销售行为之外的出租、许诺销售等行为，表现为犯罪化。美国 1952 年《专利法》规定了假冒专利罪,③ 其适用于普通专利、外观设计专利和植物专利。之后的《专利法》则扩大了假冒专利罪的行为要素，将"制造、使用或销售"扩展为"在国内制造、使用、许诺销售或销售，或向国内进口"，但该调整主要来源于《专利法》对专利权内容本身的扩充。德国 1877 年《专利法》规定了非法实施专利罪和假冒专利罪;④ 1891 年《专利法》将专利权内容扩及由专利方法直接得到的产品；1994 年《专利法》则向非法实施专利罪增加了"进口、储存产品"行为要素,⑤ 逐步扩大了非法实施专利罪的范围，但其同样源于对专利权内容本身的扩充。日本 1888 年《专利条例》设立了非法实施专利罪和假冒专利罪;⑥ 1921 年《专利法》向非法实施专利罪加入"进口或运入"行为要素;⑦ 向假冒专利罪加入"在广告宣传中使用虚假标识"行为要素,⑧ 2008 年《专利法》则将间接专利侵权行为也列入犯罪,⑨ 不断推进这两项罪名的犯罪化。韩国 1961 年《专利法》规定了非法实施专利罪和假冒专利罪;⑩ 1990

---

① 参见 1883 年英国《专利、外观设计和商标法案》第 105 条。
② 参见 1977 年英国《专利法》第 110 条。
③ 参见 1952 年美国《专利法》第 292 条。
④ 参见 1877 年德国《专利法》第 34、40 条。
⑤ 参见 1994 年德国《专利法》第 142 条。
⑥ 参见 1888 年日本《专利条例》第 36、38 条。
⑦ 参见 1921 年日本《专利法》第 129 条。
⑧ 参见 1921 年日本《专利法》第 130 条。
⑨ 参见 2008 年日本《专利法》第 196-2 条。
⑩ 参见 1961 年韩国《专利法》第 150、151 条。

年《专利法》通过向专利权内容增加"出租、展示"等独占权，相应扩展了非法实施专利罪的范围。因此，通过考察国内法，可以看出法律实践对侵犯专利权行为存在犯罪化的趋势。实际上，这种犯罪化趋势主要源于相关刑事法律规范随专利权内容调整而作出的适应性修改。而且，由于一些刑事法律规范直接或间接引用了专利权内容的条款，导致刑事法律规范在未作改动的情况下，仅基于专利权内容的调整就实现了对侵犯专利权行为的犯罪化规制。

第四章 专利权扩张化间接推动侵犯专利权犯罪的轻刑化

第一节 轻刑化的思想演变与发展趋势

一、轻刑化思想的演变与发展

轻刑化，又称刑罚轻缓化，其与重刑化、刑罚严酷化是相对立的概念，通常是指国家在刑事立法或司法过程中，针对符合犯罪构成的行为，若采取较轻刑罚便可实现预期的预防与控制犯罪之效果的，就决不动用较重刑罚。具体表现为刑罚体系中惩罚总量的降低，轻刑、缓刑、假释的广泛适用等。① 简言之，轻刑化就是刑罚变得轻缓的发展取向。

轻刑化有狭义和广义两种理解。其中，狭义的轻刑化是指刑罚本身的轻缓宽和，但刑罚制裁依旧存在。譬如，某犯罪的刑罚从生命刑、身体刑转变为自由刑，自由刑的刑期从无限期转变为有限期，或者从较长的刑期转变为较短的刑期，都属于狭义的轻

---

① 中国政法大学刑事法律研究中心：《中英量刑问题比较研究》，中国政法大学出版社 2001 年版，第 102～104 页。

刑化。该意义上的轻刑化仅限于轻刑罚化，即指通过立法降低一些犯罪的法定刑幅度，从而达到整个刑事制裁体系的缓和化。① 广义的轻刑化不仅包括刑罚本身的宽缓，还涵盖了免除刑罚并以其他非刑罚措施代之的情况。正如曲新久教授所指出的，广而言之，非刑罚化可以归入轻刑化的范围。② 比如，美国采用社区服务处罚替代短期自由刑作为非监禁制裁方式，即属于广义的轻刑化。

　　轻刑化思想在法学发展早期便已形成，有着漫长的历史。早在我国远古时期，《尚书·舜典》便记载"流宥五刑，鞭作官刑，扑作教刑，金作赎刑"。说的是舜帝以流放之法宽宥罪犯来替代五刑（即墨、劓、刖、宫、大辟，均为肉刑），以鞭打作为因公犯罪之刑，以榎楚笞掠作为不服教化之刑，还可用青铜来赎刑，表现出适用宽缓刑罚的倾向。而且，舜帝曾感叹"钦哉，钦哉，惟刑之恤哉"，主张刑罚实施一定要慎之又慎。这可能是古代历史文献中关于轻刑化思想的最早表述。

　　在近代，孟德斯鸠认为，刑罚的使用应当是审慎的。"一个良好的立法者关心预防犯罪，多于惩罚犯罪，注意激励良好的风俗，多于施用刑罚。"③ 同时，他对实施轻缓的刑罚予以支持，指出"治理人类不要用极端的方法；我国对于自然所给予我们领导人类的手段，应当谨慎地使用。如果我们研究人类所以腐败的一切原因的话，我们便会看到，这是因为对犯罪不加处罚，而不

---

　　① 赵秉志：《中国刑法的运用与完善》，法律出版社 1989 年版，第323 页。

　　② 中国政法大学刑事法律研究中心：《中英量刑问题比较研究》，中国政法大学出版社 2001 年版，第 100 页。

　　③ ［法］孟德斯鸠：《论法的精神》，张雁深译，商务印书馆 1961 年版，第 83 页。

是因为刑罚的宽和"①。贝卡利亚认为，刑罚的规模同本国的状况是相适应的，"在刚刚摆脱野蛮状态的国家里，刑罚给予那些僵硬心灵的印象应该比较强烈和易感。为了打倒一头狂暴地扑向枪弹的狮子，必须使用闪击。但是，随着人的心灵在社会状态中柔化和感觉能力的增长，如果想保持客观与感受之间的稳定关系，就应该降低刑罚的强度"②。黑格尔也提出了类似于"刑罚世轻世重"的观点，"如果社会自身还是动荡不安，那就必须通过刑罚树立榜样，因为刑罚本身是反对犯罪的榜样的榜样。但是在本身已经是稳定的社会，犯罪的勾当是很微弱的，因此犯罪的处罚也必须按照这种微弱程度来衡定"③。边沁将刑罚视为一种必要的恶，他指出每种刑罚都具有强制之恶、刑罚所产生之苦、恐惧之恶、错误控告之恶、衍化之恶，"是立法者在规定刑罚时应该时刻注意的恶或'代价'"④。因此，边沁坚持要尽量以"最低的代价"来实现预防犯罪这一向前看的目标。⑤ 英国政治学家威廉·葛德文在谈及如何看待刑罚时，指出"最荒谬的莫过于把动用刑罚看成是进步的源泉，真正的政治家将会竭力把动用刑罚限制在最小的范围之内并不断寻求减少使用它的机会，而不

---

① ［法］孟德斯鸠：《论法的精神》，张雁深译，商务印书馆 1961 年版，第 85 页。

② ［意］贝卡利亚：《论犯罪与刑罚》，黄风译，中国法制出版社 2002 年版，第 51 页。

③ ［德］黑格尔：《法哲学原理》，范扬、张企泰译，商务印书馆 1996 年版，第 229 页。

④ ［英］吉米·边沁：《立法理论：刑法典原理》，中国人民公安大学出版社 1993 年版，第 67 页。

⑤ ［美］马丁·P. 戈尔丁：《法律哲学》，齐海滨译，生活·读书·新知三联书店 1987 年版，第 151 页。

是增加动用刑罚机会并把它当做挽救一切道德败坏的药方"①。

及至现代，日本刑法学者小暮得雄认为，不论以刑罚观之争为发端的学派论争的结果如何，带有无情或曰残酷色彩的刑罚，毕竟为客观存在的现实，而且无论给刑罚冠以怎样的美名，其实质仍然是一种无可争辩的制裁、利益的剥夺及痛苦。因此，人们常常用残酷的报应这一用语来形容刑罚。可见，若难以否认刑罚所具有的这一残酷性之本质的话，那么对其适用范围应尽量地加以限制。此外，在纯化刑罚内容的同时，还应将刑罚的内容限制在必要且合理的最小范围之内。人们一般将上述考虑称为谦抑或者谦抑主义，这一术语本身或许不太成熟，但其本意在于必须抑制对刑罚的行使。② 总而言之，轻刑化思想古已有之，其始终存在于刑事制度的进化进程内，并逐渐体现在各种社会关系的刑事规制手段之中。

二、人类文明进步与轻刑化趋势

受不同的时代背景和语境的制约，人们对于刑罚孰"轻"孰"重"的判断存在一定差异。比如，在奴隶社会和封建社会时期，肉刑和死刑非常普遍，当时人们对此已习以为常，并不会感到罕见或过重。然而，随着社会进步和思想观念的变革，特别是资本主义时代的到来，人们开始认识到以往刑罚的不必要和残酷之处，从而逐渐限制或摒弃肉刑和死刑的使用。在这一进程中，人道主义发展和人权保障进步是推动轻刑化的重要动力。

人道主义起源于欧洲文艺复兴时期，是一种提倡关怀人、爱

---

① 谢望原：《刑罚价值论》，中国检察出版社 1999 年版，第 83 页。

② 李海东：《日本刑事法学者》（下），法律出版社 1999 年版，第 224 页。

护人、尊重人的以人为本的世界观，强调人本身的价值。然而，刑罚本身是一种痛苦，是对犯罪人权利的剥夺，包括自由权、财产权甚至生命权，因而刑法的自然属性与人道主义追求之间是存有冲突的。这就必然使刑罚受人道主义制约，即要求刑罚将犯罪人当人看待，而不是实现刑罚目的的工具或手段，并将刑罚给犯罪人带来的痛苦控制在人格尊严可接受的范围之内，使刑罚尽可能地宽缓。刑罚的人道性体现于对人性的关切，正如康德所言，"人的行动，要把你自己人身中的人性，和其他人身中的人性，在任何时候都同样看做是目的，永远不能只看作是手段"①。刑罚的人道性也是一种"策略考量"。福柯认为，人们绝不应对一个罪犯，哪怕他是一个叛逆或怪物使用"非人道"的惩罚。如果说法律现在必须用一种"人道的"方式来对待一个"非自然"的人，那么这不是由于考虑到罪犯身上隐藏着某种人性，而是因为必须调控权利的效果。这种"经济"理性必定要计算刑罚和规定适当的方法，"人道"是给予这种经济学及其锱铢计算的一个体面的名称。把惩罚降到最低限度，这是人道的命令，也是策略的考虑。② 当然，不论如何理解刑罚的人道原则，均强调不得使用超过必要程度的处罚。

　　人权保障是人道主义在法律规范中的体现。1948 年通过的《世界人权宣言》，对于指导和促进全人类的人权事业发挥着重要作用。在现代社会中，对人权的最大威胁来自公权力，如何规范公权力正常有序地行使，避免公权力对人权造成侵犯，是实现人权的重点举措。因此，人权要旨不在于物质条件，而在于公共

---

　　① ［德］康德：《法的形而上学原理》，沈叔平译，商务印书馆 1997年版，第 164～165 页。

　　② ［法］米歇尔·福柯：《规训与惩罚》，刘北城、杨远婴译，生活·读书·新知三联书店 1999 年版，第 101～102 页。

权力的运行模式及相关制度。① 刑事制裁是最具代表性的国家强制力，这种公权力的行使同样应保障人权。一方面，刑法应保障无辜之人，只要公民的行为不构成犯罪，就不允许其遭受刑罚的处罚；另一方面，刑法也保障犯罪人的合法权益，对于其本不应受到刑罚惩处的权益部分，不得施加不必要的法外惩罚，做到罪刑相称、罚当其罪。因此，刑法既是"善良公民的大宪章"，也是"犯罪人的大宪章"。②

纵览人类刑事制度历史可以发现，刑罚在总体上呈现出从严酷走向轻缓的发展趋向。凯伦·法林顿阐述道，以高度文明自傲的欧洲人也无法相信他们的先人曾经发明过那么多折磨犯罪嫌疑人的手段。直至近代，被宣布有罪的人通常只有两条道路——死亡或者奴役。仅是英伦一国，适用死刑的罪名就超过了200种。而处决的方式至少包括了生祭、活埋、沸煮、溺毙、钉死、绞吊、斩首、由动物咬噬或用石头砸死等。这些花样迭出的酷刑的发明者名单里不乏国王、贵族、神职人员以及备受敬重的专业人士。难以想象的还在于，在很长的时间里，欧洲的民众总是兴高采烈地、过节般地围观酷刑的执行场面。文明伴随血腥而成长，历史终于翻过沉重的一页，我们到底看到酷刑渐渐让位于较为人性的惩罚。③ 尤其在20世纪后，随着刑事实证学派的目的刑、教育刑思想以及社会防卫理论的进一步推行，刑罚进入围绕人道主义而发展的阶段，刑罚轻缓化运动开始在世界范围内蓬勃开展起

---

① 陈佑武：《人权保障的几个原理问题》，载《江西社会科学》2006年第3期，第123~127页。

② ［日］木村龟二：《刑法学词典》，顾肖荣译，上海翻译出版公司1991年版，第9页。

③ ［英］凯伦·法林顿：《刑罚的历史》，陈丽红、李臻译，希望出版社2003年版，第2页。

来，自由刑的主导地位受到罚金刑和社区矫正制度的显著冲击，许多国家也陆续将死刑废除。譬如，在 20 世纪 60 年代末，世界上只有 12 个国家完全废除死刑，1978 年增长为 19 个；而截至 2000 年 10 月底，已有 76 个国家在立法上对全部犯罪废除了死刑。① 对此，陈兴良教授指出，"在长达数千年的历史中，刑罚之进化的最明显趋势是刑罚越来越缓和。博爱时代，对刑及无辜、法外用刑的禁止；对肉刑的废除以及对死刑的限制，大大地削减了刑罚的严酷性。科学时代，缓和刑罚，更成为了各国刑事立法的指导性原则"②。

综上所述，随着人道主义的发展和人类文明的进步，刑罚就必然向着轻缓化的方向发展。③ 德国法学家拉德布鲁赫甚至预言，"刑法发展的极为遥远的目标……是没有刑罚的刑法典"④。然而需要注意到，轻刑化"是一个过程，一种趋势，是指刑罚基准的趋轻发展态势"，⑤ 它不是静态的概念，而属于动态变化的范畴。这意味着，轻刑化进程并非一蹴而就，而需在特定历史时期和社会背景下渐进式地显现出来，故而在某些国家或某些社会关系领域中，轻刑化可能表现得并不显著，但这不足以撼动人类文明社会轻刑化的大势所趋。

---

① 赵秉志：《刑法论丛》，法律出版社 2002 年版，第 412 页。

② 陈兴良：《刑法适用总论》（下卷），法律出版社 1999 年版，第 17~18 页。

③ 赵秉志、金翼翔：《论刑罚轻缓化的世界背景与中国实践》，载《法律适用》2012 年第 6 期，第 7~14 页。

④ ［德］拉德布鲁赫：《法学导论》，米健译，中国大百科全书出版社 1997 年版，第 95 页。

⑤ 陈兴良：《刑法的价值构造》，中国人民大学出版社 1998 年版，第 428~429 页。

第二节　专利权扩张化对侵犯专利权
犯罪轻刑化的间接推动机制

一、轻刑化与犯罪化彼此不矛盾

有观点认为，"轻刑化是一个广义的概念，包括了非犯罪化与轻刑罚化两层含义"①。同时也有观点认为，犯罪圈的扩大，即犯罪化，就等同于重刑，因为它在现代社会中增加了刑罚对社会的干预，有违国际刑罚领域的谦抑主义。② 若依照前述观点，轻刑化涵盖了非犯罪化，重刑化则等同于犯罪化，由于轻刑化与重刑化相对，非犯罪化与犯罪化相对，从而轻刑化与犯罪化之间似乎也存在对立，这也导致轻刑化的理念与当前主流的犯罪化思潮之间存在一定的不协调之处。

不过，笔者认为轻刑化与犯罪化之间并非水火不容的矛盾关系。一方面，轻刑化与犯罪化或非犯罪化的概念不同，不能混为一谈。轻刑化意味着刑罚更加轻缓，是刑罚之间孰轻孰重的比较，主要从三个方面考量：一是看刑罚剥夺了何种权利。其中死刑最重，剥夺的是生命权；自由刑次之，剥夺的是人身自由权；财产刑和资格刑则更次之。二是看刑罚的期限和数量。对于自由刑和资格刑，期限越长越重；对于财产刑，则数量越大越重。三是看刑罚的执行方式。例如，同样是执行有期徒刑，有假释比没有假释的刑罚更轻。与之不同的是，犯罪化或非犯罪化是将某些

---

① 赵秉志：《中国刑法的运用与完善》，法律出版社1989年版，第323页。

② 徐卫东等：《刑法谦抑在中国——四校刑法学高层论坛》，载《当代法学》2007年第1期，第3～23页。

行为纳入或排除出犯罪圈。倘若某种行为因犯罪化而构成犯罪，必须与以往的刑罚加以比较才能得出刑罚或轻或重的结论；倘若某种行为因非犯罪化而不构成犯罪，则根本不必谈及刑罚，也就失去了比较刑罚轻重的基础。简言之，轻刑化与犯罪化或非犯罪化并非同一层次的概念，犯罪化或非犯罪化解决是否以犯罪论处的问题，而轻刑化解决的是如何对该犯罪进行处置的问题，犯罪的成立是轻刑化的前提。因此，在理解轻刑化时，应当避免与犯罪化或非犯罪化相混淆。正如张明楷教授指出的，"我们目前主张'轻刑化'应仅限于轻刑罚化"①。

另一方面，轻刑化与犯罪化并不冲突，现实中可同时存在。以美国为例，与当前的犯罪化思潮一致，美国采用大犯罪圈，被追究刑事责任的行为数量增加，但被科处刑事处罚的罪犯大部分适用的是社区刑罚。在 20 世纪六七十年代，美国的社区矫正适用达到鼎盛时期，尽管曾因"矫正无效论"的影响而增加了监禁刑的适用，但是在美国犯罪刑罚控制模式中，非监禁刑（即社区矫正）在刑罚适用中仍占有约 70% 的份额，其治理犯罪模式的这一基本趋势并未被改变。② 又如，《联合国反腐败公约》第 30 条第 3 款规定，"在因根据本公约确立的犯罪起诉某人而行使本国法律规定的任何法律裁量权时，各缔约国均应当努力确保针对这些犯罪的执法措施取得最大成效，并适当考虑到震慑这种犯罪的必要性"，要求积极对不法行为予以刑事追究。与此同时，该公约第 37 条第 2 款又规定，"对于在根据本公约确立的任何犯罪的侦查或者起诉中提供实质性配合的被告人，各缔约国均应当

---

① 张明楷：《论刑法的谦抑性》，载《法商研究》1995 年第 4 期，第 55~62 页。

② Corman H, Mocan N, "Carrots, Sticks, and Broken Windows" (2005) 48 Journal of Law & Economics, pp. 235-266.

考虑就适当情况下减轻处罚的可能性作出规定"，又强调各国尽量对符合条件的罪犯施以轻缓的刑罚。这说明《联合国反腐败公约》显示了犯罪化和轻刑化思想的辩证并存。

总之，轻刑化与犯罪化之间并非相互排斥，而是可以兼容并蓄、协调共存的。在刑法理论和实践应用中，两者之间并不存在实质性的矛盾。相反，它们在惩处和预防犯罪的过程中可以形成并行不悖、高度统一的关系。

二、刑罚资源有限性使专利权扩张化间接推动轻刑化

专利权扩张化对侵犯专利权行为犯罪化的推动，不仅会导致相关犯罪案件的增加，还会进一步推动轻刑化的发展。这一现象是由于刑罚资源有限性及其一系列逻辑推导结果所共同促成的结果。

首先，刑罚资源是稀缺且有限的。

从经济学角度分析，刑罚是一种稀缺资源，其一方面通过惩戒和预防犯罪行为减少了社会利益的损失，具有相应的经济价值；另一方面又需投入一定数量的社会资源才能得以运作，故而社会资源的有限性决定了刑罚资源的稀缺性。正如高铭暄教授所言，"刑罚作为刑法自身成本的一种而成为获取刑法效益的必要的社会投资，它自己不仅具有生产性即产出刑法效益，而且具有消费性即耗费必要的成本"[①]。

其次，刑罚资源的有限性要求降低刑罚成本，实现资源优化配置。

刑罚资源的有限性决定了国家不能单纯追求刑罚的使用。从国家和社会角度看，刑罚成本是指国家为动用刑罚而必须或可能

---

① 高铭暄：《刑法问题研究》，法律出版社 1994 年版，第 56 页。

投入的资源或付出的代价。假如刑罚不需付出任何成本，不耗费资源或代价，那么国家就可以无节制地创设和适用刑罚，社会生活的所有方面甚至都可能被刑事手段规制。恰恰由于刑罚资源是有限的，使得国家不能随心所欲地使用刑罚并将其扩及全部社会关系，而是受到经济、政治和伦理道德等社会条件及资源的制约。尤其是统治者们注意到，刑罚作为一种"必要的恶"，通常是"亡羊补牢"似的减损手段，难以为社会财富带来正增长，加之其认识到"人死无法复生"且"人能创造财富"的道理，生命刑和身体刑逐渐被自由刑和财产刑所取代，刑罚的运用就更为有限了。总之，一国不可能倾尽所有来运用刑罚，必须考虑如何更加合理、有效地分配有限的刑罚资源，从而尽可能以最低的刑罚成本换取最大限度的刑罚收益。

第三，刑罚成本与刑罚严苛程度成正比。

对于如何降低刑罚成本，有人认为死刑是成本最小的刑罚，因为只需要一颗子弹就能以最快速度执行完毕，但这种想法与事实大相径庭。首先，死刑的程序成本高。英国学者胡德指出，在那些还保留死刑的国家里，几乎没有一个国家不对死刑案件设置比普通刑事案件更复杂的程序。其原因在于，死刑案件一旦错判，将造成无可挽回的损失。[①] 1982 年，美国纽约州恢复死刑的成本约为每件案件 180 万美元，是无期徒刑平均成本的 3 倍。[②] 在佛罗里达州，处以单个死刑的总成本为 320 万美元，这足以支

---

① ［英］罗吉尔·胡德：《死刑的全球考察》，刘仁文、周振杰译，中国人民公安大学出版社 2005 年版，第 341 页。

② New York State Defenders Association,Inc,"Capital Losses:The Price of the Death Penalty for New York State"（1982）Bureau of Justice Statistics,pp. 1-33.

持 240 年的监禁。① 死刑使加利福尼亚州每年的成本预算至少增加了 1.37 亿美元，每执行一起死刑额外增加 3.08 亿美元。② Marceau 等人指出，一个死刑诉讼会"耗尽一个县（美国州以下最大的行政区）的资源"或导致该州警官更少、戒毒计划更少、检察官的培训也更少。③ 虽然我国的死刑程序成本没有如此之高，但鉴于死刑二审开庭审理、死刑复核程序、死刑复核纳入法律援助范围等制度的落实，死刑案件的程序成本必将走高。譬如，为应对死刑二审案件，山西省高级人民法院增补了 46 名审判人员和法警，并从各业务庭遴选出 10 名审判经验丰富的优秀法官调入负责死刑案件二审的刑一庭；湖南省高级人民法院为刑一、刑二庭增加 18 个编制，调整、增加了合议庭；山东高院增设 1 个刑事审判庭，增加 30 个编制。④ 又如，为应对死刑复核权，最高人民法院将增设 3 个刑庭应对死刑复核权的收回，"预计至少需要增加 300 人以上的法官编制"⑤。这些增加的人员配备及财政支持都属于死刑程序成本的一部分。其次，死刑的行刑

① D Von Drehle,"Capital Punishment in Paralysis：Huge Caseload Bloats Lethargic,Costly System in Florida",*US' Miami Herald*（Miami 10 July 1988）1A,12A.

② California Commission On The Fair Administration Of Justice, "Report And Recommendations On The Administration Of The Death Penalty In California"（2008）10.

③ Marceau J F, Whitson H A, "The Cost of Colorado's Death Penalty"（2013）3 University of Denver Criminal Law Review, pp. 145−163.

④ 郑剑峰：《寻访死刑二审开庭审理之足迹》，载新浪网，http：// news. sina. com. cn/o/2006 − 05 − 25/08539020647s. shtml（最后访问时间：2017−12−20）。

⑤ 《最高法院将增设三个刑庭 应对死刑复核权的收回》，载新浪网，http：//news. sina. com. cn/c/2005−09−27/05227046122s. shtml（最后访问时间：2017−12−20）。

成本高。以美国俄克拉荷马爆炸案主犯的死刑行刑为例，法官们准备了长达 56 页的"行刑文件"，文件条款细致入微到有关行刑的每一个细节，时间精确到以分钟计算。而狱方为防止同情者试图"劫狱"或者有爆炸案受害者亲属情绪激动冲击监狱，临时设立了应付紧急情况的指挥中心，增加执勤人员。① 对于我国的死刑行刑，有学者指出，每执行一起枪刑往往要耗费大量的人力、物力、财力。这不仅包括枪决的前期准备工作，如组织人员、张贴公告、召开宣判大会、出动大批车辆等，还包括执行过程中大量人力的投入，物力、财力的消耗，以及善后事宜的处理方面。因此，每执行一起枪决案件，虽然枪决过程转眼即逝、简捷明快，但整个执行过程的成本投入却非常昂贵。② 即使采用注射方法执行死刑，其成本也不见得多低廉。目前，注射执行死刑的场所主要有固定刑场和执行车两种。在一个中级人民法院建一个固定刑场大约要 200 万元；死刑执行车是流动刑场，相对节约成本，但买车要 40 余万元，而且每次执行注射价格高昂，导致很多地区无力承担。③ 最后，死刑的后续成本不容忽视，包括死刑犯的尸体、器官以及骨灰的处理，外国籍的死刑犯还需通过驻华使领馆按照有关具体程序办理等，这些工作也都需要相应的人力、物力投入。因此，死刑的成本远远高出一颗子弹的价值，整体而言反倒是刑罚成本最高的刑种。

自由刑的刑罚成本虽不及死刑，但也是相当昂贵的。Vold 指

---

① 李三：《俄克拉荷马爆炸案主犯死期将至，美国各界密切关注》，载新浪网，http：//news. sina. com. cn/w/246849. html（最后访问时间：2017-12-20）。

② 胡常龙：《死刑案件程序问题研究》，中国政法大学 2003 年博士学位论文，第 302 页。

③ 刘仁文：《论死刑的成本》，载中国法学网，http://www. iolaw. org. cn/showarticle. asp？id＝1963（最后访问时间：2017-12-20）。

出，在刑罚的实践当中，监禁刑作为最为普通的刑罚方法被普遍接受……但监督是异常昂贵的，机构的修建、维持和运作需要花费大量财富。[①] 据美国 1997 年的司法统计，监狱每张床位每年的运作费用平均为 2000 美元，而用于每名假释犯的常规假释监督费用每年平均为 1328 美元。[②] 在我国，2000 年约有监狱 700 所、押犯 150 余万名、民警近 30 万人，全年所需花费的总费用约 180 亿元人民币。[③] 该总费用甚至超过了 2000 年中央预算中安排的教育事业费 165 亿元。[④] 另外，2002 年，监禁一名犯人的年平均费用为 9300 元人民币，[⑤] 这甚至高于当年我国对普通高等学校生均事业费支出和公用经费支出的总和。[⑥]

显然，刑罚的运用是有成本的，威慑力越高的刑罚其社会成本也越高。[⑦] 要实现有限刑罚资源的优化配置，尽量降低刑罚的

---

① Vold G B, *Theoretical criminology*, Oxford University Press, Oxford：1958，p. 286.

② 吴宗宪：《试论非监禁刑及其执行体制的改革》，载《中国法学》2002 年第 6 期，第 108~121 页。

③ 张伯平：《行刑成本与监狱工作》，载《中国犯罪学研究会第十二届学术研讨会论文集》2003 年，第 13~16 页。

④ 项怀诚：《关于 1999 年中央和地方预算执行情况及 2000 年中央和地方预算草案的报告》，载中国人大网，http：//www. npc. gov. cn/wxzl/gongbao/2000-12/17/content_ 5008932. htm（最后访问时间：2017-12-20）。

⑤ 张文、刘艳红、甘怡群：《人格刑法导论》，法律出版社 2005 年版，第 4 页。

⑥ 《教育部、国家统计局、财政部关于 2002 年全国教育经费执行情况统计公告》，载教育部门户网站，http：//www. moe. edu. cn/jyb_ xxgk/gk_ gbgg/moe_ 0/moe_ 1/moe_ 3/tnull_ 5365. html（最后访问时间：2017-12-20）。

⑦ 刘大元：《论刑罚资源的有效配置》，载《学术界》2011 年第 7 期，第 95~103 页。

成本，就需相应减少死刑和长期监禁的适用，逐步以较短期的自由刑或罚金刑代之，这是一种刑罚轻缓化，即轻刑化的具体表现。

基于上述机制可以得知，专利权扩张化推动了侵犯专利权行为的犯罪化，这就让更多行为落入犯罪圈，成为刑罚的适用对象。然而，由于刑罚资源是稀缺和有限的，故犯罪的增多会导致每个犯罪所能分得的刑罚资源变少。若以数学公式表示，则可以为：平均刑罚资源（Average Penalty Resources）= 刑罚总资源（Total Penalty Resources）/犯罪数量（Number of Crimes），其中的平均刑罚资源随犯罪数量的增大而减小。相应地，刑罚的适用将受更低刑罚成本的限制，导致较短期自由刑、罚金刑等轻缓刑罚的情况变得更多，从而加剧轻刑化的倾向。易言之，刑罚资源的有限性使专利权扩张化能够间接推动侵犯专利权犯罪的轻刑化。

三、行为经济学规律使专利权扩张化间接推动轻刑化

经济学在分析犯罪行为时，通常假设行为人选择犯罪是由于犯罪收益超过了其利用时间和其他资源通过其他活动而获取的收益，因而实施犯罪并非因行为人的基础动机与其他人不同，而是由不同的收益成本差异所导致的。美国行为经济学家、诺贝尔经济学奖得主贝克尔（Becker）进一步阐述了定罪概率和刑罚与犯罪数量之间的数学关系。[①] 他指出，犯罪的数量与定罪的概率、定罪后的惩罚以及其他变量（例如，从事合法或其他非法活动可得收入、逃脱抓捕的频率、违法的意愿等）是相关的，用函数关

---

① Becker G S, "Crime and Punishment: an Economic Approach" (1968) 75 Journal of Political Economy, pp. 169-217.

系表示为：

$$O_j = O_j \, (p_j, \ f_j, \ u_j),$$

其中 O_j 为犯罪数量，p_j 为犯罪的定罪概率，f_j 为对犯罪的惩罚，u_j 代表其他影响的变量。若 p_j 或 f_j 增加，则"支付"更高"对价"的概率增加，或者"对价"本身增加，这都会减少犯罪的预期收益，从而相应地减少犯罪的数量，用函数表示为：

$$O_{pj} = \frac{\partial O_j}{\partial p_j} < 0 \ \text{和} \ O_{fj} = \frac{\partial O_j}{\partial f_j} < 0 \text{。}$$

这一数学模型的建立与诸多法学家关于刑罚确定性的观点极为相近。比如，贝卡利亚认为"对于犯罪最强有力的约束力量不是刑罚的严酷性，而是刑罚的必定性……即使刑罚是有节制的，它的确定性也比联系着一线不受处罚希望的可怕刑罚所造成的恐惧更令人印象深刻。因为，即便是最小的恶果，一旦成了确定的，就总令人心悸"[①]。费尔巴哈主张建立市民对刑罚不可避免的确信，把犯罪与刑罚的关系用法律明文规定下来。[②] 边沁则指出，"除非存在免受惩罚之希望，否则没人愿意去犯罪。如果刑罚恰好是由罪刑之获利而产生，且又是不可避免的，那么就不会有人犯罪了"，因此"刑罚的确定性越小，其严厉性就应该越大"，"刑罚越确定，所需严厉性越小"[③]。不过需注意的是，笔者认为贝克尔提出的"定罪概率"之含义不同于"刑罚确定性"。"刑罚确定性"要求"司法官员谨守职责，法官铁面无私、

---

① ［意］贝卡利亚：《论犯罪与刑罚》，黄风译，中国法制出版社 2002 年版，第 68 页。

② 甘雨沛、何鹏：《外国刑法学》，北京大学出版社 1984 年版，第 220 页。

③ ［英］吉米·边沁：《立法理论：刑法典原理》，中国人民公安大学出版社 1993 年版，第 69 页。

严肃认真",① 强调司法之下的犯罪与刑罚之间的必然因果联系；广义上的"刑法确定性"又称为"刑罚必然"，是指只要发生了犯罪必须受到刑罚处罚，任何人都难以逃脱法网，② 从而将犯罪行为与刑罚直接联结起来。显然，无论如何理解"刑罚确定性"，都不可能脱离"刑罚"。然而，贝克尔的"定罪概率"关注于"罪行、罪过"（Offence）转变为"定罪"（Conviction）的概率，③ 属于行为与犯罪之间的关系，其本身并不涉及刑罚。当然，正如贝克尔指出的，定罪是惩罚的前提，"只有被定罪，行为人才为犯罪受惩罚 f_j，否则便不受惩罚"④。故此，"刑罚确定性"是"定罪概率"与"刑罚惩罚"之间的内在逻辑联系之基础，若缺少刑罚确定性，即犯罪与刑罚无关，则上述数学模型也无法成立。

基于以上对"定罪概率"的理解，犯罪化也可作为一种提高定罪概率的方式：从行为人角度看，人的生命是有限的，这就决定了其行为数量的有限性，若更多行为被列入犯罪圈，则构成犯罪的行为比例会上升，由此将相应提高行为人被定罪的概率；从社会角度看，犯罪圈所覆盖的社会关系及行为方式增多，会让更多行为人进入刑法规制的视野，即增加犯罪人的数量占比，从而在整体上使行为人的定罪概率得到提升。根据贝克尔建立的数学模型，既然"定罪概率"的提高可实现降低犯罪数量的效果，

① ［意］贝卡利亚：《论犯罪与刑罚》，黄风译，中国法制出版社 2002 年版，第 68 页。

② 陈兴良：《刑法适用总论》（下卷），法律出版社 1999 年版，第 58 页。

③ 何高大：《英汉双向法律词典》，上海交通大学出版社 2002 年版，第 394 页。

④ Becker G S, "Crime and Punishment: an Economic Approach" (1968) 75 Journal of Political Economy, pp. 169-217.

那么就不必使用更重的刑罚，即刑罚的严厉程度可相应降低。

实际上，在此情况下降低刑罚的严苛性，既受行为经济学原理的驱使，也是刑罚经济性的要求。一方面，行为经济学对行为人风险偏好和认知偏差的研究表明，重刑的效果不及定罪概率。贝克尔指出，假如行为人 j 是风险偏好者，若以同等百分比增加 p_j 和 f_j，则 p_j 使犯罪预期收益的减少量更大，继而也更能减少犯罪数量。实证数据表明，定罪概率 p_j 比刑罚 f_j 对行为人更具威慑力，这意味着至少在刑罚的相关范围内，行为人是风险偏好者。[①] 另外，莱布森（Laibson）发现，行为主体在贴现时不是完全理性的，[②] 而是表现出较强的短视（Myopia）认知偏差，莱布森将其描述为"金蛋模型"，[③] 这导致行为人往往偏向于关注短期后果而忽视长期后果，使得他们对短期监禁和长期监禁的比较不对称。实验表明，若 1 年监禁的负效用是 100，则 5 年监禁的负效用是 200，仅是 1 年监禁的 2 倍，10 年监禁的负效用是 300，即刑期变为 10 倍，威吓效果却仅为 3 倍，说明刑期的增加与威慑效果并不对称。[④] 由此可见，行为人的风险偏好和认知偏差都

[①] Becker G S,"Crime and Punishment: an Economic Approach"（1968）75 Journal of Political Economy, pp. 169-217.

[②] 在行为经济学中，贴现是指行为人将未来的成本/收益经贴现率贴现后，与即时的收益/成本加以比较，然后作出选择。参见 Samuelson P A, "A Note on Measurement of Utility"（1937）4 Review of Economic Studies, pp. 155-161。

[③] "金蛋模型"源于伊索寓言"生金蛋的鹅"，故事结尾是农夫妄图杀死能生金蛋的鹅以获取所有金蛋，反而一无所获。用于比喻行为人认为短期贴现率高，更注重短期收益的现象。参见 Laibson D, "Golden Eggs and Hyperbolic Discounting"（1997）112 Quarterly Journal of Economics, pp. 443-477。

[④] Spelman W, "The severity of intermediate sanctions"（1995）32 Journal of Research in Crime & Delinquency, pp. 107-135.

削减了重刑的效果，在定罪概率发挥作用之时，理应让重刑"退居二线"，适用轻刑以节约社会资源。另一方面，边沁认为刑罚具有经济性，即应以最小的刑罚支出换取最大的社会效益，"刑罚的严厉程度应该只为实现其目标而绝对需要，所有超过此的刑罚不仅是过分的恶，而且会制造大量阻碍公正目标实现的坎坷"①。若实施重刑已无必要，那么就应当依照刑罚经济性之要求而采用更为轻缓的刑罚。

总之，在行为经济学的数学模型与作用机制的内在驱动之下，专利权扩张化所推动的犯罪化会进一步加剧刑罚轻缓化的倾向，即专利权扩张化将间接推动侵犯专利权犯罪的轻刑化。

四、严而不厉的刑法结构使专利权扩张化间接推动轻刑化

储槐植教授开创性地提出刑事一体化思想，认为刑事一体化的内涵是刑法和刑法运行的内外协调，其中的内部协调主要是指刑法结构合理。② 刑法的要素即犯罪和刑罚，故刑法结构的基本内容就是犯罪和刑罚的结合方式，表现为犯罪圈大小与刑罚轻重以不同方式进行组合配搭。对此，储槐植教授主张严而不厉的刑法结构。其中，严指刑事法网严密，刑事责任严格；厉指刑罚苛厉，刑罚过重。③ 严而不厉的刑法结构即一种法网严密而刑罚轻缓的结构：其一方面广泛控制犯罪行为，使罪犯难逃法网；另一方面则尽量适用轻刑，摒弃残酷而不人道的刑罚。

---

① ［英］吉米·边沁：《立法理论：刑法典原理》，中国人民公安大学出版社 1993 年版，第 78 页。

② 储槐植：《再说刑事一体化》，载《法学》2004 年第 3 期，第 74～80 页。

③ 储槐植：《严而不厉：为刑法修订设计政策思想》，载《北京大学学报（哲学社会科学版）》1989 年第 6 期，第 101～109 页。

实际上，刑法结构不外乎四种组合：罪状设计严密且刑罚苛厉（又严又厉），罪状不严密且刑罚不苛厉（不严不厉），法网严密而刑罚不苛厉（严而不厉），刑罚苛厉而法网不严密（厉而不严）。不严即所谓的"法不责众"，导致该入罪的行为没有入罪。然而，从总体效用观察，严管是胜于严打的。[①] 犯罪化使犯罪圈扩大，可供缓解和改善这种不严的缺陷，避免出现不严不厉或厉而不严的情形。不过，这也可能形成又严又厉的结构，即刑事法网严密且刑罚严苛。在这种结构之下，由于犯罪化的作用，刑事法网愈加严密，定罪数量势必增多，加之刑罚也较为苛厉，结果将导致自由刑（监禁刑）和生命刑的大量增加（在已废除身体刑的情况下），这就需要国家投入巨额的刑罚成本。由此要么使社会资源被无谓消耗，国家不堪重负，要么会削弱刑罚的执行力度，降低改造罪犯的效果，反而陷入犯罪控制不力、资源投入无度的恶性循环。正如储槐植教授所言，"如果选用又严又厉这一模式，在短期内成效可能大于严而不厉模式，但从长远看，将是得不偿失"[②]。因此，在以犯罪化解决"不严"问题的同时，也应当注重推行或保持刑罚轻缓的倾向，以免形成"又严又厉"的刑法结构。

不仅如此，"不厉"即刑罚轻缓，是刑事法网之"严"的应然结果。若刑事法网不严密，只惩戒那些造成严重后果的犯罪，"重恶果必然轻恶习"，[③] 容易使现实生活中恶习深重但行为结果

① 储槐植：《再说刑事一体化》，载《法学》2004 年第 3 期，第 74~80 页。

② 储槐植：《严而不厉：为刑法修订设计政策思想》，载《北京大学学报（哲学社会科学版）》1989 年第 6 期，第 101~109 页。

③ 储槐植：《议论刑法现代化》，载《中外法学》2000 年第 5 期，第 584~595 页。

并未达到入罪标准的不法行为难以得到有效的惩戒。长此以往，打擦边球的现象会越来越多，社会风气将变得混浊不堪，伦理规范和道德底线遭到严重破坏。因此，受犯罪化影响的刑事法网之严密，其作用是形成良好的社会道德环境，重刑的适用就显得并不那么必要和迫切了。"世界上绝大多数国家不许偷、不许奸淫、不许抢，在人的思想上扎根很深，在这种情况下，这个社会的公德水平就提高了，一般的犯罪也就会直接减少，刑罚也就不用太重了。所以刑罚的轻重跟犯罪的底线有着深层次关系。"① 质言之，不厉不是简单地指所有犯罪不分轻重地普遍适用轻刑，而是"严密"基础上的不厉，是以适当犯罪圈及由此造就的社会道德水准为条件而选择较为轻缓之刑。

综上所述，严而不厉的刑法结构是有利于刑法运作，确保刑法机制顺畅的最优形式。② 为构建和推行严而不厉的刑法结构，避免出现又严又厉的组合，加之"不厉"是"严"的应有之义，使得专利权扩张化所推动的犯罪化也会促使刑罚进一步向轻缓方向发展，从而表现出专利权扩张化对轻刑化的间接推动。

总之，尽管从专利权扩张化本身并不能直接导出轻刑化的结论，但基于专利权扩张化对侵犯专利权行为犯罪化的直接推动作用，在刑罚资源有限性、行为经济学规律和严而不厉刑法结构三种机制的共同影响之下，实质上促进了侵犯专利权犯罪的轻刑化。由此可以认为，专利权扩张化对侵犯专利权犯罪轻刑化起到了间接推动作用。

---

① 皮艺军、翟英范：《"严而不厉"和"刑事一体化"——储槐植先生访谈》，载《河南警察学院学报》2015年第2期，第5~14页。
② 储槐植：《刑法机制》，法律出版社2004年版，第8~26页。

第三节 国际法律实践中的侵犯 专利权犯罪轻刑化

一、国际法律实践中的侵犯专利权犯罪法定刑

(一) 英国的侵犯专利权犯罪法定刑

1883 年《专利、外观设计和商标法案》第 105 条规定，假冒专利罪的法定刑为每项犯罪处以不超过 5 英镑的罚金。

1907 年《专利与外观设计法案》第 89 条规定，假冒专利罪的法定刑仍为每项犯罪不超过 5 英镑罚金。1949 年英国《专利法》沿袭了该法定刑的规定。

1977 年英国《专利法》调整了假冒专利罪的法定刑，将罚金的上限提升为 200 英镑。

2014 年英国《专利法》第 110 条将假冒专利罪的法定刑修改为不超过标准等级 3 级，根据 1978 年英国《解释法》（Interpretation Act）及相关法律的规定，其金额为 1000 英镑。①

在外观设计方面，1949 年英国《注册外观设计法》将假冒外观设计罪的法定刑规定为 5 英镑以下的罚金。2015 年《注册外观设计法》第 35 条将假冒外观设计罪的法定刑提升为标准等级 3 级以下的罚金，即 1000 英镑以下。

---

① 参见 1982 年《刑事司法法》（Criminal Justice Act 1982）第 37 条（针对英格兰和威尔士），1995 年《苏格兰刑事诉讼法》［Criminal Procedure (Scotland) Act 1995］第 225 (1) 条，1984 年《北爱尔兰罚金与刑罚令》［Fines and Penalties (Northern Ireland) Order 1984］第 5 条。

（二）美国的侵犯专利权犯罪法定刑

1952 年美国《专利法》第 292 条对虚假标识罪（即假冒专利罪）科处的法定刑为每项犯罪不超过 500 美元的罚金。

该法定刑维持至美国现行的《专利法》。

（三）德国的侵犯专利权犯罪法定刑

1877 年德国《专利法》第 34 条对非法实施专利罪确定的刑罚包括自由刑和财产刑，具体为 5000 马克以下罚金或 1 年以下有期徒刑。第 40 条对假冒专利罪的法定刑为 150 马克以下的罚金或监禁（Haft）。

1891 年德国《专利法》未更改非法实施专利罪的法定刑，但第 40 条将假冒专利罪的法定刑修改为 1000 马克以下的罚金，取消了自由刑（监禁）。

由于对犯罪条款的大幅改动，1936 年德国《专利法》仅指出非法实施专利罪应适用徒刑，但未规定该徒刑的期限，也未规定罚金刑。此外，因假冒专利罪被取消，相应的法定刑亦不复存在。

1994 年德国《专利法》第 142 条对非法实施专利罪确立的法定刑为 1 年以下有期徒刑或罚金；若以贸易方式实施侵权的，处以 5 年以下有期徒刑或罚金。不过该法并未规定罚金的限额。

2016 年德国《专利法》将非法实施专利罪的法定刑提升为 3 年以下有期徒刑或罚金，并规定若该犯罪行为达到商业规模的，则处以 5 年以下有期徒刑或罚金。

在实用新型方面，1986 年德国《实用新型法》将非法实施实用新型罪的法定刑规定为 1 年以下有期徒刑或罚金。

1994 年德国《实用新型法》将非法实施实用新型罪的法定刑提升为 3 年以下有期徒刑或罚金。若以贸易方式实施侵权的，处以 5 年以下有期徒刑或罚金。

2017 年《实用新型法》未修改法定刑，仅将原加重情节"以贸易方式侵权"替换为"犯罪行为达到商业规模的"。

在外观设计方面，2014 年德国《外观设计法》第 51 条对非法实施外观设计罪设计的法定刑为 3 年以下有期徒刑或罚金；若达到商业规模，则处以 5 年以下有期徒刑或罚金。

（四）日本的侵犯专利权犯罪法定刑

1888 年日本《专利条例》针对不同的侵犯专利权行为设置了不同的法定刑。其中，针对前文中归类为非法实施专利罪的犯罪行为，第 36 条规定处以 1 个月以上 1 年以下有期徒刑或 20 日元以上 200 日元以下的罚金；针对归类为假冒专利罪的犯罪行为，第 38 条规定处以 15 日以上 6 个月以下有期徒刑或 10 日元以上 100 日元以下的罚金。

1899 年日本《专利法》将非法实施专利罪的法定刑调整为 15 日以上 3 年以下有期徒刑或 10 日元以上 500 日元以下的罚金，将假冒专利罪的法定刑调整为 15 日以上 1 年以下有期徒刑或 10 日元以上 300 日元以下的罚金。

1921 年日本《专利法》将非法实施专利罪的法定刑提升为 5 年以下有期徒刑或 5000 日元以下的罚金，并将假冒专利罪的法定刑提升为 3 年以下有期徒刑或 3000 日元以下的罚金。

1959 年日本《专利法》进一步从整体上提升了侵犯专利权犯罪的法定刑，其中非法实施专利罪的法定刑为 5 年以下有期徒刑或 50 万日元以下的罚金，假冒专利罪的法定刑为 3 年以下有期徒刑或 20 万日元以下的罚金。

1994 年日本《专利法》第 196 条将非法实施专利罪的罚金刑提升为 500 万日元以下，第 197 条将假冒专利罪的罚金刑提升为 300 万日元以下。

2016 年日本《专利法》第 196 条规定的非法实施专利罪实

际上按两种罪名处理：对于以往规定的非法实施专利罪，法定刑为 10 年以下有期徒刑或 1000 万日元以下的罚金，或两者并处；对于新增的视为专利侵权的犯罪，法定刑相对较轻，为 5 年以下有期徒刑或 500 万日元的罚金，或两者并处。假冒专利罪的法定刑也有增加，第 198 条规定为 3 年以下有期徒刑或 300 万日元的罚金。

在实用新型方面，1905 年日本《实用新型法》第 46 条的非法实施实用新型罪的法定刑为 15 日以上 1 年以下有期徒刑或 10 日元以上 200 日元以下的罚金。第 48 条的假冒实用新型罪的法定刑为 15 日以上 6 个月以下有期徒刑或 10 日元以上 100 日元以下的罚金。

1959 年《实用新型法》对上述两项罪名的法定刑均有提升。第 56 条的非法实施实用新型罪的法定刑调整为 3 年以下有期徒刑或 30 万日元以下的罚金。第 58 条的假冒实用新型罪的法定刑则调整为 1 年以下有期徒刑或 10 万日元以下的罚金。

2015 年《实用新型法》进一步提高了法定刑，其中第 56 条的非法实施实用新型罪的法定刑为 5 年以下有期徒刑或 500 万日元以下的罚金或两者并处；第 58 条的假冒实用新型罪的法定刑则为 1 年以下有期徒刑或 100 万日元以下的罚金。

在外观设计方面，1888 年日本《外观设计法》第 23 条规定，非法实施外观设计罪和假冒外观设计罪的法定刑相同，均确定为 15 日以上 6 个月以下的有期徒刑或 10 日元以上 100 日元以下的罚金。

1959 年《外观设计法》第 69 条将非法实施外观设计罪的法定刑确定为 3 年以下有期徒刑或 30 万日元以下的罚金。第 71 条的假冒外观设计罪的法定刑为 1 年以下有期徒刑或 10 万日元以下的罚金。

2015 年《外观设计法》对法定刑有较大提高。其中，第 69 条的非法实施外观设计罪的法定刑提升为法定刑为 10 年以下有期徒刑或 1000 万日元的罚金，或两者并处。第 71 条的假冒外观设计罪的法定刑提升为 1 年以下有期徒刑或 100 万日元以下的罚金。第 69 条之二增加了视为侵权行为构成侵权罪，其法定刑为 5 年以下有期徒刑或 500 万日元的罚金，或两者并处。

（五）韩国的侵犯专利权犯罪法定刑

1961 年韩国《专利法》第 150 条的非法实施专利罪的法定刑为 5 年以下有期徒刑或 100 万韩元以下的罚金。第 151 条的假冒专利罪的法定刑为 3 年以下有期徒刑或 50 万韩元以下的罚金。

1973 年韩国《专利法》对侵犯专利权犯罪的法定刑略有削减。其中，第 158 条的非法实施专利罪的法定刑调整为 5 年以下有期徒刑或 50 万韩元以下的罚金。第 160 条的假冒专利罪的法定刑则调整为 3 年以下有期徒刑或 30 万韩元以下的罚金。

1986 年韩国《专利法》主要在罚金方面大幅提升了法定刑。第 158 条的非法实施专利罪的法定刑规定为 5 年以下有期徒刑或 2000 万韩元以下的罚金。第 160 条的假冒专利罪的法定刑规定为 3 年以下有期徒刑或 500 万韩元以下的罚金。

1990 年韩国《专利法》虽未对非法实施专利罪和假冒专利罪的犯罪构成作实质性改动，但是将假冒专利罪的法定刑调整为 3 年以下有期徒刑或 2000 万韩元以下的罚金，使其罚金刑的限额与非法实施专利罪相同。

2017 年韩国《专利法》中非法实施专利罪的法定刑为 7 年以下有期徒刑或 1 亿韩元以下的罚金，假冒专利罪的法定刑则为 3 年以下有期徒刑或 3000 万韩元以下的罚金。

在实用新型方面，1961 年韩国《实用新型法》第 29 条将非法实施实用新型罪的法定刑规定为 3 年以下有期徒刑或 30 万韩元以下的罚金；第 30 条假冒实用新型罪的法定刑则为 1 年以下有期徒刑或 10 万韩元以下的罚金。

1990 年《实用新型法》第 48 条将非法实施实用新型罪的法定刑提高为 5 年以下有期徒刑或 2000 万韩元以下的罚金。第 50 条的假冒实用新型罪的法定刑提高为 3 年以下有期徒刑或 2000 万韩元以下的罚金。

2017 年《实用新型法》进一步提高法定刑。第 45 条非法实施实用新型罪为 7 年以下有期徒刑或 1 亿韩元以下的罚金。第 48 条假冒实用新型罪为 3 年以下有期徒刑或 3000 万韩元以下的罚金。

在外观设计方面，1961 年韩国《外观设计法》第 29 条的非法实施外观设计罪的法定刑为 3 年以下有期徒刑或 30 万韩元以下的罚金；第 30 条的假冒外观设计罪的法定刑为 1 年以下有期徒刑或 10 万韩元以下的罚金。

1990 年《外观设计法》提高了两罪的法定刑。其中，第 82 条的非法实施外观设计罪为 5 年以下有期徒刑或 2000 万韩元以下的罚金。第 84 条的假冒外观设计罪为 3 年以下有期徒刑或 2000 万韩元以下的罚金。

2017 年《外观设计保护法》进一步将两罪的法定刑分别提高为 7 年以下有期徒刑或 1 亿韩元以下的罚金以及 3 年以下有期徒刑或 3000 万韩元以下的罚金。[①]

---

① 参见 2017 年韩国《外观设计保护法》第 220、222 条。

二、轻刑化在侵犯专利权犯罪法律实践中的体现

在国际法层面，1977 年《班吉协定》规定的非法实施专利罪的法定刑为 5 万至 30 万西非法郎的罚金，1999 年协定文本将罚金刑提高为 100 万至 300 万西非法郎。若以西非国家中央银行所在地国塞内加尔的通货膨胀情况来衡量，1977 年的 5 万至 30 万西非法郎相当于 1999 年的 16 万至 97 万西非法郎。① 从这一数据看，罚金刑的最低限提高 5 倍，最高限提高 2 倍，增长幅度相当大。不过，即使最高罚金提高到了 300 万西非法郎，也仅相当于 35605 元人民币，说明惩戒力度仍相对较低。该协定中关于假冒专利罪、非法实施注册实用新型罪等其他罪名的法定刑也存在类似情况，即罚金刑增长幅度虽大，但总体惩罚仍较轻。同时，根据协定的规定，只有构成累犯时，才可能对这些犯罪适用自由刑。换言之，在通常情况下，这些犯罪仅适用罚金刑。

在国内法层面，英国 1883 年《专利、外观设计和商标法案》中假冒专利罪的法定刑为 5 英镑以下罚金，1907 年《专利与外观设计法案》和 1949 年英国《专利法》均沿用了该罚金数额。若根据通货膨胀率换算，1883 年的 5 英镑相当于 2014 年的 543 英镑，1907 年的 5 英镑相当于 2014 年的 537 英镑，② 罚金刑惩罚力度基本保持不变。然而，由于 1949 年英国宣布英镑贬值，当年的 5 英镑仅相当于 2014 年的 158 英镑，凸显惩戒效果的不足。1977 年《专利法》的罚金限额从 5 英镑大幅度提升至 200 英镑，但实际相当于 2014 年的 1110 英镑，对该犯罪的惩罚力度

---

① 使用 Inflation Calculator 计算，https：//inflationcalculator. mes. fm/（最后访问时间：2017-12-20）。

② 使用 Inflation Calculator 计算，https：//inflationcalculator. mes. fm/（最后访问时间：2017-12-20）。

仅比早先提升了 1 倍。而在 2014 年，英国《专利法》将假冒专利罪的罚金刑修改为不超过标准等级 3 级，即 1000 英镑以下。与 1977 年的罚金刑上限金额同期价值相比，修改后的罚金刑反而降低了惩戒力度，表现出一定程度的轻刑化。此外，英国的假冒注册外观设计罪的罚金刑与之类似。

美国自 1952 年《专利法》规定假冒专利罪的法定刑为 500 美元以下的罚金，至今未曾修改。考虑到通货膨胀的影响，1952 年的 500 美元相当于 2015 年的 4463 美元。[①] 因此，目前仍为 500 美元的罚金刑在惩戒力度上已大不如前。这表明美国在对专利侵权的刑事制裁方面存在较为明显的轻刑化趋势。

德国 1994 年《专利法》对非法实施专利罪确立的法定刑为 1 年以下有期徒刑或罚金，若以贸易方式实施侵权的，处以 5 年以下有期徒刑或罚金。2016 年《专利法》将该法定刑提升为 3 年以下有期徒刑或罚金，并规定若该犯罪行为达到商业规模的，则处以 5 年以下有期徒刑或罚金。德国的罚金刑采用日额金制度，其金额由法院考虑行为人的人身和经济情况来决定，[②] 因而可以认为罚金刑没有发生较大变化。此外，非法实施注册实用新型罪等罪名的法定刑与之相似。尽管自由刑上限已有所提高，但是德国司法实践中几乎未曾适用过这一罪名。WIPO 前副总干事 Klaus Pfanner 指出，联邦德国法院在判决中从未使用过这些规定，它们仅仅是作为对侵权人的威胁而存在于《专利法》中。而且，联邦德国已有人提出建议，要求删除这种备而不用的条文。[③]

---

① 使用 Inflation Calculator 计算，https：//inflationcalculator. mes. fm/（最后访问时间：2017-12-20）。

② 2002 年德国《刑法典》第 40 条。

③ 郑成思：《知识产权法》，法律出版社 1997 年版，第 283 页。

综上所述，在已重点考察的国内法中，除日本、韩国外，英国和美国所规定的侵犯专利权犯罪的法定刑（通常仅为罚金刑）虽然没有获得表面数字上的减少，但由于受通货膨胀影响，罚金刑的惩戒力度被实质性地减弱了。德国对侵犯专利权犯罪设置的罚金刑严厉程度基本不变，自由刑虽有增加，但因未在实践中适用，很难说在实际意义上加重了刑罚。因此，至少在部分代表性国家中，侵犯专利权犯罪的轻刑化取向已经初露端倪。

第五章　专利权扩张下我国专利权刑事保护制度的完善

经过前面四章的讨论，本书已经对专利权扩张化及其刑事保护作了较为全面的分析。基于专利权与刑事保护之间的辩证关系，通过梳理国际法律实践总结出专利权扩张化趋势，阐释了专利权扩张化对刑事保护的影响机制，包括直接推动侵犯专利权行为的犯罪化和间接推动侵犯专利权犯罪的轻刑化，并且探讨了前述犯罪化和轻刑化在相关国际法律实践中的具体表现，形成一种"实践-理论-实践"的研究循环。但是，学术研究既要"放眼世界"，也要"立足中国"。尤其是改革开放以来，世界格局和我国综合国力均发生了深刻变化，经济全球化要求在国际视野下探究和解决我国在制度改革过程中面临的问题。因此，本书最后一章在前文总结论证的规律、原理和机制的基础上，结合当前国际环境与国内现实，基于专利权扩张化对犯罪化和轻刑化的推动机制，结合犯罪化和轻刑化在我国刑事法律制度中的重要地位，分别对我国专利权刑事保护制度的实体法和程序法提出合理化建议。

第一节　专利权扩张化与我国侵犯专利权行为的犯罪化

一、我国刑法实践中的犯罪化与制度变革

我国有学者认为，"二战"以后发生在欧美国家的非犯罪化改革运动对国际社会产生了重大的影响，身处国际化进程中的中国也无法置身事外。直面国际上的非犯罪化思潮，如何合理地选择我国的刑事政策成为理论和实践都无法回避的问题。① 还有学者指出，应该停止刑法调控范围的扩张，拒绝进一步的犯罪化，并适当实行一些犯罪行为的非犯罪化。② 然而，认为国际社会自"二战"以来一直处在非犯罪化趋势下的观点并不符合客观现实。前文已谈道，自 20 世纪 80 年代开始，犯罪化在各国刑事制度中再次呈现出主导态势。正如冯军教授指出的，20 世纪末以来，世界上不少国家出现了新的刑事立法动向，即为了应对犯罪的国际化、有组织化和社会风险日益增多等问题，采取了犯罪化、处罚早期化、严罚化等措施。③ 因此，我国当前刑事法律制度所处的国际环境并不是非犯罪化，反而是犯罪化。在世界各国普遍呈现犯罪化倾向的大背景之下，我国不仅有必要顺势跟随犯罪化思潮，而且正在积极采取行动。

---

① 陈雄飞、张军：《非犯罪化思潮及其对我国刑事政策的意义》，载《广西政法管理干部学院学报》2006 年第 2 期，第 8~10 页。

② 刘艳红：《我国应该停止犯罪化的刑事立法》，载《法学》2011 年第 11 期，第 108~115 页。

③ 冯军：《和谐社会与刑事立法》，载《南昌大学学报（人文社会科学版）》2007 年第 2 期，第 70~73 页。

首先，与西方国家相比，我国刑法覆盖范围较小，需要犯罪化的扩张。西方国家的刑法通常将犯罪分为重罪、轻罪和违警罪，除刑法典中规定的犯罪外，附属刑法中也规定了大量犯罪，因而这些国家的犯罪范围较为宽泛。比如，美国联邦法律有4000余项罪名；日本刑法典虽仅有264条罪名，但附属刑法却达上万条。[①] 相对而言，我国刑法所覆盖的犯罪范围要狭窄得多。基于我国《刑法》第13条的规定，情节显著轻微危害不大的行为并未被纳入犯罪的视野，这使得大量的轻微犯罪和治安违法行为成为行政处罚的对象。犯罪通过司法程序确定刑罚处罚，凭借律师辩护和公检法监督制约，能够有效保障行为人的合法权利；而行政处罚通常由行政机关单独决定，缺少辩护人和其他机关的制约，虽有效率但不利于合法权利保障，而且行政处罚也许并不比刑罚轻。以我国盗窃罪为例，《刑法》第264条规定盗窃公私财物数额较大的构成此罪，最轻的法定刑为单处罚金。至于"数额较大"的认定，1999年《最高人民法院、最高人民检察院、公安部关于铁路运输过程中盗窃罪数额认定标准问题的规定》将其确定为"以一千元为起点"。换言之，盗窃数额若低于1000元就不构成盗窃罪，应由行政处罚规制。2012年《治安管理处罚法》第49条规定，盗窃行为可以处5日以上10日以下拘留，情节严重的处10日以上15日以下拘留。假如盗窃数额为999元，因其十分接近犯罪起点，可视为治安处罚中的情节严重盗窃行为，但依照前述规定可能会产生荒唐的结果：盗窃数额为1000元的行为人被处以罚金，且有正当司法程序；盗窃数额为999元的行为人反而被处以10日以上的拘留，且缺乏程序保障。因此，犯罪化有助于推动司法权扩大，减少处罚的任意性和失当性。陈

---

① 储槐植：《刑事一体化论要》，北京大学出版社2007年版，第157页。

兴良教授指出，我国的犯罪定义亟待调整，调整的基本思路是犯罪化：扩大犯罪范围，扩张司法权，逐渐取消社会治安的三级制裁体系，实现刑事制裁的一体化，即司法化。[①]

其次，我国正处于社会转型期，新的危害行为不断涌现，犯罪化应占主导。西方国家在 20 世纪 50 年代进行的非犯罪化，集中于将占少数的"无被害人的犯罪""自己是被害人的犯罪"不再作犯罪处理。这种非犯罪化的主要领域是道德犯罪。我国刑法基本没有这种背景，因而不存在非犯罪化的问题。[②] 事实上，由于我国正处于社会转型的特殊时期，思想价值观受到西方文化冲击，社会多元化日益加深，这使得传统上可用于调节民众行为的道德规范逐渐失效，需要刑法的补充和介入以维持正常社会秩序。而且，经济和科技的迅猛发展也带来了许多新型危害行为，如金融犯罪、网络犯罪、新型毒品犯罪等，加之我国社会安全面临新的形势，各项制度还在健全完善的过程中，这都要求刑法将新出现的危害行为纳入刑事规制范畴，尽早减少其对公民和社会利益造成的损失。比如，为打击恐怖主义，2015 年《刑法修正案（九）》在第 120 条加入了多项恐怖主义犯罪的条款。如果仍然强调刑罚的副作用，将犯罪的成立标准定得过高，将会让许多对社会具有相当危害的违法行为逃脱刑事制裁。犯罪圈过于狭窄，表面上维持了社会的低犯罪率，使大多数不法行为人免予犯罪污点和刑事追究，实际上却可能导致纵容犯罪、损害社会整体利益的后果。[③]

---

① 陈兴良：《犯罪范围的合理定义》，载《法学研究》2008 年第 3 期，第 141~143 页。

② 储槐植：《刑事一体化论要》，北京大学出版社 2007 年版，第 157 页。

③ 付立庆：《"刑法危机"的症结何在——就犯罪圈、刑罚量问题的些许感想》，载《云南大学学报法学版》2007 年第 5 期，第 63~66 页。

最后，我国当前的刑法实践与犯罪化趋势一致。在 1979 年《刑法》之前，最高人民法院研究室于 1955 年发布了《关于罪名、刑种和量刑幅度的初步总结（初稿）》，规定了 92 项罪名。1979 年《刑法》颁布后，最高人民法院在 1981 年发布了《关于适用刑法分则罪名的初步意见》，规定了 128 项罪名。1997 年《刑法》全面修订后，于同年发布了《最高人民法院关于执行〈中华人民共和国刑法〉确定罪名的规定》，确定有 413 项罪名。此后，我国又数次颁布刑法修正案。根据 2015 年《最高人民法院、最高人民检察院关于执行〈中华人民共和国刑法〉确定罪名的补充规定（六）》，我国刑法中已有 472 项罪名。在不足 40 年时间里，我国罪名数量增加了近 3 倍，足以说明我国刑事立法呈明显的犯罪化态势。

综上所述，我国刑事制度需要且正在遵循犯罪化主导的思路。在未来较长的一段时期内继续扩大犯罪圈、进一步犯罪化才是刑法发展的主流，这是由我国刑法面临的现实和社会发展的需要所决定的。[①] 张明楷教授也认为，我国当前乃至今后相当长时期的侧重点仍然是犯罪化，而不是非犯罪化。[②] 当然，需要强调的是，犯罪化主导并不是单纯增大犯罪圈，完全排除非犯罪化，而是以犯罪化为主旋律，对不合时宜或不需刑法干预的罪名进行适度的非犯罪化，使"入罪"和"出罪"均能与社会发展变化和秩序维护相协调，推动法治和谐社会的建设。

[①] 卢建平、刘传稿：《法治语境下犯罪化的未来趋势》，载《政治与法律》2017 年第 4 期，第 36~53 页。

[②] 张明楷：《犯罪定义与犯罪化》，载《法学研究》2008 年第 3 期，第 143~145 页。

二、我国侵犯专利权行为犯罪化的当前表现

我国刑法对侵犯专利权的行为尽管只设立了假冒专利罪，但这一个罪名也反映出一定程度的犯罪化趋势，表现于以下三个方面。

第一，假冒专利罪的行为对象要素，即专利权的内涵扩大，使之呈现犯罪化。一方面，我国专利权客体的范围增大。1984年《专利法》曾拒绝对食品、饮料和调味品、药品、化学方法获得物质授予专利，但 1992 年《专利法》取消了这些排除，大量发明得以纳入专利的范畴，这不仅使专利总量大幅增加，也让之前难以获得专利的产业领域中出现大量专利，从而为更多行业的不法行为人提供了可供假冒的专利。另一方面，我国专利权期限得以延长。从 1984 年到现今，发明专利权的期限从 15 年延长为 20 年，实用新型从最长 8 年延长为 10 年，外观设计专利权的期限更是延长为 15 年，这就可能让更多假冒他人专利行为被涵盖到假冒专利罪的构成要件中。譬如，若依照 1984 年《专利法》，他人在专利申请日后第 16 年假冒他人专利的，并不会构成假冒专利罪，因专利权业已失效。但若根据 1992 年至今的《专利法》，由于前述行为发生在专利权期限内，则会构成假冒专利罪。

第二，假冒专利罪的行为要素，即假冒行为的内容扩大，使之呈现犯罪化。1984 年《专利法》及实施细则均没有明确"假冒他人专利"包括哪些行为，但由于规定假冒他人专利的条款引用了实施他人专利的条款，因而有学者认为假冒他人专利的行为有两个必要条件：一是该产品必须是侵犯他人专利权的产品，二

是该产品上必须标明了他人的专利标记和专利号。① 换言之，假冒他人专利行为必须同时具备标注他人专利号和专利侵权两方面要素才能成立。2000 年《专利法》在规定假冒他人专利时不再引用专利侵权行为条款，并且在 2001 年《专利法实施细则》中明确规定了属于假冒他人专利的行为，这表明假冒他人专利行为的成立已不需同时存在实施他人专利的行为，因而与原有法律规定相比，其适用范围得以扩大。

第三，假冒专利罪的主体要素，即行为主体的范围扩大，使之呈现犯罪化。1984 年和 1992 年《专利法》所规定的假冒专利罪均仅对直接责任人员追究刑事责任。刑法中的所谓直接责任人员，是指直接策划以单位和组织名义进行犯罪活动或者起主要作用的人员；在一般情况下，应是法人的法定代表人，包括以单位和组织的领导者身份进行领导或指挥的人员。② 根据该定义，那些只是执行上级指示而参与假冒专利活动的人就不在刑事责任追究之列，并且似乎排除了以个人名义实施的假冒他人专利行为。2000 年《专利法》则取消了这一限制，只要假冒他人专利构成犯罪的，均依法追究刑事责任。

此外，笔者注意到，2008 年之前的《专利法》中的相关表述均为"假冒他人专利的……依法追究刑事责任"，但自 2008 年《专利法》开始则表述为"假冒专利的……依法追究刑事责任"，表明专利法并不排斥对冒充专利行为追究刑事责任，这似乎也为刑法向冒充专利行为的犯罪化扩张提供了立法空间。

---

① 汤宗舜：《专利法解说》，专利文献出版社 1994 年版，第 284~285 页。
② 韩玉胜：《谈谈直接责任人员的刑事责任》，载《政治与法律》1983 年第 4 期，第 26~30 页。

三、犯罪化趋势下有必要增设非法实施专利罪

（一）作为私权的专利权需刑法提供最后保障手段

郑成思教授认为，根据英、美等国的刑事保护理论，专利所涉及的发明、实用新型、外观设计等权利，是一种纯粹的个人权利，与社会公共利益无关。侵犯专利权的行为不会起到欺骗公众的作用，而仅仅是损害了权利人的利益，作为国家所掌握的代表公权的刑事处罚不宜介入这种私权纠纷中。① 也有观点指出，我国刑法明确规定犯罪必须是"危害社会的行为"，刑法理论和司法实践也都普遍将社会危害性视为犯罪首要的基本特征。但目前普遍认为，现实生活中很多非法实施他人专利的行为对于社会并没有造成直接危害，因为侵犯他人专利权的产品大多数达到了他人的技术水平，质量也不一定差，即"侵权不伪劣"。② 如此看来，不管是借鉴英美法系国家的立法经验，还是基于我国刑法的基本要求，我国似乎并无设立非法实施专利罪的必要。不过，笔者认为上述观点值得商榷。

第一，损害权利人利益的行为并非不受刑法规制。诚然，TRIPS 在前言中指出"知识产权属于私权"，而专利权是知识产权的一种，其作为私权，被侵害时受损的主要是私人权益。但是，TRIPS 并没有要求成员国拒绝对专利侵权行为设置刑事方面的约束。同样，我国《刑法》第 2 条确定的刑法任务包括"保护公民私人所有的财产，保护公民的……其他权利"，第 13 条的犯罪概念涵盖"侵犯公民私人所有的财产，侵犯公民的……其他

① 郑成思：《知识产权法》，法律出版社 1997 年版，第 281 页。

② 田文英、吕文举、汪婷婷：《专利权的刑事保护研究》，载《中国人民公安大学学报（社会科学版）》2003 年第 5 期，第 35~41 页。

权利"，说明私有财产及个人权利属于我国刑法的保护对象，并未被排斥在外。著作权和专利权同属知识产权且同为私权，他人非法实施著作权复制书籍的行为，给公众提供了相同的文字内容，且因价格优势更容易被公众接受，看似同样没有对社会造成直接危害，但这并不妨碍 TRIPS 第 61 条要求成员国（包括英美法系国家）规定对盗版案件的刑事程序和处罚，也不妨碍我国《刑法》在第 217 条规定"侵犯著作权罪"。

　　归根结底，上述观点的逻辑谬误在于将"危害社会"等同于"危害公共利益"，并将其与"危害个人利益"完全对立起来。事实上，我国刑法中的所谓社会危害性，是指行为对刑法所保护的社会关系造成损害的属性。在社会主义社会，人民当家做主，国家和人民的利益完全一致，因而犯罪的社会危害性实质上是指对国家和人民利益的危害性。[1] 犯罪的社会危害性，是指犯罪给国家、社会或者个人利益造成实际损害或者有造成实际损害的危险的属性。[2] 因此，在我国，危害社会的行为不仅包括危害国家和社会的行为，也包括危害个人利益的行为。危害社会与危害个人利益不是割裂的，这也解释了我国规定侵犯著作权罪的原因。正因为"危害社会的行为"较易造成误解，陈兴良教授指出，"在传统的社会危害性的理论当中，更多的是一种政治的话语，一种意识形态的话语，缺乏规范的内容，也缺乏判断的形式标准，因此，我个人倾向于采用法益侵害说"[3]。

　　第二，专利侵权行为并非不损害公共利益。表面上看，专利侵权行为似乎仅侵害了权利人的私人利益，实则不然。以外观设计专利为例，由于外观设计具有外在性和直观性，未经许可非法

---

[1]　王作富：《刑法》，中国人民大学出版社 2009 年版，第 37 页。

[2]　曲新久：《刑法学》，中国政法大学出版社 2011 年版，第 31 页。

[3]　陈兴良：《口授刑法学》，中国人民大学出版社 2007 年版，第 85 页。

实施外观设计的行为容易对消费者产生欺骗和误导，而且很可能"金玉其外败絮其中"，不仅损害消费者权益，还对权利人的商誉造成负面影响，甚至导致产品外观抄袭成风，严重扰乱正常的市场竞争秩序，这显然对公共利益造成了巨大危害。

因此，考察专利侵权行为对公共利益的危害，不能仅做表面文章，而是应透过现象看本质，用历史的、客观的、全面的眼光来看待问题、分析问题。专利是知识经济时代的主要生产要素和获取竞争优势的必要工具，假如专利侵权行为不能得到有效惩处，不仅会打击国内企业的创新积极性，也会让国外核心技术不敢进入我国，最终可能使我国停留在从事低技术含量、低附加值工作的"世界组装厂"阶段。专利侵权行为的泛滥，会使搞发明创造的积极性受到严重损害，从而对社会经济与科技发展产生消极影响，因此将情节特别严重的专利侵权行为规定为犯罪并给予刑罚处罚是必要的。① 而且，专利权是专利制度的关键组成部分，专利侵权行为不可能仅危害权利人的合法权益，其必然对专利制度正常运行和国家专利管理秩序产生负面影响或不良后果，甚至可能影响一国的法治环境，引发国际纠纷，最终损害国家和公众的整体利益和长远利益。我国专利法的任务是"保护专利权人的合法权益，鼓励发明创造，促进科学技术进步和经济社会发展"，那么专利侵权行为就是对这些目的的违反和背离，势必威胁公共利益的实现。

第三，专利权仅得到刑法的部分保护，还不够全面。侵犯专利权的行为包括非法实施专利的行为，即专利侵权，也包括假冒他人专利的行为，并且我国刑法已将后者纳入犯罪圈。然而，专利权中的实施专利的独占权是实质性权利，而专利权人对专利标

---

① 周详、邴长策：《专利犯罪研究》，载唐广良、郑成思：《知识产权研究》，中国方正出版社 1999 年版，第 147~148 页。

记等享有的标记权只是形式性权利。① 刑法只规定假冒专利罪而无非法实施专利罪，实际上是仅保护专利权之名而不保护专利权之实的做法，可谓"秦伯嫁女"，离本趣末。

当前，我国专利法仅为专利侵权行为提供了民事救济途径。专利侵权与传统的侵犯私人财产不同，私人财产往往是有形的，很少出现同一人侵犯多次或多人在异地同时侵犯的情况，即便该私人财产以互联网金融形式存在，由于其金额有限，侵权行为的次数也是受限的。而专利是无形的技术信息，利用次数也不受限制，使得专利侵权行为通常表现出重复性，或者不同侵权人"互不知情"地实施大范围的侵权活动，这种颇具重复性和规模性的侵权行为显然情节更加严重。如果刑法对传统的侵犯财产行为设立盗窃罪、侵占罪等罪名，却不覆盖情节更严重的专利侵权行为，在逻辑上缺乏合理性。而且，仅以主要基于"填平原则"的民事损害赔偿来应对专利侵权行为，将无法产生有效的威慑作用，导致专利侵权行为屡禁不止，难以维护良好的市场竞争环境，专利制度的目的也无法实现。因此，刑法的设置并不仅仅是为了惩罚犯罪，最重要的是使被侵害的专利权人的利益得到法律的救济，预防侵害专利权人权益的不法行为的发生。② 李斯特指出，"仔细的观察表明，国家将刑罚的预防功能适用于私法之赔偿功能所不及的领域，以限制不法行为"③。

大谷实提出，如果对私权的危害严重到一定的程度，为抑制

① 韩轶、王鑫：《我国知识产权刑法保护的分析与立法完善》，载《政法论丛》2007 年第 5 期，第 40~44 页。
② 谢勇、田文英：《关于设立"非法实施专利罪"的思考》，载《北京航空航天大学学报（社会科学版）》2004 年第 4 期，第 26~30 页。
③ ［德］弗兰茨·冯·李斯特：《德国刑法教科书》，许久生译，法律出版社 2000 年版，第 171 页。

反社会行为的发生，便必须采用犯罪化的措施。[①] 事实上，郑成思教授也认为，"私权要得到充分保护，公权就不可能完全不介入"[②]。专利权虽然为私权，但专利侵权行为的后果并不局限于专利权人，还波及市场经济秩序、科技发展进程以及广大公众的利益，因而当专利侵权行为严重到一定程度，以民事救济不能有效调控时，就需要行政法乃至刑法发挥作用，这并不违背刑法的谦抑性。

（二）增设非法实施专利罪符合国内外的犯罪化潮流

不可否认的是，多数英美法系国家在专利法或刑法中都不对专利侵权行为实施刑事制裁。"在大多数对专利侵权不实行刑事制裁的国家，专利法中几乎都有对于涉及专利的其他一些违法行为给予刑事制裁的规定。但它与'侵权'是明显地被区分开的。"[③] 而且，我国台湾地区曾设定非法实施专利罪多达 11 项，但已于 2003 年全面废止了这些刑事规定。就此有观点指出，我国同样不适合设立非法实施专利罪。

笔者认为，仅根据英美法系国家和我国台湾地区未对专利侵权行为施加刑事制裁，就拒绝在我国设立非法实施专利罪，这是缺乏说服力的。原因如下：

首先，前文已论及，一些英美法系国家之所以没有规定非法实施专利罪，是基于私权仅涉及个人利益的考虑。即便如此，美国《专利法》对专利侵权行为提供的救济并未局限于补偿性原则，而是通过"三倍赔偿"设定了惩罚性赔偿制度，即该法第

---

① ［日］大谷实：《刑事政策学》，黎宏译，法律出版社 2000 年版，第 86 页。

② 郑成思：《反不正当竞争——知识产权的附加保护》，载《中国专利与商标》2004 年第 1 期，第 21~24 页。

③ 郑成思：《知识产权法通论》，法律出版社 1986 年版，第 36 页。

284 条允许"法院将损害赔偿金增至已确定或评估数额的 3 倍"。并且，在该条款的司法适用方面，美国最高法院在 2016 年 6 月 13 日对光环电子公司案（Halo Electronics，Inc.，Petitioner v. Pulse Electronics，Inc.，et al.）和史赛克公司案（Stryker Corporation，et al.，Petitioners v. Zimmer，Inc.，et al）的判决中推翻了联邦巡回上诉法院在 2007 年确立且已适用近 10 年的"过于教条和严苛"的判断标准，允许专利权人在申请 3 倍赔偿时不必具备"明确且有说服力的证据"，仅需有"优势证据"（A preponderance of the evidence）即可，从而使专利权人更容易获得 3 倍的惩罚性侵权赔偿。相比之下，在我国专利制度的语境中，专利侵权行为不但涉及私权，还属于刑事法律制度中的危害社会行为，并且事实上对社会发展和公共利益存在隐患和危害，仅有补偿性的民事救济显然是不够的，其理应成为刑法的规制对象。

其次，英美法系国家的专利制度发展阶段与我国不同。英美法系国家的专利制度发展较早，专利权人一般具有较强的保护意识，民众则普遍尊重专利权等知识产权，加之美国等国家还规定有惩罚性赔偿制度，以及众多行业协会对行业内企业公平竞争的规范监督作用，一般不会出现轻易冒犯他人专利权的行为。而且，英美法系国家往往也是判例法国家，其国内专设的专利法院或专属管辖法院不仅可以为当事人带来专业而及时的审判，还可以通过判例法弥补立法的不足。因此在这些国家中，民事救济途径完全可以保护专利权人的合法权益，刑事程序介入的必要性并不明显。我国台湾地区在 20 世纪 50 年代于"专利法"中设置了非法实施专利罪的相关条款。如此规定，权因当时台湾地区与美国经济贸易交往较密切，但岛内企业缺少核心技术，民众普遍缺乏知识产权保护意识，仿造专利产品的现象严重，被戏称为"仿冒天堂"。由于在知识产权领域与美国等发达国家的冲突越加频繁，加之美国"特别 301 条款"的打击压力，台湾地区当局为缓解这一局势，增强企业竞争力，鼓励科学技术创新，从而制定了以刑事制裁应对专利侵权行为的法律制度。然而，经过几十年的规制，如今台湾地区尊重知识产权蔚然成风，行业自律形成强大约束力，专利侵权行为得到有效的遏止。在这种情况下，继续保留对专利侵权的刑事制裁已经没有价值。[①] 因此，非法实施专利罪条款陆续从其"专利法"中被删除。由此可见，英美法系国家和我国台湾地区都是在专利制度较为成熟，知识产权意识深入人心，科技创新和行业自律水平均已达一定高度，恶性专利侵权行为的生存土壤极为狭小的背景之下，才没有设立或取消了非法实施专利罪。与之相比，我国尚未到达该发展阶段，反而与我国台湾地区当时的环境背景存在相似之处，故而设立非法实施专利罪恰是我国在当前阶段可供汲取和借鉴的做法。

再次，除英美法系国家外，多数发达国家及一些发展中国家均设置有非法实施专利罪。基于前文对国际法律实践的考察，虽然国际条约中较少见直接规定非法实施专利罪的条款，但也未禁止成员国提供刑事保护。而在国内法中，除英、美外，德国、日本、韩国均设置有非法实施专利罪。除这些已详细考察的发达国家外，瑞典、丹麦、荷兰、法国、意大利、奥地利、挪威、卢森堡、西班牙等发达国家均在专利法中规定了非法实施专利罪，可处以罚金或有期徒刑。[②] 此外，在发展中国家层面，保加利亚、希腊、波兰、阿根廷、玻利维亚、巴西、智利、厄瓜多尔、危地

---

① 陈军：《史学视野下的台湾知识产权法律保护》，载《山西警官高等专科学校学报》2008 年第 4 期，第 36~40 页。

② 分别参见瑞典《专利法》第 57 条、丹麦《专利法》第 57 条、荷兰《专利法》第 79 条等。

马拉、洪都拉斯、巴拉圭、秘鲁和乌拉圭均设置有非法实施专利罪。① 例如，巴西《工业产权法》第 183 条规定，"任何人未经专利权人许可而生产属于发明或实用新型专利的产品，或者使用属于发明专利的方法的，构成犯罪，处以 3 个月至 1 年的有期徒刑或罚金"。在亚洲，泰国《专利法》和菲律宾《专利法》中也有非法实施专利罪的规定。在这些存在非法实施专利罪的国家当中，我们还需特别关注日本的专利法。日本与我国地缘相近、文缘相通、商缘相连、法系相似，而且我国自甲午战争以来一直延续有西学东渐的传统，故日本的专利权刑事保护制度尤为值得我国在鼓励发明创新和科技进步的进程中加以学习研究和借鉴。

最后，如前文已谈道的，不论是从国际视野考察，还是立足于我国刑法理论，犯罪化都处于主流地位，并且国际法律实践和我国立法也体现着对侵犯专利权行为的犯罪化，因而我国设立非法实施专利罪符合国际、国内的犯罪化思潮。

（三）增设非法实施专利罪是鼓励市场竞争和维护市场秩序的重要举措

一方面，设立非法实施专利罪有利于鼓励市场竞争、促进经济发展。

Tina Hart 等人认为，知识产权的垄断性特点与市场竞争所追求的自由是彼此冲突的，这就形成了知识产权与市场竞争之间天生的紧张关系。② 但是，专利权与市场竞争并不是天然对立的，企业利用专利权以获取竞争优势地位，激烈的市场竞争又促使企业谋求更新更多的专利权。从这一角度看，两者之间还存在相辅

---

① John Boyle, Jr. , "May Patent Infringement be a Criminal Conspiracy?" (1935) 17 Journal of the Patent Office Society, p. 529.

② Guth J. Tina Hart, Simon Clark and Linda Fazzani, "Intellectual Property Law" (2014) 48 Law Teacher, p. 217.

相成、彼此促进的和谐共生关系。试想，假如没有专利权保护企业的技术优势，抄袭现象泛滥，商品同质化严重，市场竞争战略以价格竞争为主，最终会导致商品利润过低，企业两败俱伤，反而使市场竞争陷入低迷状态。专利权虽然为垄断性权利，但其通过保护权利人的合法权益，防止他人以不正当竞争手段剽窃实施专利技术的成果，在实质上维护了市场的公平竞争。例如，深圳市朗科科技有限公司以 15 万元注册资本成立，但通过善加利用闪存盘专利，仅用 3 年时间就创下 2.5 亿元的销售奇迹，并以专利侵权诉讼狙击了 Sony、Kingston、Sandisk 等大型跨国 IT 公司的围攻。因此，在 Atari Games 案中，美国法院认为专利权和反垄断法是互补的，两者都致力于鼓励创新、产业化和竞争。① 美国司法部和联邦贸易委员会在《知识产权许可反托拉斯指南》中也明确指出："知识产权和反垄断法拥有推动创新和增进消费者福利的共同目的。"②

　　与此同时，知识产权是经济发展和财富创造的强力工具，其尚未在所有国家，尤其是在发展中国家中，取得最佳效果。③ 多年来，经济学家试图解释为何一些经济体增长快，另一些则不然。换言之，为何有些国家富有，有些国家却贫穷。普遍认同的观点是，知识和创新在近期的经济增长中扮演着重要角色。世界银行首席经济学家 Paul Romer 也指出，知识的积累是经济增长背

---

　　① *Atari Games Corp. v. Nintendo of Am.*, 897 F. 2d 1572, 1576 (Fed. Cir. 1990).

　　② "U. S. Dep't of Justice & Fed. Trade Comm'n Antitrust Guildelines for the Licensing of Intellectual Property (1995)", <https://www. justice. gov/sites/default/files/atr/legacy/2006/04/27/0558. pdf> accessed 20 December 2017.

　　③ Idris K. "Intellectual property : a power tool for economic growth", <http://users. zhonka. net/dave/uncleweed/words/academic/evergreen/ip-law/research-notes/wipo_ pub_ 888_ 1. pdf> accessed 20 December 2017.

后的驱动力，国家要促进经济增长，就应当鼓励对研发的投资并资助发展人力资本的项目。可见，知识产权对一国经济增长和市场繁荣具有不可忽视的推动效应，而专利权则是技术研发和知识创新的最集中体现。

正因为专利权对鼓励市场竞争和促进经济发展具有显著效果，为确保这一目的得以顺利实现，需要法律对其提供更加全面的保护，不仅以民事赔偿方式解决较为轻微的专利侵权纠纷，还要以行政手段和刑罚手段对情节严重的恶性侵权行为产生有效的制约、惩戒和威慑作用。

另一方面，设立非法实施专利罪有助于打击专利侵权频发问题，构建公平规范的市场秩序。

《2005 年中国知识产权年鉴》的统计数据显示，2004 年全国法院收案的假冒专利罪案件仅有 1 件，而当年专利民事一审案件的收案量达 2549 件，诉讼标的总金额约为 14.4 亿元。其中专利侵权案件为 1792 件，约占收案量的 70%，诉讼标的金额为 13.4 亿元，约占总金额的 93%。① 该数据表明，我国专利权刑事保护的作用十分有限，而且数量和涉案金额均占绝对主导地位的专利侵权行为并没有得到有力遏止。

而且，相比之下，2004 年的假冒注册商标罪收案量为 163 件，商标民事一审收案量为 1325 件，诉讼标的总金额约为 6.5 亿元。假冒注册商标罪案件数与商标民事案件数相比已具相当的比例，且专利侵权案件的数量和诉讼标的额均多于商标民事案件，对权利人造成的损失显然要严重得多，却反而缺乏相应的刑事惩罚措施。此外，《2016 年中国知识产权保护状况》的数据也显示：2016 年的商标民事一审新收案件有 27185 件，假冒注册商

---

① 田力普：《中国知识产权年鉴 2005》，知识产权出版社 2005 年版，第 306~307 页。

标罪案件有 1793 件；专利民事一审新收案件有 12357 件，以假冒专利罪判处案件仅有 5 件。① 这些数据进一步说明，我国对专利权的刑事保护水平已不能适应专利制度的整体发展需要。

如果市场环境有大量专利侵权行为存在，不但会侵犯专利权人的权利，损害物质利益，打击创新积极性，而且会导致不正当竞争盛行，破坏公平规范的市场秩序。只有增加对侵权人的威慑，使其意识到将要承受的惩罚而产生畏惧心理，才能有效遏止专利侵权行为，这就使刑法的介入成为必要选项。而且，专利侵权行为的打击力度应当与该不法行为的频发次数和危害规模相协调，然而仅有民事赔偿救济显然不足以与之相称。因此，必须加入刑事制裁这种最严厉的法律制裁形式，形成"宽严相济"的规制格局，"填补"轻微侵权，惩戒恶性侵权，从而使市场主体的合法权益得到平等保护，推动社会主义市场经济健康有序地发展。

（四）非法实施专利罪的罪状设计及立法建议

在非法实施专利罪的构成要件中，犯罪主体是一般主体，既可以是自然人，也可以是单位；犯罪主观方面是故意，并以营利为目的；犯罪客体是他人专利权；犯罪客观方面是未经权利人的许可而实施他人专利的行为，并且情节严重。

综观这些构成要件可发现，我国专利法已基本涵盖了其主要内容。譬如在专利法中，行为主体通常包括个人和单位，与犯罪主体要件一致；主观上不知道是未经权利人许可而制造并售出的专利侵权产品，为生产经营目的而使用、许诺销售或销售的行

---

① 《2016 年中国知识产权保护状况》，载国家知识产权局门户网站，http：//www.sipo.gov.cn/gk/zscqbps/201704/t20170425_ 1310328.html（最后访问时间：2017-12-20）。

为，能证明产品合法来源的，不承担赔偿责任（《专利法》第 70
条），强调了犯罪主观方面的故意；未经许可而实施专利行为中
的"实施"，已由专利法详细界定为"不得为生产经营目的制
造、使用、许诺销售、销售、进口其专利产品，或者使用其专利
方法以及使用、许诺销售、销售、进口依照该专利方法直接获得
的产品"以及"不得为生产经营目的制造、许诺销售、销售、
进口其外观设计专利产品"（《专利法》第 11 条），明确了犯罪
客观方面的行为要素。因此，可以采用"空白罪状"的立法模
式设置非法实施专利罪的罪状，结合《专利法》的有关规定来
明确该罪名的具体构成。该方式有三点好处：

第一，与刑法相比，空白罪状所指向的其他法律、法规对社
会发展的应对更快，可以使刑法条文在保持相对稳定的基础上，
快速适应瞬息万变的社会现实需要。处于专利权扩张化趋势下的
专利制度正在不断发展，这一点与前述目的是相匹配的。

第二，前文已述及，我国刑法中存在大量以空白罪状方式设
置的罪名，在相关法律、法规所规定的内容相对繁杂的情况下，
空白罪状不必对犯罪构成作具体描述，可以保证刑法条文的相对
简练。

第三，我国刑法已有的假冒专利罪就采用了空白罪状的形
式，对非法实施专利罪也采用相同的方式，可与之保持一致。

基于此，笔者建议，非法实施专利罪的罪状可以设计为：违
反我国专利法有关规定，未经专利权人许可非法实施其专利，情
节严重的，以非法实施专利罪论处。

另外笔者还建议，在设立非法实施专利罪的同时，还应注意
在专利法中增加针对专利侵权行为的行政处罚措施。

我国《专利法》第 65 条规定专利管理部门可以责令侵权人
立即停止侵权行为，但所谓"责令侵权人立即停止侵权"并不

属于行政处罚，原因有三：其一，《行政处罚法》第9条所规定的行政处罚种类为警告、通报批评、罚款、没收违法所得、没收非法财物、暂扣许可证件、降低资质等级、吊销许可证件、限制开展经营活动、责令停产停业、责令关闭、限制从业、行政拘留、法律法规规定的其他行政处罚等，并不包含所谓"责令立即停止侵权"。其二，《行政处罚法》第28条还规定，行政机关在实施行政处罚时，应当责令当事人改正。"责令立即停止侵权"是一种责令改正措施，与行政处罚同时进行，说明其本身不属行政处罚之列。其三，行政处罚是行政主体依照法定职权和程序对违反行政法律规范但尚未构成犯罪的相对人采取行政制裁措施的一种具体行政行为，其目的在于惩戒该违法行为。而"责令立即停止侵权"只是当事人违法后本应履行的义务，并没有对其增加额外负担或者剥夺任何权利或财产，因而不具有惩戒的性质。因此，对于情节严重程度还不足以构成非法实施专利罪的专利侵权行为而言，专利法也应具备相应的行政处罚规范，以构建针对该不法行为的立法规制梯度。例如，可以参考《商标法》第60条的规定，专利管理部门认定侵权行为成立的，不但可责令立即停止侵权行为，还可以没收、销毁侵权商品和主要用于制造侵权商品的工具，甚至可处以一定金额的罚款。

四、我国应明确侵犯专利权犯罪的自诉制度

（一）自诉制度促进程序上的犯罪化

犯罪化的本意是将原来并非犯罪的行为在法律上作为犯罪处理，使之成为刑事制裁对象。日本学者大谷实认为犯罪化包括

"立法上的犯罪化和刑罚法规解释适用上的犯罪化",① 然而，倘若某一行为未能进入刑事诉讼程序，那么不管立法或司法（即刑罚法规的解释适用）如何对该行为进行犯罪化，都无法通过定罪和刑罚来取缔该行为，致使犯罪化的努力实质上落空。可见，将犯罪行为递送到审判机关的视域之中，即进行刑事起诉，是确保犯罪化最终实现的必要环节。

刑事起诉是国家公诉机关和享有控诉权的公民针对犯罪行为依法向法院提起诉讼，要求法院对该犯罪行为审判并确定被告人刑事责任的诉讼行为，分为公诉和自诉两种方式。与日本等少数国家的公诉独占主义不同，我国与大多数国家一样，采取公诉为主、自诉为辅的刑事起诉方式。但不论是公诉独占还是公诉为主，都不可避免地存在一些基于检察机关或公安机关的原因而未能成功提起诉讼的情况，包括检察机关对移送审查起诉的案件或其自行侦查终结的案件作出不起诉或撤销案件的决定，公安机关作出不起诉的决定，以及公安机关作出不予立案的决定，等等，这就可能使某些本已被犯罪化的行为在现实中未被定罪和处以刑罚。自诉案件是指享有起诉权的人依法提起刑事诉讼，并由人民法院直接受理的案件。② 与公诉不同，自诉无须经过公安机关和检察机关便可将犯罪行为推入刑事诉讼环节，使之直接呈现在审判机关面前，从而在一定程度上减少甚至避免了因公诉程序而遗漏某些犯罪行为的情况。从这一角度看，自诉将那些或许被挡在公诉"门槛"之外的犯罪行为带入审判机关的视野，使针对该犯罪行为的定罪和刑事制裁有了现实上的可能。换言之，自诉是

① ［日］大谷实：《犯罪化和非犯罪化》，黎宏译，载《刑事法评论》2000 年第 6 期，第 418~429 页。
② 陈卫东：《刑事诉讼法》（第二版），中国人民大学出版社 2008 年版，第 288 页。

一种制度安排，它使那些原本未被公诉的行为得以被定罪和制裁，因而可视为一种程序上的犯罪化。

自诉作为刑事起诉的一种方式，不仅是实现犯罪化的必要保障，也是在程序方面推动犯罪化的重要措施。基于此，在我国侵犯专利权行为犯罪化的背景之下，自诉制度的地位和影响自然不容小觑。然而，由于我国刑事诉讼法及其司法解释对侵犯专利权犯罪的自诉制度缺乏详细的解释和说明，导致司法实践中的可操作性不足，使自诉对犯罪化的良性推动作用大打折扣。

（二）我国对侵犯专利权犯罪自诉制度规定不明确

我国侵犯专利权犯罪自诉制度的不明确性首先表现为立法的缺失。2012 年《刑事诉讼法》第 204 条规定，自诉案件包括 3 种类型：（1）告诉才处理的案件；（2）被害人有证据证明的轻微刑事案件；（3）被害人有证据证明对被告人侵犯自己人身、财产权利的行为应当依法追究刑事责任，而公安机关或者人民检察院不予追究被告人刑事责任的案件。根据我国《刑法》的规定，告诉才处理的案件仅涉及侮辱罪、诽谤罪、暴力干涉婚姻自由罪、虐待罪、侵占罪这 5 个罪名，侵犯专利权的犯罪案件显然不属于第一种类型。第三种类型几乎囊括了所有存在被害人的刑事案件，侵犯专利权犯罪的案件应归属其中，但该类型的案件必须以公安或检察机关的前置行为作为前提，即公安机关或检察机关不予追究被告人刑事责任。相比之下，第二种类型的自诉案件不局限于某几种罪名，也不受公安或检察机关前置行为的制约，施展空间相对更加广阔。然而何谓"轻微刑事案件"，其是否包括侵犯专利权犯罪的案件，《刑事诉讼法》并没有给出明确的说明。

其次，侵犯专利权犯罪自诉制度的不明确性表现为司法解释的模糊。2004 年《最高人民法院关于进一步加强知识产权司法保护工作的通知》规定"被害人直接向人民法院起诉的知识产权等刑事案件，符合自诉条件的，人民法院应当依法受理"，但该通知未能解答侵犯专利权犯罪是否属于"轻微刑事案件"这类自诉案件的问题。2007年《最高人民法院、最高人民检察院关于办理侵犯知识产权刑事案件具体应用法律若干问题的解释（二）》第5条规定，"被害人有证据证明的侵犯知识产权刑事案件，直接向人民法院起诉的，人民法院应当依法受理；严重危害社会秩序和国家利益的侵犯知识产权刑事案件，由人民检察院依法提起公诉"，明确了我国刑法现有的侵犯专利权犯罪，即假冒专利罪可以作为自诉案件处理。但是，并非所有侵犯专利权犯罪案件均为自诉案件，其中严重危害社会秩序和国家利益的案件即为例外，只能经由检察机关提起公诉。2012年《最高人民法院关于适用〈中华人民共和国刑事诉讼法〉的解释》（以下简称《刑事诉讼法解释》）第1条进一步明晰了被害人有证据证明的轻微刑事案件的范围，其包括《刑法》分则第三章第七节规定的侵犯知识产权案，但其同样规定了严重危害社会秩序和国家利益的案件为公诉案件。可见，对于立法上的缺失，即轻微刑事案件是否包括侵犯专利权犯罪案件的问题，司法解释已逐步给出了肯定答复。然而，对于只能公诉的例外情况，各司法解释却未能进一步说清"严重危害社会秩序和国家利益"应以何种标准判断或具体包括哪些情形，致使侵犯专利权犯罪的自诉案件和公诉案件之间界限模糊，人为造成了在司法实践中适用自诉制度的困惑与混乱。

最后，侵犯专利权犯罪自诉制度的不明确性还表现为立法和司法解释之间以及不同司法解释之间的冲突。该冲突主要表现在自诉与公诉的转化问题上。具体而言，《刑事诉讼法》没有提供自诉转公诉的途径。其第211条第1款规定，对于缺乏罪证的自诉案件，如果自诉人提不出补充证据，法院应说服自诉人撤回自诉或裁定驳回起诉。但是，根据《最高人民法院关于进一步加强知识产权司法保护工作的通知》的规定，对于证据不足且可由公安机关受理或者可能判处 3 年有期徒刑以上刑罚的自诉案件，应当移送公安机关立案侦查。另外，对于应如何转由公安机关处理，《刑事诉讼法解释》的相关规定又与前者不同。其第 1 条第 2 款提供了两个选项：一是告知被害人向公安机关报案；二是移送公安机关立案侦查，但仅限于有证据证明的轻微刑事案件。由于上述立法与司法解释之间以及不同司法解释之间规定不一致，法院在受理侵犯专利权犯罪的自诉案件之后，一旦出现证据不足或可能判处 3 年有期徒刑以上刑罚的情形，就可能陷入选择困境：到底是说服自诉人撤回自诉或裁定驳回，还是直接移送公安机关立案侦查，抑或是告知被害人向公安机关报案？这些不同选项直接影响着自诉人的维权成本，然而在未得到法律明确指引的情况下，只能仰赖法官的自由裁量权，这无疑有碍于自诉人权益的保护。当然，自诉可否转为公诉反映了两者之间是泾渭分明的关系还是可彼此转化的关系，这也可以视为一种自诉与公诉的界限问题。

基于上述讨论，由于立法的缺失、司法解释的模糊以及有关规定之间的冲突，导致侵犯专利权犯罪的自诉案件和公诉案件之间的界限呈现模糊状态，集中表现为可自诉案件范围的不确定和自诉向公诉转化的不确定，使自诉人难以对自诉的合规性及未来走向形成明确的预期，削弱了提起自诉的积极性，也相应束缚了针对侵犯专利权犯罪的自诉适用空间。

（三）对侵犯专利权犯罪自诉制度的完善建议

1. 厘清自诉与公诉的划分标准

如前文所述，有关司法解释以是否严重危害社会秩序和国家利益作为标准来区分侵犯专利权犯罪的自诉案件和公诉案件。然而，我国的刑法、刑事诉讼法以及相关司法解释都没有指明"严重危害社会秩序和国家利益"的具体含义所在。事实上，我国刑法对犯罪严重程度设定的标准有"情节严重、情节特别严重"、"其他严重情节、其他特别严重情节"、"严重后果、特别严重后果"、"数额巨大、数额特别巨大"和"重大损失、特别重大损失"等，但始终不包括"严重危害社会秩序和国家利益"。这就导致法官在司法实践中缺乏可量化的参照标准来衡量某一行为是否达到"严重危害社会秩序和国家利益"的程度，使自诉与公诉之间人为地制造了一块难以辨清的灰色地带。为便于准确认定侵犯专利权犯罪的自诉案件范围，有必要厘清自诉与公诉案件之间的划分标准。

笔者注意到，我国刑事诉讼法及其司法解释所规定的自诉案件大多以3年有期徒刑为限。例如，在告诉才处理的自诉案件中，除侵占罪可判处2年以上5年以下有期徒刑之外，其他罪名均未有超过3年有期徒刑以上的刑罚；而在轻微刑事自诉案件中，除遗弃罪以及生产销售伪劣商品罪和侵犯知识产权罪项下的一些具体罪名可判处3年以上有期徒刑之外，其他罪名的法定刑都在3年有期徒刑以下，特别是包括了《刑法》分则第四、五章规定的可能判处3年有期徒刑以下刑罚的所有案件。而且，《最高人民法院关于进一步加强知识产权司法保护工作的通知》和《刑事诉讼法解释》均规定，若被告人可能判处3年有期徒刑以上的刑罚的，应当另作处理。由此可见，即使自诉案件涵盖了某些可判处3年有期徒刑以上刑罚的案件，这些案件在法院受理之后也会分流到公诉程序中，这使得3年有期徒刑已成为自诉与公诉案件事实上的分水岭。因此，在"严重危害社会秩序和国家利益"含义不明的情况下，符合逻辑的做法是将3年有期徒刑作为侵犯专利权犯罪自诉案件和公诉案件的划分标准，即将"严重危害社会秩序和国家利益的除外"替换为"对被告人可能判处 3 年有期徒刑以上刑罚的案件除外"。

当前，我国刑法中的侵犯专利权犯罪只有假冒专利罪，可判处的最高刑罚是 3 年有期徒刑，不可能出现 3 年有期徒刑以上的情形。这意味着，依照前述标准，假冒他人专利的犯罪案件都属于自诉案件，即均可提起自诉。

2. 确认自诉转公诉的制度途径

当自诉案件中出现证据不足或可能判处 3 年有期徒刑以上刑罚的情形时，我国刑事诉讼法及有关司法解释为法院提供了不同处理方式。尽管这些不同的处理方式反映了法律规则的冲突，但经过深入分析和梳理，还是可以提炼出有价值的解决思路。具体而言，《刑事诉讼法》第 210 条涵盖了所有类型的自诉案件，其第 211 条规定在证据不足的情况下，法院应说服自诉人撤回自诉或裁定驳回起诉；《刑事诉讼法解释》第 1 条第 2 款针对有证据证明的轻微刑事自诉案件，规定在证据不足或可能判处 3 年有期徒刑以上刑罚的情况下，法院应告知被害人向公安机关报案，或者移送公安机关立案侦查；2004 年《最高人民法院关于进一步加强知识产权司法保护工作的通知》仅涉及轻微刑事自诉案件的一种，即侵犯知识产权的刑事自诉案件，规定在证据不足或可能判处 3 年有期徒刑以上刑罚的情况下，法院应移送公安机关立案侦查。从这些规定可看出，随着自诉案件范围逐步缩小至特定的侵犯知识产权刑事案件，法律规范对公诉转自诉的态度也越加明朗，即对于证据不足或可能判 3 年有期徒刑以上刑罚的侵犯知识产权自诉案件只有一种处理方式，就是移送公安机关立案侦查。不过，该结论的得出有赖于一个前提，即司法解释遵循"特别法优于一般法原则"，这就有两个问题：一是《刑事诉讼法解释》

公布于 2012 年，晚于 2004 年的《最高人民法院关于进一步加强知识产权司法保护工作的通知》，存在"新法优于旧法原则"与"特别法优于一般法原则"的冲突；二是司法解释不属于立法法所调整的法律、行政法规等的范畴，是否可适用立法法的这两项原则尚存疑问。换言之，虽然"应当移送公安机关立案侦查"并非是准确无误的选择，但至少为侵犯专利权犯罪自诉案件在特殊情形下的处理方式提供了基本思考方向。

在上述基本方向的指引之下，不容忽视的是，公诉制度也存在一定弊端，如果国家专门机关行使控诉权不当，很容易损害被害人的利益，使被害人的诉讼权利得不到切实保障。[①] 特别是对于那些既可自诉也可公诉的案件来说，假如只强调以国家追诉代替被害人的愿望和要求，国家"偷走"被害人与犯罪人的矛盾，会使被害人处于被遗忘的境地。[②] 这样不仅让被害人的损失难以得到实质性的补偿，还可能因刑事程序的运作而对被害人产生二次伤害。作为一种补充方式，自诉是国家将某种行为是否构成犯罪的判断与追究权利让渡给了个人，在诉讼过程中还可以进行调解或和解，因而自诉人理应拥有是否坚持行使该自诉权的自由。鉴于此，若自诉案件一旦出现证据不足等特殊情况，法院便径直移送公安机关侦查而进入公诉程序，很难说是尊重自诉人之诉权的做法；若在为自诉人提供自诉转公诉途径的同时，也能顾及自诉人的意愿，这样显然更加合理。因此笔者建议，对于侵犯专利权犯罪的自诉案件，有证据不足或可能判处 3 年有期徒刑以上刑罚的情形的，法院应当在征得自诉人的同意后移送公安机关立案

---

① 最高人民检察院法律政策研究室：《〈关于修改《中华人民共和国刑事诉讼法》的决定〉学习纲要》，中国检察出版社 1996 年版，第 159 页。

② 刘仁文：《刑事政策初步》，中国人民公安大学出版社 2004 年版，第 384 页。

侦查；如果自诉人不同意移送，则应当说服自诉人撤回自诉或裁定驳回起诉。这种处理方式既涵纳了刑事诉讼法的规定，又秉承了司法解释的精神；既确认了自诉转化为公诉的渠道，又充分尊重了自诉人行使诉权的自由意愿，应当是一种更为优化的选择。

第二节　专利权扩张化与我国侵犯专利权犯罪的轻刑化

一、我国刑事立法的轻刑化发展趋势

从国际社会的刑罚发展趋势看，轻刑化是人道主义和人权保障的必然结果，也是世界各国刑法改革的必要取向。我国自20世纪80年代改革开放以来，经济发展不断取得喜人成就，公民个人权利也得到越加完善的保护。特别是十届全国人大二次会议通过宪法修正案，把"国家尊重和保障人权"正式载入国家根本大法，意味着保障公民权利的人道主义理念已对刑罚轻缓化提出迫切要求。同时，我国已加入WTO，面临着国内法律如何与国际规则接轨的现实问题，这也要求我国刑法改革不能忽视轻刑化的重要地位，以便与世界各国的轻刑化趋势保持一致。可见，我国刑罚的轻刑化是顺应世界潮流的需要。不仅如此，我国民主政治和经济发展对轻刑化也存在现实需求，并且已有诸多轻刑化的实践。

首先，我国重刑思想根深蒂固，需要借助轻刑化加以反思和纠正。战国时期的商鞅主张使用重刑，认为："故禁奸止过，莫若重刑；刑重而必得，则民不敢试，故国无刑民。国无刑民，故曰：'明刑不戮。'"① 因此他反对罚当其罪、罪刑适应，理由在于"重其重者，轻其轻者，轻者不止，则重者无从止矣，此谓治之于其乱也。故重轻则刑去事成，国强；重重而轻轻，则刑至而事生，国削"。② 战国末期的韩非子也提倡重刑，认为"所谓重刑者，奸之所利者细，而上之所加焉者大也。民不以小利加大罪，故奸必止者也。所谓轻刑者，奸之所利者大，上之所加焉者小也。民慕其利而傲其罪，故奸不止也"，因而"重一奸之罪而止境内之邪"③。这些古人的观点对后世影响很大，而且不可否认，所谓"治乱世用重典"的重刑思想在我国古代封建社会的治国方略中曾占据举足轻重的地位。然而，随着社会的不断发展和人类文明程度的提升，重刑主义的弊端也随之凸显，并在我国司法实践中得到印证。我国刑事发案率 1981 年为 8.9‰，1982 年为 7.4‰，1983 年为 6‰。自 1983 年开始，我国实行重刑化的严打政策，1987 年刑事发案率下降约为 5‰，取得了短期效果，但后续的刑事发案率并未继续下降，反而急剧反弹。1988 年全国各级人民法院受理刑事案件 313306 件，比 1987 年增加 8.2%；1989 年受理刑事案件 392564 件，比 1988 年上升 25.3%；1990 年受理刑事案件 459656 件，比 1989 年增加 17.09%。④ 这说明重刑化的做法可能会带来短期效益，但在长远上并不能取得遏制刑事犯罪的预期效果。不管刑罚有多么残酷，迟早会失去当时的威慑力。借助于轻刑化思想，使人们认识到刑罚绝不是抑制犯罪的唯一手段，刑罚的严酷性也不是刑罚功能发挥的唯一依据，从而破除刑罚万能主义和刑罚工具主义的纠葛，反思和纠正重刑主义

---

① 《商君书·赏刑》。
② 《商君书·说民》。
③ 《韩非子·六反》。
④ 引自 1988 年、1989 年、1990 年《最高人民法院工作报告》。

这种不合时宜的传统观念。

其次，轻刑化与我国民主政治和经济发展的需要相适应。在民主政治方面，孟德斯鸠认为，"严峻刑罚比较适宜以恐怖为原则的专制政体，而不适宜以荣誉和品德为动力的君主政体和共和政体。在政治宽和的国家，爱国、知耻、畏惧责难，都是约束的力量，能够防止许多犯罪"①。我国是人民民主专政的社会主义国家，人民当家做主，党的十八大进一步提出社会主义核心价值观，民主位列第二，我国民主政治建设在实践中取得了许多重大进展，民主意识已深入人心。与此同时，人民民主权利的保障与实现也需要避免严刑峻法所施加的不必要限制。因此，轻刑化显然更加符合我国的社会发展现状。在经济发展方面，我国自改革开放以来取得了举世瞩目的经济成就，但经济发展水平总体上还不高，还需要宽和的市场环境为经济的迅猛发展保驾护航，这就要求刑罚相对轻缓化，因为"只有轻缓的刑罚才能为市场经济发展提供宽松的法制环境"②。同时，我国还处在建设和完善社会主义市场经济体制的时期，旧的制度"樊篱"还未打破殆尽，全面开放的新格局又逐渐形成，各种新型经济关系层出不穷，进入刑法规制视野的犯罪也在不断增多。若刑罚没有收敛，则国家在刑罚成本上的投入必将大幅增加，这会挤占国家在其他方面的投入。最高人民法院原副院长刘家琛指出，"一个劳改犯劳改一年国家要投入 1.5 万元，这相当于西部地区十几个儿童的入学费。目前我国 13 亿人口教育投资才 140 多个亿，文化水平低，

---

① ［法］孟德斯鸠：《论法的精神》，张雁深译，商务印书馆 1961 年版，第 82 页。

② 陈兴良：《走向哲学的刑法学》，法律出版社 1999 年版，第 468 页。

犯罪就多。如果我们拿钱办教育，文盲少，犯罪就可以减少"①。

最后，我国刑法改革中存在诸多轻刑化的实践。一是减少死刑的适用。2011 年出台的《刑法修正案（八）》取消了 13 个经济性非暴力犯罪的死刑，而且明确规定对审判时已满 75 岁的人不适用死刑。在此基础上，《刑法修正案（九）》进一步取消了9 个罪名的死刑，使刑法适用死刑的罪名减至 46 个，并且提高了对死缓罪犯执行死刑的门槛，规定在死缓期间故意犯罪达到情节恶劣时，才报请最高人民法院核准执行死刑。死刑的削减是我国刑法改革中最为突出的轻刑化举措。二是确立社区矫正制度。2003 年我国在北京、天津、上海、江苏、浙江和山东 6 个省市实行社区矫正工作试点，取得了重大突破。2011 年《刑法修正案（八）》正式规定对判处管制、缓刑和假释的罪犯依法实行社区矫正。社区矫正与监禁矫正概念相对，是一种社会化行刑方式，有效弥补了监禁矫正成本投入有限、再社会化困难等缺陷，为我国刑罚执行的轻缓化改革奠定了重要基础。三是废止劳动教养制度。劳动教养本是一种由公安机关独自决定的行政处罚，但由于在具体实施中出现了偏差，有的严重背离了制度设立初衷，片面强调加大惩戒力度，实际上成为一种变相的自由刑，即法外之刑。2013 年十二届全国人大常委会第六次会议通过了《关于废止有关劳动教养法律规定的决定》，使实施 56 年之久的劳教制度退出了历史舞台，从侧面反映了我国对不必要刑罚的限制态度，这恰为轻刑化思想的表现。

纵观我国刑罚制度历史，总的趋势是从野蛮、残暴走向文明、慎刑，轻刑化趋势与这一大背景是一致的，也是随人类文明

---

① 刘家琛：《宽严相济 逐步实现刑罚轻刑化》，载《法学杂志》2006年第 4 期，第 6~7 页。

发展而不可逆转的发展潮流。然而也应注意到，刑罚轻刑化的发展过程是动态的。"透过历史的发展过程我们看到，刑罚趋轻是一个动态规律。"① 轻刑化指明了刑罚的价值取向，其动态发展则决定了该过程的渐进性，因而在不同的社会背景之下，轻刑化的限度是不同的，且并不意味着所有犯罪一律适用轻刑。基于此，我国的刑罚轻刑化应当立足于所处时代和具体条件，针对适当的犯罪适用适当程度的轻刑，但不排斥对严重犯罪处以重刑。2006 年党的十六届六中全会通过的《中共中央关于构建社会主义和谐社会若干重大问题的决定》中提出了宽严相济的刑事政策，要求做到该宽则宽、当严则严、宽严相济、罚当其罪，表现出"宽大处理"和"严格惩办"两方面的取向。前者符合刑罚轻刑化的趋势，而后者则不排除对较重刑罚的适用。尽管有学者认为"宽严相济"的政策更多强调的是非犯罪化、轻刑化和非监禁化，② 但不可否认重刑在"惩办"一面的体现。因此，认为"轻刑化"就是完全取消重的刑种或对一切犯罪都处轻刑的观点，是不能被接受的。③

二、建议侵犯专利权犯罪采用限额罚金制

基于前文对专利权扩大及其引发的侵犯专利权行为犯罪化的讨论，我国未来会继续将以往不作为侵犯专利权处理的行为囊括至专利权刑事保护的范围。而且，我国当前存在设立非法实施专利罪的必要性，由此导致的犯罪化趋势将使得对侵犯专利权行为

① 储槐植：《刑事一体化论要》，北京大学出版社 2007 年版，第 217 页。
② 黄京平：《宽严相济刑事政策的时代含义及实现方式》，载《法学杂志》2006 年第 4 期，第 10～12 页。
③ 张明楷：《论刑法的谦抑性》，载《法商研究》1995 年第 4 期，第 55～62 页。

设置的法网越加严密，这也符合储槐植教授提出的刑法结构改革方向，即"严而不厉"中的"严"。那么，"严而不厉"的另一重要组成部分"不厉"，就应当依靠轻刑化的推动来实现。事实证明，我国对侵犯专利权犯罪设置重刑并无必要，因为"从世界范围来看，我国惩治侵犯知识产权犯罪的刑罚设置比较严厉，但犯罪仍然比较猖獗；而英国、德国、意大利等国家侵犯知识产权犯罪刑罚设置比较轻缓，但犯罪并不严重"①。基于刑罚的谦抑性，对侵犯专利权犯罪设置较为轻缓的刑罚更具合理性。此外，相对于自由刑较轻的罚金刑作为对于经济犯罪的有效手段，在世界范围内得到了普遍运用，在刑罚体系中的地位也逐渐提高。对于侵犯专利权这类典型的经济犯罪，主要适用罚金刑已成为多数国家的通例。②

　　不过，从法律规定上看，我国针对侵犯专利权犯罪设置的刑罚，即假冒专利罪的法定刑算不上严苛的程度，因为该法定刑包括罚金刑和自由刑，且罚金刑可以单独适用，似乎没有轻刑化的必要。然而在司法实践中却并非如此，单处罚金刑的比例极少。统计数据显示，2004 年假冒专利罪生效判决 1 人，未单处（甚至未并处）罚金，而是判处 5 年以下有期徒刑。同年的其他侵犯知识产权案件情况类似，如侵犯著作权罪生效判决 7 人，无一人单处罚金；假冒注册商标罪生效判决 228 人，17 人单处罚金，仅占 7% 左右。③ 不仅侵犯知识产权案件如此，我国刑事案件单处罚金的比例整体上也处于较低水平。在经济水平较发达的一线

---

① 刘科、高雪梅：《刑法谦抑视野下的侵犯知识产权犯罪》，载《法学杂志》2011 年第 1 期，第 125～127 页。

② 陆普舜：《各国商标法律与实务》，科普出版社 1996 年版，第 407 页。

③ 田力普：《中国知识产权年鉴 2005》，知识产权出版社 2005 年版，第 306 页。

城市中，北京市某区人民法院 2006 年刑事案件数为 493 件，被告人总数 653 人，单处罚金人数 11 人，仅占被告人总数的 1.7%；上海市某区人民法院 2006 年审结刑事案件 961 件，单处罚金刑的案件 18 件，占总数的 1.9%。① 在经济发展水平中等的城市中，南京市某区法院 1999 年至 2007 年的 9 年内，判决规定有罚金刑的罪名的案件有 4432 件，被告人总数 6292 人，单处罚金刑的 45 人，仅占被告人总数的 0.7%。② 可见，罚金刑单处率低在我国属于较为普遍的现象，并非知识产权领域或专利领域所独有。

对于以上现象的原因，有人认为是审判人员执法意识欠缺，比较重视主刑的适用，轻视或忽视罚金刑这一附加刑的适用；也有人认为是基于对罚金刑性质的错误认识，以为罚金刑是"用钱买罪"，无法打击犯罪。笔者认为这些观点有其合理之处，但无法解释在我国单处罚金率普遍较低的状况下的某些特殊现象。比如，盗窃犯罪案件的单处罚金比例很高，甚至有报道指出，因某地对盗窃罪适用单处罚金刑的比例过高，通过采取措施将单处罚金刑比例减少近三成。③

笔者认为，由于"我国现行刑法中规定的罚金刑大多数是无限额罚金"，④ 司法人员在判断罚金数额时缺乏法律依据，特别是在考虑单独适用罚金的情况下，罚金的多寡直接影响惩罚教育犯罪的效果，事关刑罚目的的实现。如果要做到恰如其分，必须

---

① 王琼：《罚金刑实证研究》，法律出版社 2009 年版，第 291~292 页。

② 王琼：《罚金刑实证研究》，法律出版社 2009 年版，第 293 页。

③ 常检轩、蔡勃、王惠云：《单处罚金刑下降近三成》，载《检察日报》2009 年 2 月 4 日第 8 版。

④ 高铭暄、孙晓：《宽严相济刑事政策与罚金刑改革》，载《法学论坛》2009 年第 2 期，第 5~9 页。

要做大量细致的额外工作，包括调查犯罪人员的财产情况、衡量犯罪人员的缴纳能力等。而在当前司法资源紧张的大背景下，司法人员为避免这些麻烦，容易倾向于索性不适用罚金刑或并处罚金刑，转而由主刑来承担惩戒犯罪的主要功能。盗窃罪等个别罪名的单处罚金率高，在很大程度上正是由于盗窃罪的罚金刑具有详细的数额标准可供参照，包括1998年《最高人民法院关于审理盗窃案件具体应用法律若干问题的解释》和2013年《最高人民法院、最高人民检察院关于办理盗窃刑事案件适用法律若干问题的解释》中的有关规定。同时，无限额罚金制是绝对不确定的法定刑的显例，[①] 其只有刑种而无刑度，违背了罪刑法定原则。"自贝卡利亚以来，我们就公认刑罚的确定性在规范人们的行为方面比刑罚的严厉性的作用要重要得多。"[②] 罪刑法定原则强调，何种行为构成犯罪、对犯罪追究何种责任，应当由法律预先指明，法官据此加以决断，防止司法的擅断；而无限额罚金则完全由法官独自斟酌裁量，成为所谓"专断刑"，其妥当性是存疑的。因而从这一意义上讲，法官避免单独适用这一"绝对不确定刑"也实属情有可原。

因此，对于侵犯专利权犯罪而言，若要在实践中真正做到避免轻罪重罚，以罚金刑这种较轻的刑罚来惩戒犯罪，就应当摒弃无限额罚金刑。但由此带来的问题是，在无限额罚金之外，主要还有限额罚金、倍比（或比例）罚金和日额金等制度，应当作何选择呢？

笔者倾向于选择限额罚金制。原因如下：

倍比罚金制不规定罚金的具体数额，而是以法律指明的非法

---

① 周光权：《法定刑研究》，中国人民大学1999年博士学位论文，第76页。

② 梁根林：《刑罚结构论》，北京大学出版社1998年版，第224页。

所得等数额为参照系，按照指定比例或倍数确定罚金的数额范围。倍比罚金制的好处是间接确定了罚金的数额范围，并且不易受通货膨胀的影响；但其缺点也比较明显，即不但要确定比例或倍数，还要确定参照系。对于侵犯专利权犯罪而言，其涉及的数额包括非法经营数额、违法所得数额以及给专利权人造成的经济损失数额。这些数额在不同案件中得以确定的难易程度不同，而且由于侵犯专利权行为具有专业性、隐蔽性和潜伏性，有些数额甚至无法计算，致使选择哪一数额作为参照系实难抉择。此外，比例和倍数的确定也是技术性很强的工作，若有失科学，可能会使失误因"倍比"而数量级放大。

日额金制是一种相对个性化的罚金制度，法官先根据犯罪情节严重程度等因素，确定罚金的单位数（日数），然后考察行为人的人身和经济状况来决定每单位的金额，即"日额金"。这两步程序使罚金刑更具针对性，也更易把握犯罪人因剥夺财产所受的痛苦程度，使刑罚效果平均化。[①] 但是，日额金制在实际操作中比较复杂和麻烦，尤其是当前新型金融工具及虚拟货币不断涌现，个人经济活动范围更广，财产形式也多种多样，要查清就会花费大量人力物力，这是我国紧张的司法资源所难以承担的。虽然日额金制也存在一定限额，如 2013 年德国《刑法典》第 40 条规定，日额金单位数最低为 5，最高为 360，日额金数额最高为 1 欧元，最高为 3 万欧元，但是，该限额确定的罚金数额的实际区间为 5 欧元至 1080 万欧元，这一范围极大，几近可视为无限额罚金了。

与倍比罚金制和日额金制不同，限额罚金制不需要在纷繁复杂的具体案情中确定可行的参照系，也不需要额外花费巨量司法

---

① 马克昌：《刑罚通论》，武汉大学出版社 1995 年版，第 208 页。

资源以确定犯罪人的经济情况，只需要在最低和最高限额范围内依据犯罪情节加以定夺裁判，从而增加了单独适用的可操作性，并且将裁判者的自由裁量权限制在合理范围之内。

基于以上建议，作为引玉之砖，笔者试将目前《刑法》第216条关于假冒专利罪的规定修改为如下形式："假冒他人专利，情节严重的，处三年以下有期徒刑或者拘役，并处或者单处×万元以上×万元以下罚金。"具体确定罚金限额还需另外展开科学周密研究，暂不作为本书讨论的议题。另外，一旦在我国设立非法实施专利罪，也可参照此形式设置法定刑。

创新始终是推动一个国家、一个民族向前发展的重要力量。我国是一个发展中大国，正在大力推进经济发展方式转变和经济结构调整，必须把创新驱动发展战略实施好。随着经济全球化步伐的加快，科学技术在全球经济竞争中的作用日益凸显，竞争优势不再取决于资源禀赋和劳动力成本，科技创新成为国际竞争的决定性因素，专利技术成为竞争制胜的核心。因此，我国必然会走上加强专利权保护的道路。孙中山先生曾题字曰"世界潮流，浩浩荡荡，顺之则昌，逆之则亡"。爱因斯坦也认为，"衡量一个人智慧最好的方式就是他做出改变的能力"。在我国对专利权刑事保护进行加强和制度改革的进程中，应当关注刑事保护的对象即专利权的发展，重视专利权扩张化趋势对侵犯专利权行为犯罪化与侵犯专利权犯罪轻刑化的推动作用，审时度势，顺势而行，才能使重大问题的决策更为合理且符合事物的发展规律。

参考文献

一、中文著作

［1］陈卫东．刑事诉讼法（第二版）［M］．北京：中国人民大学出版社，2008．

［2］陈兴良．刑法的价值构造［M］．北京：中国人民大学出版社，1998．

［3］陈兴良．刑法适用总论（上卷）［M］．北京：法律出版社，1999．

［4］陈兴良．刑法适用总论（下卷）［M］．北京：法律出版社，1999．

［5］陈兴良．走向哲学的刑法学［M］．北京：法律出版社，1999．

［6］陈兴良．刑事法评论［M］．北京：中国政法大学出版社，2000．

［7］陈兴良．口授刑法学［M］．北京：中国人民大学出版社，2007．

［8］程永顺．专利侵权判定实务［M］．北京：法律出版社，2003．

［9］储槐植．美国刑法［M］．北京：北京大学出版

社，1996.

[10] 储槐植. 刑事一体化与关系刑法论 [M]. 北京：北京大学出版社，1997.

[11] 储槐植. 刑法机制 [M]. 北京：法律出版社，2004.

[12] 储槐植. 刑事一体化论要 [M]. 北京：北京大学出版社，2007.

[13] 甘雨沛，何鹏. 外国刑法学 [M]. 北京：北京大学出版社，1984.

[14] 高铭暄. 刑法问题研究 [M]. 北京：法律出版社，1994.

[15] 何高大. 英汉双向法律词典 [M]. 上海：上海交通大学出版社，2002.

[16] 胡延吉. 植物育种学 [M]. 北京：高等教育出版社，2004.

[17] 黄新成. 法汉大词典 [M]. 上海：上海译文出版社，2002.

[18] 李公昭. 柯林斯高阶英汉双解词典 [M]. 北京：商务印书馆，2008.

[19] 李海东. 日本刑事法学者（下）[M]. 北京：法律出版社，1999.

[20] 李明德. 美国知识产权法 [M]. 北京：法律出版社，2003.

[21] 李圣隆. 医疗法规概论 [M]. 台湾：台湾华杏出版股份有限公司，1993.

[22] 李顺德. 知识产权法律基础 [M]. 北京：知识产权出版社，2003.

[23] 梁根林. 刑罚结构论 [M]. 北京：北京大学出版

社，1998.

［24］梁根林．刑事法网：扩张与限缩［M］．北京：法律出版社，2005.

［25］梁慧星．民法总论（第4版）［M］．北京：法律出版社，2011.

［26］刘春田．知识产权法教程［M］．北京：中国人民大学出版社，1995.

［27］刘春田．知识产权法［M］．北京：中国人民大学出版社，2009.

［28］刘仁文．刑事政策初步［M］．北京：中国人民公安大学出版社，2004.

［29］龙卫球．民法总论［M］．北京：中国法制出版社，2002.

［30］陆普舜．各国商标法律与实务［M］．北京：科普出版社，1996.

［31］吕世伦．黑格尔法律思想研究［M］．北京：中国人民公安大学出版社，1989.

［32］吕淑琴．知识产权法律小辞典［M］．上海：上海辞书出版社，2006.

［33］马克昌．刑罚通论［M］．武汉：武汉大学出版社，1995.

［34］马克昌．比较刑法原理［M］．武汉：武汉大学出版社，2002.

［35］马炜梁．植物学［M］．北京：高等教育出版社，2009.

［36］曲三强．现代知识产权法［M］．北京：北京大学出版社，2009.

［37］曲新久．刑法学［M］．北京：中国政法大学出版社，2011.

［38］史尚宽．民法总论（第3版）［M］．台湾：台湾正大印书馆，1971.

［39］史尚宽．债法总论［M］．北京：中国政法大学出版社，2000.

［40］谭启平．专利制度研究［M］．北京：法律出版社，2005.

［41］汤宗舜．专利法解说［M］．北京：专利文献出版社，1994.

［42］汤宗舜．专利法教程（第三版）［M］．北京：法律出版社，2003.

［43］田力普．中国知识产权年鉴2005［M］．北京：知识产权出版社，2005.

［44］王家福，夏叔华．专利法简论［M］．北京：法律出版社，1984.

［45］王利明．民法·侵权行为法［M］．北京：中国人民大学出版社，1993.

［46］王利明．民法——21世纪法学系列教材［M］．北京：中国人民大学出版社，2010.

［47］王琼．罚金刑实证研究［M］．北京：法律出版社，2009.

［48］王泽鉴．民法物权：通则·所有权［M］．北京：中国政法大学出版社，2001.

［49］王泽鉴．民法物权：用益物权·占有［M］．北京：中国政法大学出版社，2001.

［50］王泽鉴．民法总则（增订版）［M］．北京：中国政法

大学出版社，2001.

[51] 王泽鉴．侵权行为法（第一册）［M］．北京：中国政法大学出版社，2001.

[52] 王作富．刑法［M］．北京：中国人民大学出版社，2009.

[53] 魏衍亮．生物技术的专利保护研究［M］．北京：知识产权出版社，2004.

[54] 吴汉东．知识产权法学［M］．北京：北京大学出版社，2000.

[55] 谢望原．刑罚价值论［M］．北京：中国检察出版社，1999.

[56] 杨春洗．刑法总论［M］．北京：北京大学出版社，1981.

[57] 杨立新．类型侵权行为法研究［M］．北京：人民法院出版社，2006.

[58] 尹新天．专利权的保护［M］．北京：专利文献出版社，1998.

[59] 尹新天．新专利法详解［M］．北京：专利文献出版社，2001.

[60] 尹新天．专利权的保护（第2版）［M］，北京：知识产权出版社，2005.

[61] 尹新天．中国专利法详解［M］．北京：知识产权出版社，2011.

[62] 张明楷．外国刑法纲要［M］．北京：清华大学出版社，1999.

[63] 张明楷．刑法学［M］．北京：法律出版社，2011.

[64] 张乃根．美国专利法判例选析［M］．北京：中国政

法大学出版社，1995.

　　［65］张文，刘艳红，甘怡群．人格刑法导论［M］．北京：法律出版社，2005.

　　［66］张晓都．专利实质条件［M］．北京：法律出版社，2002.

　　［67］张新宝．侵权责任法原理［M］．北京：中国人民大学出版社，2005.

　　［68］赵秉志．中国刑法的运用与完善［M］．北京：法律出版社，1989.

　　［69］赵秉志．侵犯知识产权犯罪研究［M］．北京：中国方正出版社，1999.

　　［70］赵秉志．刑法论丛［M］．北京：法律出版社，2002.

　　［71］赵万一．民法的伦理分析［M］．北京：法律出版社，2003.

　　［72］赵元果．中国专利法的孕育与诞生［M］．北京：知识产权出版社，2003.

　　［73］郑成思．知识产权法通论［M］．北京：法律出版社，1986.

　　［74］郑成思．知识产权法教程［M］．北京：法律出版社，1993.

　　［75］郑成思．知识产权法［M］．北京：法律出版社，1997.

　　［76］郑成思．知识产权论［M］．北京：法律出版社，2003.

　　［77］中共中央马克思恩格斯列宁斯大林著作编译局．马克思恩格斯选集（第二卷）［M］．北京：人民出版社，1995.

　　［78］中国科学技术情报所专利馆编．国外专利法介绍［M］

．北京：知识出版社，1980．

[79] 中国社会科学院语言研究所词典室．现代汉语词典（第6版）[M]．北京：商务印书馆，2012．

[80] 中国政法大学刑事法律研究中心．中英量刑问题比较研究 [M]．北京：中国政法大学出版社，2001．

[81] 最高人民检察院法律政策研究室．《关于修改〈中华人民共和国刑事诉讼法〉的决定》学习纲要 [M]．北京：中国检察出版社，1996．

二、中文译著

[1] E. 博登海默．法理学——法哲学及其方法 [M]．邓正来，姬敬武，译．北京：华夏出版社，1987．

[2] E. 博登海默．法理学：法律哲学与法律方法 [M]．邓正来，译．北京：中国政法大学出版社，2004．

[3] 贝卡利亚．论犯罪与刑罚 [M]．黄风，译．北京：中国法制出版社，2002．

[4] 边沁．道德与立法原理导论 [M]．时殷弘，译．北京：商务印书馆，2000．

[5] 博登浩森．保护工业产权巴黎公约指南 [M]．汤宗舜，段瑞林，译．北京：中国人民大学出版社，2003．

[6] 大谷实．刑事政策学 [M]．黎宏，译．北京：法律出版社，2000．

[7] 大塚仁．犯罪论的基本问题 [M]．冯军，译．北京：中国政法大学出版社，1993．

[8] 迪尔凯姆．社会学方法的准则 [M]．狄玉明，译．北京：商务印书馆，1995．

[9] 弗兰茨·冯·李斯特．德国刑法教科书 [M]．许久

生，译．北京：法律出版社，2000.

[10] 黑格尔．法哲学原理 [M]．范扬，张全泰，译．北京：商务印书馆，1996.

[11] 吉米·边沁．立法理论：刑法典原理 [M]．北京：中国人民公安大学出版社，1993.

[12] 吉藤幸朔．专利法概论 [M]．宋永林，魏启学，译．北京：专利文献出版社，1990.

[13] 凯伦·法林顿．刑罚的历史 [M]．陈丽红，李臻，译．太原：希望出版社，2003.

[14] 康德．法的形而上学原理 [M]．沈叔平，译．北京：商务印书馆，1997.

[15] 拉德布鲁赫．法学导论 [M]．米健，译．北京：中国大百科全书出版社，1997.

[16] 罗吉尔·胡德．死刑的全球考察 [M]．刘仁文，周振杰，译．北京：中国人民公安大学出版社，2005.

[17] 马丁·P.戈尔丁．法律哲学 [M]．齐海滨，译．北京：生活·读书·新知三联书店，1987.

[18] 孟德斯鸠．论法的精神 [M]．张雁深，译．北京：商务印书馆，1961.

[19] 米海依尔·戴尔玛斯－马蒂．刑事政策的主要体系 [M]．卢建平，译．北京：法律出版社，2000.

[20] 米歇尔·福柯．规训与惩罚 [M]．刘北城，杨远婴，译．北京：生活·读书·新知三联书店，1999.

[21] 墨杰斯．新技术时代的知识产权法 [M]．齐筠，等，译．北京：中国政法大学出版社，2003.

[22] 木村龟二．刑法学词典 [M]．顾肖荣，译．上海：上海翻译出版公司，1991.

[23] 塞西尔·特纳. 肯尼刑法原理 [M]. 王国庆, 李启家, 译. 北京: 华夏出版社, 1989.

[24] 小野清一郎. 犯罪构成要件理论 [M]. 王泰, 译. 北京: 中国人民公安大学出版社, 2004.

[25] 斋藤优. 发明专利经济学 [M]. 谢燮正, 等, 译. 北京: 专利文献出版社, 1990.

三、外文著作

[1] MERGERS R, NELSON R. The complex economies of patent scope in the sources of economic growth [M]. Cambrige: Harvard University Press, 2000.

[2] NORDHAUS W D. Invention, growth, and welfare; a theoretical treatment of technological change [M]. Cambridge: M. I. T. Press, 1969.

[3] DRAHOS P. A philosophy of intellectual property [M]. London: Dartmouth Publishing Company, 1996.

[4] JOHNSON S. Johnson's Dictionary of The English Language, in Miniature [M]. Boston: W. P. & L. Blake Pubs, 1804.

[5] U. S. Congress. House Committee on Patents, Plant Patents, hearings before the Committee [M]. Washington, DC: U. S. Government Printing Office, 1930.

[6] U. S. Department of Commerce, U. S. Patent and Trademark Office. Official Gazette of the United States Patent and Trademark Office [M]. Washington, D. C. : U. S. Government Printing Office, 1987.

[7] VOLD G B. Theoretical criminology [M]. Oxford: Oxford University Press, 1958.

[8] FRANCIS W, COLLINS R. Cases and Materials on Patent

Law［M］. New York：West Publishing Company，1987.

［9］WALLACE R W. The Patents，Designs，and Trade Marks Act，1883［M］. London：W. Maxwell & Son，1884.

四、中文论文

［1］E. A. 鲍加特赫，等. 资本主义国家和发展中国家的专利法［G］//中国科学技术情报所专利馆. 国外专利法介绍. 北京：知识出版社，1980：12.

［2］Harvey E. Bale. 药品获得与药品开发［J］. 姜丹明，译. 专利法研究，2002：306-322.

［3］曾平，蒋言斌. 论对侵害知识产权行为的道德约束［J］. 湖南大学学报（社会科学版），1999（2）：62-65.

［4］陈军. 史学视野下的台湾知识产权法律保护［J］. 山西警官高等专科学校学报，2008（4）：36-40.

［5］陈兴良. 犯罪范围的合理定义［J］. 法学研究，2008（3）：141-143.

［6］陈雄飞，张军. 非犯罪化思潮及其对我国刑事政策的意义［J］. 广西政法管理干部学院学报，2006（2）：8-10.

［7］陈佑武. 人权保障的几个原理问题［J］. 江西社会科学，2006（3）：123-127.

［8］储槐植. 严而不厉：为刑法修订设计政策思想［J］. 北京大学学报（哲学社会科学版），1989（6）：101-109.

［9］储槐植. 市场经济与刑法［J］. 中外法学，1993（3）：22-27.

［10］储槐植. 议论刑法现代化［J］. 中外法学，2000（5）：584-595.

［11］储槐植. 再说刑事一体化［J］. 法学，2004（3）：

74-80.

［12］大谷实. 犯罪化和非犯罪化［J］. 黎宏，译. 刑事法评论，2000（6）：418-429.

［13］董新忠. 美国植物新品种的专利保护——基于 Pioneer Hi-bred 案看美国植物新品种的可专利性［J］. 知识产权，2006（5）：60-64.

［14］段丽. 犯罪圈的扩张及其合理限制——以我国刑事立法的变迁为视角［J］. 山西高等学校社会科学学报，2012（5）：74-77.

［15］方泉. 犯罪化的正当性原则——兼评乔尔·范伯格的限制自由原则［J］. 法学，2012（8）：111-121.

［16］冯军. 和谐社会与刑事立法［J］. 南昌大学学报（人文社会科学版），2007（2）：70-73.

［17］付立庆. "刑法危机"的症结何在——就犯罪圈、刑罚量问题的些许感想［J］. 云南大学学报法学版，2007（5）：63-66.

［18］高铭暄，孙晓. 宽严相济刑事政策与罚金刑改革［J］. 法学论坛，2009（2）：5-9.

［19］宫泽浩一. 联邦德国刑事法律的变迁与展望［J］. 张明楷，译. 环球法律评论，1989（5）：40-45.

［20］郭锡昆. 植物新品种专利权保护的扩张及我国之应对［J］. 行政与法制，2002（10）：24-26.

［21］韩轶，王鑫. 我国知识产权刑法保护的分析与立法完善［J］. 政法论丛，2007（5）：40-44.

［22］韩玉胜. 谈谈直接责任人员的刑事责任［J］. 政治与法律，1983（4）：26-30.

［23］汉斯·海因里希·耶施克. 世界性刑法改革运动概要

[J]．何天贵，译．环球法律评论，1981（1）：18-25.

[24] 贺桂欣．论司法实践中专利间接侵权的界定与处理[J]．河北科技师范学院学报，2000（1）：53-55.

[25] 侯为大．浅议我国的犯罪化与非犯罪化之路[J]．法制与经济旬刊，2013（9）：51-52.

[26] 胡常龙．死刑案件程序问题研究[D]．中国政法大学博士学位论文，2003.

[27] 黄京平．宽严相济刑事政策的时代含义及实现方式[J]．法学杂志，2006（4）：10-12.

[28] 黄玉烨，戈光应．非法实施专利行为入罪论[J]．法商研究，2014（5）：41-49.

[29] 金诚，伍星．"侵财型"犯罪地图描绘及其研究[J]．犯罪研究，2007（5）：38-44.

[30] 寇建平，刘德萍．对我国立法保护植物新品种若干问题的思考[J]．农业科技管理，1996（7）：1-4.

[31] 黎宏，王龙．论非犯罪化[J]．法商研究，1991（2）：68-74.

[32] 李菊丹．论我国植物发明专利保护制度的完善——兼论专利制度与植物新品种保护制度的关系[J]．河北法学，2017（4）：2-18.

[33] 李瑞生．论后劳教时代的社会与刑事立法之应对——关于犯罪化问题的研究[J]．新疆财经大学学报，2014（2）：52-61.

[34] 李学勇．加速农业生物技术跨越式发展切实推进新的农业科技革命——在"中国农业生物技术论坛"上的讲话[J]．中国农业科技导报，2003（1）：3-6.

[35] 李扬．知识产权法定主义及其适用——兼与梁慧星、

易继明教授商榷［J］．法学研究，2006（2）：3-16.

［36］梁根林．论犯罪化及其限制［J］．中外法学，1998（3）：51-62.

［37］刘大元．论刑罚资源的有效配置［J］．学术界，2011（7）：95-103.

［38］刘海起．医药市场：药品专利势在必行［J］．中国市场，1999（10）：27-29.

［39］刘家琛．宽严相济 逐步实现刑罚轻刑化［J］．法学杂志，2006（4）：6-7.

［40］刘科，高雪梅．刑法谦抑视野下的侵犯知识产权犯罪［J］．法学杂志，2011（1）：125-127.

［41］刘艳红．我国应该停止犯罪化的刑事立法［J］．法学，2011（11）：108-115.

［42］龙予倩．我国专利期限制度及其适用研究［D］．湘潭大学硕士学位论文，2013.

［43］卢建平，刘传稿．法治语境下犯罪化的未来趋势［J］．政治与法律，2017（4）：36-53.

［44］莫洪宪，贺志军．国家经济安全视角下我国知识产权之刑事保护——对"专利侵权罪"增设论之否定［J］．法学论坛，2008（1）：114-120.

［45］彭燕．关于美国医疗方法专利的思考［J］．科技致富向导，2013（30）：90.

［46］皮艺军，翟英范．"严而不厉"和"刑事一体化"——储槐植先生访谈［J］．河南警察学院学报，2015（2）：5-14.

［47］裘安曼．从IP的中文翻译说开去［J］．知识产权，2010（5）：65-70.

［48］曲伶俐. 犯罪化基准论纲［J］. 法学论坛，2009（3）：47-51.

［49］沈宗灵. 论波斯纳的经济分析法学［J］. 中国法学，1990（3）：53-64.

［50］田宏杰. 侵犯专利权犯罪刑事立法之比较研究［J］. 政法论坛，2003（21）：76-84.

［51］田玲，戴顺志. 生物技术为二十一世纪提供突破性治疗方法［J］. 生物技术通报，1998（5）：42-43.

［52］田文英，等. 专利权的刑事保护研究［J］. 中国人民公安大学学报（社会科学版），2003（5）：35-41.

［53］王瑞君. 空白罪状研究——以司法分析为视角［J］. 法学论坛，2008（4）：74-81.

［54］王争. 累积性创新、专利期限与企业 R&D 投资路径［J］. 制度经济学研究，2005（2）：65-82.

［55］吴牧，吴健. 刑法中侵犯专利权犯罪的探究与完善［J］. 江南社会学院学报，2006（4）：56-60.

［56］吴宗宪. 试论非监禁刑及其执行体制的改革［J］. 中国法学，2002（6）：108-121.

［57］伍春艳，郑友德. 转基因生物体的专利保护研究［J］. 山西大学学报（哲学社会科学版），2000（4）：1-5.

［58］肖景华，陈浩，张启发. 转基因作物将为我国农业发展注入新动力［J］. 生命科学，2011（2）：151-156.

［59］肖中华. 犯罪构成及其关系论［D］. 中国人民大学博士学位论文，1999.

［60］谢勇，田文英. 关于设立"非法实施专利罪"的思考［J］. 北京航空航天大学学报（社会科学版），2004（4）：26-30.

［61］徐卫东，西原春夫，关哲夫，等. 刑法谦抑在中国——

四校刑法学高层论坛［J］．当代法学，2007（1）：3-23.

［62］徐祝．我国知识产权的刑法保护研究［J］．浙江工商大学学报，2003（6）：40-45.

［63］杨向东，汤重熹，梁玉成．面临国际竞争的中国工业设计业［J］．郑州轻工业学院学报（社会科学版），2000（4）：45-48.

［64］姚元和．试论侵害专利权的赔偿［J］．知识产权，1992（6）：30-31.

［65］伊藤贵子．专利间接侵权：中日法律规定与司法实践比较研究［D］．华东政法大学硕士学位论文，2010.

［66］尹新天．关于外观设计的保护期限［J］．专利法研究，1999：29-30.

［67］游伟，谢锡美．非犯罪化思想研究［J］．刑事法评论，2002（10）：344-419.

［68］游伟，谢锡美．非犯罪化思想及其借鉴［J］．江苏警官学院学报，2003（2）：104-110.

［69］于立彪．关于我国是否有专利间接侵权理论适用空间的探讨［J］．专利法研究，2008：430.

［70］俞正威，王珊．日本制药工业的迅速发展及原因探讨［J］．药学进展，1986（3）：5-10.

［71］喻志耀．过错责任：民法的基本归责原则［J］．华东政法大学学报，2001（6）：49-58.

［72］张伯平．行刑成本与监狱工作［G］//中国犯罪学学会．中国犯罪学研究会第十二届学术研讨会论文集，2003：13-16.

［73］张沧，袁红霞．与"疾病的诊断和治疗方法"不可专利性有关的几个问题探讨．专利法研究，2004：118-132.

［74］张明楷．论刑法的谦抑性［J］．法商研究，1995

（4）：55-62.

[75] 张明楷. 犯罪定义与犯罪化 [J]. 法学研究，2008（3）：143-145.

[76] 张笑英，谢焱. 动态犯罪圈的完善——以刑法修正案的实体考量为视角 [J]. 法学杂志，2009（3）：87-90.

[77] 张云. 人类基因的法律地位探析 [J]. 重庆科技学院学报（社会科学版），2010（2）：34-36.

[78] 赵秉志，金翼翔. 论刑罚轻缓化的世界背景与中国实践 [J]. 法律适用，2012（6）：7-14.

[79] 赵亮，等. 外观设计专利制度与经济增长的关系研究 [J]. 专利统计简报，2015（19）：20-21.

[80] 赵运锋. 犯罪化的路径选择与合理规制 [J]. 中国海洋大学学报（社会科学版），2008（4）：81-85.

[81] 郑成思. 反不正当竞争——知识产权的附加保护 [J]. 中国专利与商标，2004（1）：21-24.

[82] 周光权. 法定刑研究 [D]. 中国人民大学博士学位论文，1999.

[83] 周详，邶长策. 专利犯罪研究 [G] //唐广良，郑成思. 知识产权研究. 北京：中国方正出版社，1999：147-148.

五、外文论文

[1] HIRAI A. The Patentability of Inventions on Medical Activities-A Study of the Tokyo High Court Decision from April 11, 2002 [J]. AIPPI Journal, 2003, 11：403-424.

[2] FEROS A. Patentability of Methods of Medical Treatment [J]. Bio-Science Law Review 2002, 5：183-190.

[3] ASIF E. Exclusion of diagnostic, therapeutic and surgical

methods from patentability [J] . Journal of Intellectual Property Rights, 2013, 18: 242-250.

[4] CORMAN H, Mocan N. Carrots, Sticks, and Broken Windows [J] . Journal of Law & Economics, 2005, 48: 235-266.

[5] VON DREHLE D. Capital Punishment in Paralysis: Huge Caseload Bloats Lethargic, Costly System in Florida [N] . US' Miami Herald, 1988, 1988-06-10: 1A, 12A.

[6] CAPEN E C, CLAPP R V, CAMPBELL W M. Competitive bidding in high-risk situations [J]. Journal of Petroleum Technology, 1971,23:641-653.

[7] GUTH J. Tina Hart, Simon Clark and Linda Fazzani, Intellectual Property Law [J] . Law Teacher, 2014, 48: 217.

[8] JUNOD V. Drug marketing exclusivity under United States and European Union law [J] . Food & Drug Law Journal, 2004, 59: 479-518.

[9] KAHNEMAN D, Tversky A. Prospect Theory: An Analysis of Decision under Risk [J] . Econometrica, 1979, 47: 263-291.

[10] KANAKOGI Y, OKUMURA Y, INOUE Y, et al. Rudimentary sympathy in preverbal infants: preference for others in distress [J]. Plos One,2013,8:e65292.

[11] LANJOUW J O. Patent Protection in the Shadow of Infringement: Simulation Estimations of Patent Value [J] . Review of Economic Studies, 1998, 65: 671-710.

[12] MANSFIELD E. Patents and innovation: an empirical study [J] . Management Science, 1986, 32: 173-181.

[13] MARCEAU J F, WHITSON H A. The Cost of Colorado's Death Penalty [J] . University of Denver Criminal Law Review,

2013, 3: 145-163.

[14] MARCUS A. Owning a gene: Patent pending [J]. Nature Medicine, 1996, 7: 728-729.

[15] New York State Defenders Association, Inc. Capital Losses: The Price of the Death Penalty for New York State [J] . Bureau of Justice Statistics, 1982: 1-33.

[16] PAKES A. Patents as Options: Some Estimates of the Value of Holding European Patent Stocks [J] . Econometrica, 1986, 54: 755-784.

[17] PILA J. The Common Law Invention in its Original Form [J] . Intellectual Property Quarterly, 2001, 3: 209-224.

[18] SAMUELSON P A. A Note on Measurement of Utility [J]. Review of Economic Studies, 1937, 4: 155-161.

[19] SCHANKERMAN M, Pakes A. Estimates of the Value of Patent Rights in European Countries During the Post－1950 Period [J]. Economic Journal, 1986, 384: 1052-1076.

[20] SCHERER F M. Nordhaus' Theory of Optimal Patent Life: A Geometric Reinterpretation [J] . American Economic Review, 1972, 62: 422-427.

[21] SCHUMPETER J A. Capitalism, Socialism, and Democracy [J] . Political Studies, 2009, 27: 594-602.

[22] SHULMAN S. Cashing In on Medical Knowledge [J]. MIT's Technology Review, 1998, 101: 38-40.

[23] SPELMAN W. The severity of intermediate sanctions [J]. Journal of Research in Crime & Delinquency, 1995, 32: 107-135.

[24] THOMAS D X. Patentability Problems in Medical Technology [J] . IIC; international review of industrial property and copyright

law, 2003, 34: 847-886.

[25] THORNE H C. Relation of Patent Law to Natural Products [J]. J. pat. off. socy, 1923, 1: 23-28.

[26] WILSON J Q, KELLING G L. Broken windows: The police and neighborhood safety [J]. The Atlantic Monthly, 1982, 249: 29-38.